Christliche
Ethik konkret

Stephan Ernst
Ägidius Engel

Stephan Ernst · Ägidius Engel

Christliche
Ethik
konkret

Werkbuch
für Schule,
Gemeinde und
Erwachsenen-
bildung

Kösel

ISBN 3-466-36560-0

1. Auflage 2001

© 2001 by Kösel-Verlag GmbH & Co., München

Printed in Germany. Alle Rechte vorbehalten

Druck und Bindung: Kösel, Kempten

Umschlaggestaltung: Kaselow Design, München

Umschlagmotiv und Kapiteleingangsseiten: Oliver Weiss, München

Inhalt

Vorwort

Das vorliegende Buch ist eine – wenn gleich völlig unabhängig davon verwendbare – Fortsetzung und Ergänzung des »Grundkurses christliche Ethik«, der 1998 erschienen ist. Es ist entstanden aus der konkreten Arbeit mit diesem Buch in der Erwachsenenbildung und in der Schule.

Immer wieder nämlich wurde der Wunsch geäußert, zu den *konkreten* Fragen der christlichen Ethik noch mehr Materialien und Informationen zur Verfügung zu haben. Zwar spricht auch der erste Band, der den Grundlagen christlicher Ethik gewidmet ist, in jedem Kapitel konkrete Fälle an und bietet entsprechende Texte als Diskussionsgrundlage. Fragen der Wahrheit, der Sterbehilfe und der Abtreibung, des Umgangs mit Gewalt und Gesetz, des Kirchenasyls, des Umgangs mit der Umwelt und der Gentechnik werden ebenso angesprochen wie die Frage nach ehelichen und nicht-ehelichen Gemeinschaften, nach der Macht der Medien, dem Umgang mit dem und den Fremden, dem Umgang mit dem Alter und der Freizeit. Dennoch konnten diese Texte nicht mehr als ein Gesprächsanstoß sein. Für die eingehendere Bearbeitung dieser Themen ist eine ausführlichere Information zu den verschiedenen konkreten Feldern unserer Verantwortung heute notwendig.

Aus diesem Grund haben wir uns dazu entschlossen, diesen zweiten Band folgen zu lassen. Die verschiedenen Themen sind dabei wieder in einer ähnlichen Weise wie im ersten Band aufgearbeitet und damit für den unmittelbaren Einsatz in der Erwachsenenbildung, in der Schule und in der Gemeindearbeit geeignet. Auch diesmal gilt daher, dass dieses Buch primär dazu gedacht ist, Gespräche und Diskussion in Gang zu bringen, also ein Buch für die Praxis ist, das seinen Inhalt erst dann voll erschließt, wenn man sich von ihm auf dem Weg des eigenen Nachdenkens ein Stück weiterbringen lässt.

Stephan Ernst / Ägidius Engel

Einleitung

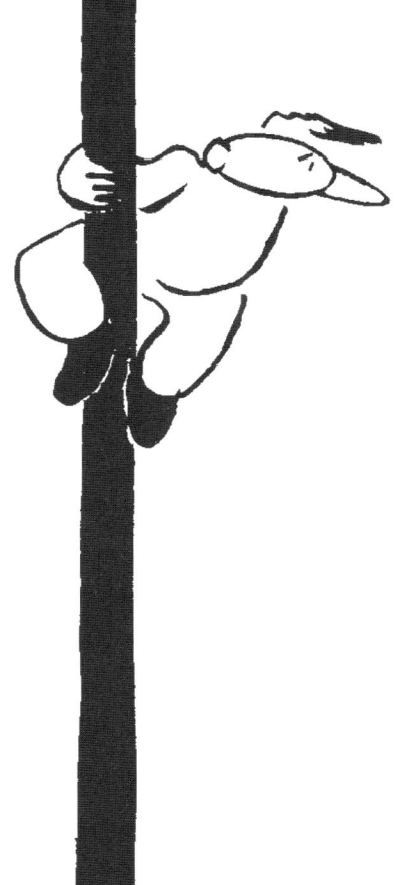

Das zentrale pädagogische Ziel der beiden Werkbücher zur christlichen Ethik, also des 1998 erschienenen »Grundkurses christliche Ethik« und des nun vorliegenden Folgebandes »Christliche Ethik konkret« ist es, aus christlicher Sicht die ethische Urteils- und Handlungskompetenz des Einzelnen zu fördern. Bereits in der Einleitung zum ersten Band wurde in dieser Weise die Absicht und das Anliegen des »Grundkurses« formuliert. Es geht nicht darum, ein Lehrbuch der Ethik mit fertigen Antworten vorzulegen, sondern eine Hilfe, die eigenen Entscheidungen und die eigene Lebensgestaltung bewusster unter dem Gesichtspunkt der eigenen Verantwortung zu treffen. Dies Ziel ist unverändert auch für diesen zweiten Band leitend. Für die genauere Erläuterung dieses Ziels, seine moralpädagogische Begründung sowie das pastorale Anliegen dieses Werkbuches kann deshalb auf die Einleitung zum »Grundkurs christliche Ethik« verwiesen werden.

Selbstverständlich ist auch das vorliegende Buch »Christliche Ethik konkret« wieder wesentlich für Gruppengespräche und den gemeinsamen Erfahrungsaustausch gedacht. Die Teilnehmerinnen und Teilnehmer haben hier die Möglichkeit, ihre eigenen Auffassungen zu den einzelnen Themen zum Ausdruck zu bringen und zu begründen, und können zugleich in der Annahme der Positionen anderer ihre eigene Dialogbereitschaft und Korrekturoffenheit üben. Etwas ausführlicher soll im Folgenden auf die inhaltliche Konzeption und den Aufbau der einzelnen Kapitel eingegangen werden.

Während der erste Band allgemeine Fragen der christlichen Ethik zum Thema hatte, beschäftigt sich dieser zweite Band mit einzelnen konkreten Problemen unserer Verantwortung heute. Dabei musste selbstverständlich – um den Umfang des Kurses überschaubar zu halten – eine Auswahl getroffen werden, für die verschiedene Kriterien maßgeblich waren.

Zunächst sollten diejenigen Themen angesprochen werden, die in der praktischen Arbeit der Ethik-Kurse – in der Erwachsenenbildung ebenso wie in der Schule – eine zentrale Rolle spielen, auf Interesse stoßen und immer wieder angefragt werden. Es sollten Themen sein, die auch den Einzelnen in seinem alltäglichen Leben sehr konkret angehen können. Zugleich sollte aber auch gewährleistet sein, dass wichtige aktuelle Fragen der Ethik, die heute anstehen und uns dringend zur Meinungsbildung herausfordern, vertreten sind.

Ein weiterer Gesichtspunkt war, solche Themen anzusprechen, zu denen noch wenig vergleichbare Materialien vorliegen. Aus diesem Grund wurde etwa bewusst auf die Themen »Arbeit« und »Umwelt« verzichtet.

Aufgrund dieser Kriterien, letztlich aber auch subjektiver Entscheidungen der Autoren, hat sich folgende Auswahl von 16 verschiedenen Themen ergeben.

1. Inhaltliche Konzeption

Themen:

1. Kapitel: Technisches Denken und christlicher Glaube

2. Kapitel: Umgang mit dem Leben: Gentechnik

3. Kapitel: Umgang mit dem Leben: Künstliche Befruchtung

4. Kapitel: Umgang mit dem Leben: Pränatale Diagnostik

5. Kapitel: Umgang mit dem eigenen Erscheinungsbild

6. Kapitel: Umgang mit der Zeit

7. Kapitel: Umgang mit dem Geld

8. Kapitel: Umgang mit Sexualität

9. Kapitel: Umgang mit der Wahrheit

10. Kapitel: Umgang mit der Angst

11. Kapitel: Umgang mit Sucht

12. Kapitel: Umgang mit den Medien

13. Kapitel: Umgang mit dem Sport

14. Kapitel: Umgang mit Krankheit und Schmerz

15. Kapitel: Umgang mit dem Tod: Organspende

16. Kapitel: Umgang mit dem Tod: Sterbehilfe

In dieser Themenabfolge kommt dem 1. Kapitel ein gewisser programmatischer Charakter zu. Der größte Teil der ethischen Herausforderungen und Probleme, die sich heute stellen, scheint durch die Technik verursacht zu sein. Damit soll keine negative Bewertung der Technik als solcher ausgesprochen sein. Ihre lebensförderliche und unverzichtbare Bedeutung wird voll und ganz anerkannt. Wohl aber scheint sich mit der Technik in unserer modernen Gesellschaft und Kultur auch ein technisch-rationales Grundverständnis der Wirklichkeit verbreitet zu haben, das zu einem entsprechenden technischen Umgang mit der Welt, mit den Menschen und mit sich selbst geführt hat. Die Wirklichkeit wird in diesem Denken primär unter dem Gesichtspunkt ihrer Dinghaftigkeit und Materialität, ihrer Dienlichkeit zu bestimmten Zwecken und als Objekt unserer menschlichen Zielsetzungen gesehen. Wenn dieser Zugang zur Wirklichkeit der Welt und des Menschen jedoch zum ausschließlichen Zugang wird, erscheint es kaum noch möglich, eventuellen Gefahren und Risiken, die sich aus der Technik immer wieder ergeben, bereitwillig und rechtzeitig entgegenzusteuern. Der Blick für die Schattenseiten der Technik wird durch die Begeisterung von ihren Chancen und Möglichkeiten allzu leicht getrübt.

Dieses Problem des modernen technisch-rationalen Denkens ist für unsere Zeit sicher keine Randfrage, sondern ein zentrales Merkmal unserer ganzen Epoche. Es prägt unser eigenes Denken tiefer, als wir uns im Alltag oft bewusst sind. Gerade wenn wir zu konkreten Einzelfragen Stellung nehmen wollen und müssen, muss die ethische Besinnung sich heute dieses Grundverständnis bewusst machen, das unseren Umgang mit den Dingen und damit auch unsere Praxis und unsere Entscheidungen unbewusst prägt. Die Thematik des technischen Denkens bietet damit zugleich auch den Hintergrund, vor dem gerade eine christliche Ethik – mit ihrem Grundverständnis der Welt als Schöpfung, des Menschen als Ebenbild Gottes und der Gemeinschaft der Menschen als Reich Gottes – in unserer Zeit ein unverwechselbares eigenes Profil gewinnen kann.

In diesem Zusammenhang sei auch auf einen Abschnitt aus dem »Gemeinsamen Hirtenwort der deutschen Bischöfe zur ethischen Beurteilung der Abtreibung« von 1996 aufmerksam gemacht, in dem genau dieser Punkt angesprochen wird:

»Die Herausforderung, vor die wir Christen uns in unserer Gesellschaft gestellt sehen, … betrifft das menschliche Leben in allen seinen Phasen. Was wir dabei heute am meisten brauchen, ist der Mut zu einem neuen Denken, das den trügerischen Schein falscher verlockender Glücksverheißungen durchschaut und das damit Ernst macht, dass wahres Glück nicht anders als durch Umkehr, Hingabe und Liebe zu gewinnen ist. Das erfordert von uns allen einen neuen Lebensstil, der auf dem Vorrang des Lebens vor dem Besitz, der Person vor den Dingen und des Seins vor dem Haben gründet.«

Während das 1. Kapitel also genau diese Grundfrage christlicher Ethik anspricht, bieten die folgenden 15 Kapitel einzelne ethische Problemfelder an, in denen sich das technisch-rationale Denken heute auswirkt und konkretisiert.

Dabei geht es in einer Reihe von Kapiteln um Fragen, die durch die moderne Medizin und Biologie gestellt sind (Kapitel 1–4 und 14–16). Es sind Themen, die zwar auf besondere Situationen eingeschränkt sind, mit denen wir aber dennoch sehr schnell im Alltag in Berührung kommen können. Eine weitere Reihe von Themen betrifft unsere persönliche und individuelle Lebensgestaltung, unseren eigenen Lebensstil. Dazu gehört der Umgang mit dem eigenen Erscheinungsbild, mit der Zeit, mit dem Geld, mit der Sexualität (Kapitel 5–8). Schließlich bleiben Fragen, die schwerpunktmäßig unser Leben in der Gemeinschaft betreffen, wie die Frage nach unserem Umgang mit der Wahrheit, mit der Angst, mit Sucht, mit den Medien und mit dem Sport (Kapitel 9–13).

2. Aufbau der Kapitel

Das Anliegen, den Kurs auf das Gespräch in der Gruppe hin anzulegen und eine Offenheit für ein selbst organisiertes Lernen zu wahren, ist für den Aufbau der einzelnen Kapitel leitend.

- Jedes Kapitel enthält zunächst nach der Titelseite einen *Literatur- und Medientipp*, der sich für den unmittelbaren Einsatz im Kurs eignet. Darüber hinaus wird stets auf die entsprechenden Kapitel aus dem Deutschen Erwachsenenkatechismus verwiesen, wo sich eine erste grundlegende systematische Darstellung der jeweiligen Thematik findet.
- Eine knappe Einführung fasst dann auf einer Seite die Problemstellungen zusammen, um die es in dem jeweiligen Kapitel geht.
- Es folgt eine Doppelseite *»Erfahrungen«,* auf der erste spontane Zugänge zum Thema – also Meinungen, Lebensweisheiten, Aphorismen, Karikaturen, Gedichte usw. – gesammelt sind. Sie sollen dazu dienen, das Thema in der Alltagserfahrung zu verankern.
- Im Anschluss daran finden sich in jedem Kapitel Texte, die das jeweilige Thema problematisieren, die die Chancen und Risiken, das *Pro und Contra* beleuchten und zu entsprechender Diskussion anregen. Es finden sich weiterhin *erklärende Tex-* te, die die Grundlagen und Möglichkeiten der ethischen Beurteilung entfalten. Dazu gehören auch Informationen über die jeweiligen Sachverhalte und die Zusammenhänge, die in dem betreffenden Kapitel eine Rolle spielen. Schließlich finden sich auch *weiterführende Texte* wie Gedichte, Erzählungen, biblische Texte oder konkrete Problemfälle.
- Am Ende jedes Kapitels werden *Anregungen für die Diskussion über unsere eigene Praxis* im Blick auf das jeweilige Problemfeld gegeben. Auf diese Weise können in die Diskussion auch verstärkt Konsequenzen für das eigene alltägliche Verhalten einbezogen werden. Ein Bild oder ein Text für die weitere Diskussion schließen das Kapitel ab.
- In den verschiedenen Kapiteln finden sich weiterhin immer wieder Verweise auf Elemente aus den anderen Kapiteln bzw. aus dem »Grundkurs Christliche Ethik«.

Mit diesem Aufbau der einzelnen Kapitel ist zwar bereits eine gewisse Logik und Reihenfolge der Bearbeitung vorgegeben. Dennoch ist der Umgang mit diesen Materialien dadurch in keiner Weise festgelegt. Die Gestaltung als in sich abgeschlossene Seiten oder Seitenfolgen ermöglicht es, einzelne Bausteine aus den Kapiteln herauszunehmen und je nach Anfrage und Interesse gesondert zu behandeln. Auch die zahlreichen Bilder und Karikaturen eignen sich als eigene Diskussionsanregung oder als Weiterführung des

Gesprächs über den dazugehörigen Text.

Der freie Umgang mit den Material-Bausteinen des Kurses erfordert freilich auf der anderen Seite eine genauere eigene Konzeption und Planung der jeweiligen Veranstaltung durch die Referentin und den Referenten bzw. der Unterrichtsstunde durch die Lehrerin und den Lehrer. Für sie ist daher eine Kenntnis der Grundlagen der Ethik und der jeweiligen Themen als Hintergrundwissen unverzichtbar.

Zur Vertiefung solchen Hintergrundwissens werden am Schluss des Buches in einer ausführlichen und differenzierten Literatur- und Medienliste Hinweise gegeben.

1. Kapitel

Technisches Denken und christlicher Glaube

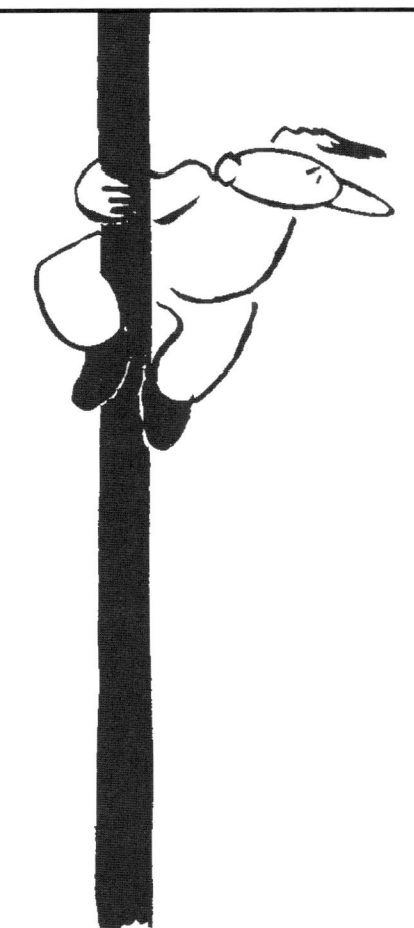

Medientipp:

Spielfilm »Dekalog, Eins«, 60 Min (F) Polen, 1988, Kieslowski, Krzystof (Reg.) Reihe: Dekalog. Zum ersten Gebot: »Du sollst keine anderen Götter neben mir haben. Du sollst dir kein Gottesbild machen.«

Krystof ist Computerspezialist und auch sein Sohn Pawel, den er alleine erzieht, ist von Computern fasziniert. Eines Tages errechnen die beiden die Tragfähigkeit des Eises auf dem nahe gelegenen See. Als der Computer die Auskunft gibt, dass das Eis dick genug sei, erlaubt der Vater dem Sohn, die neuen Schlittschuhe auszuprobieren. Sicherheitshalber überzeugt er sich nachts noch einmal selbst von der Belastbarkeit des Eises. Am nächsten Tag kommt Pawel nicht nach Hause. Er ist auf dem Eis eingebrochen und ertrunken.

Literaturhinweise:

Johannes Reiter: Menschliche Würde und christliche Verantwortung. Be-denkliches zu Technik, Ethik, Politik. Kevelaer (Butzon & Bercker) 1989.

In leicht verständlicher Sprache beschreibt der Mainzer Moraltheologe grundsätzliche und aktuelle Probleme, die die moderne Technik mit ihrer wachsenden Komplexität, Undurchsichtigkeit und Eigendynamik den Menschen bereitet. Angefangen mit Reflexionen über Technikfortschritt und -folgen, werden in den einzelnen Kapiteln dann konkrete Fragen zur Menschenwürde und Gentechnologie, Fortpflanzungsmedizin und Embryonenforschung bis hin zu Ethos und Moral in der Politik behandelt.

Zur Einführung

Unser Zugang zur Wirklichkeit und unser Umgang mit ihr sind heute vom naturwissenschaftlichen Denken und von einer technisch-rationalen Praxis bestimmt. Damit ist ein zumeist nicht bewusstes Verständnis der Wirklichkeit und ein Umgang mit ihr gemeint, in dem alles zum Objekt gemacht und unter dem Gesichtspunkt seiner Verwertbarkeit und Machbarkeit gesehen wird. Alles wird als verfügbares Material gesehen, das sich als Mittel zu beliebigen, vom Menschen festgelegten Zielen verwenden lässt.

Dieses Grundverständnis Wirklichkeit hat einerseits den Lebensstandard und die Lebensqualität möglich gemacht, wie sie gegenwärtig vor allem in den Industrieländern gegeben sind. Im Bereich der Arbeitswelt hat die technische Rationalisierung die Produktivität immens gesteigert und einen nie gekannten Massenwohlstand hervorgebracht. Im Bereich der Medizin wurde durch die Technik eine deutliche Steigerung der Lebenserwartung und der Lebensqualität erreicht. Aber auch in anderen Bereichen wie der Gentechnik oder der Kommunikationstechnik lässt sich eine Steigerung unserer Lebensqualität feststellen. Auf der anderen Seite aber führt dieses Denken in vielen Bereichen auch zu Krisen, die eine human gestaltete Zukunft immer mehr bedrohen. Am deutlichsten wird dies in der ökologischen Krise. Aber auch in der Medizin, im Umgang mit Kranken, Leidenden und Sterbenden machen sich Folgen dieses Denkens bemerkbar, die sich gegen den Menschen kehren. Dasselbe gilt auch für unseren Umgang mit der Zeit, mit unseren Ängsten und Sehnsüchten, mit dem Geld, mit der Sexualität, mit der Wahrheit. Auch hier geht immer mehr auf, wie der Mensch zunehmend in die Macht der Technik gerät, zum Objekt technischen Handelns wird und seinen Wert nur noch aufgrund seiner Leistungsfähigkeit und Nützlichkeit erhält. Naturwissenschaft und Technik, an sich etwas Nützliches und für die gelingende Gestaltung menschlichen Lebens Wertvolles, beginnen sich gegen den Menschen zu kehren, sobald sie absolut gesetzt und zum letzten Zweck erhoben werden.

An diesem Punkt kann heute der christliche Glaube seine kritische Kraft entfalten und profilieren. Indem er einen Umgang mit der Welt als Gottes Schöpfung und Gabe sowie die Vision vom menschlichen Zusammenleben in Gerechtigkeit, Solidarität, geglückter Kommunikation und Frieden als letztes Grundverständnis der Wirklichkeit mitteilt, kann aus ihm ein alternativer Lebensstil und eine entsprechende ethische Praxis entspringen. – Wo liegen die humanen Grenzen des technischen Denkens? Wo wird es zum gefährlichen Glauben an die Technik? Welche Alternative hat der christliche Glaube konkret zu bieten? Die folgenden Texte wollen zur Beschäftigung mit diesen Fragen einladen.

19

Erfahrungen

»Wenn man an die mühsame Handarbeit von früher denkt...«

Aufgaben:

- Sammeln Sie Beispiele (Telefon, Waschmaschine etc.), die die Veränderung des Alltags durch die Technik verdeutlichen.
- Welche Auswirkungen sind bzw. waren damit verbunden?

Es funktioniert alles. Das ist gerade das Unheimliche, dass es funktioniert und dass das Funktionieren immer weiter treibt zu einem weiteren Funktionieren ...

Martin Heidegger

Gott schuf also den Menschen als sein Abbild; als Abbild Gottes schuf er ihn. Als Mann und Frau schuf er sie. Gott segnete sie, und Gott sprach zu ihnen: Seid fruchtbar und vermehrt euch, bevölkert die Erde, unterwerft sie euch, und herrscht über die Fische des Meeres, über die Vögel des Himmels und über alle Tiere, die sich auf dem Land regen.

Gen 1,27–28

Die Problematik der Technik besteht darin, dass sie Natur wie gesellschaftliches Leben mehr und mehr in den Prozess technischer Funktionalität hineinzieht und zu Momenten ihrer Rationalität macht, ohne die überkommenen wie neu entstehenden Fragen handlungsorientierender Zwecksetzung und Sinninterpretation beantworten zu können. Der immer stärkeren Rückwirkung des wissenschaftlich-technischen Fortschritts auf den institutionellen Rahmen von Gesellschaft wie auf das Leben des Einzelnen korrespondiert keineswegs von selbst eine Zunahme praktischer Vernunft.

Maximilian Forschner

Technischer Fortschritt – Pro und Contra

Darf ich Ihnen Ihre neue Mitarbeiterin vorstellen?

Probleme der Technik

Zeitdruck
Abwertung von Fantasie, Gefühl
Anwendungszwang
mit u.U. katastrophalen Folgen
Erschwernis von Kommunikation
Keine ganzheitliche Bildung
Leidensunfähigkeit
Konsumzwang
Ent-wirklichung
Blindes Vertrauen in Maschinen
....
....

Vorteile der Technik

Zeitersparnis
Rationelleres Handeln
Arbeitserleichterung
Information
Wissenserweiterung
Gesundheitsförderung
Kontrolle
Wirtschaftswachstum
Erleichterungen im Haushalt
Unterhaltung
Steigerung der Intelligenzleistung
Entscheidungshilfe
....
....

Aufgaben:

● Setzen Sie die Reihen weiter fort.
● Veranschaulichen Sie die einzelnen Begriffe durch konkrete Beispiele.

21

Notwendigkeit der Technik

Die moderne Anthropologie hat »klargelegt, dass der Mensch infolge seines Mangels an spezialisierten Organen und Instinkten in keine artbesondere, natürliche Umwelt eingepasst und infolgedessen darauf angewiesen ist, beliebige vorgefundene Naturumstände intelligent zu verändern. ... Im Sinne solcher Überlegungen ... (wurde) die Notwendigkeit der Technik aus den Organmängeln des Menschen hergeleitet. Zu den ältesten Zeugnissen der Werkarbeit gehören in der Tat die Waffen, die als Organe fehlen, und hierher müsste man auch die Feuerverwendung rechnen, wenn sie ebenfalls aus Gründen der Sicherheit oder als Wärmeschutz in Übung kam. Neben dieses Prinzip des Organersatzes würde von vornherein das der Organverstärkung getreten sein: Der Schlagstein in der Hand ist von ungleich mächtigerer Wirkung als die bloße Faust, sodass neben die Ergänzungstechniken, die uns organisch versagte Leistungen ersetzen, die Verstärkungstechniken treten, welche unsere Organleistungen überbieten: der Hammer, das Mikroskop, das Telefon potenzieren natürliche Fähigkeiten. Schließlich gibt es Entlastungstechniken, die auf Organentlastung, Organausschaltung und schließlich auf Arbeitsersparnis überhaupt bezogen sind, so wie der Wagen mit Rädern das physische Schleppen von Lasten überflüssig macht. ...

Die Intellektualität des Menschen bleibt ihm zuletzt allerdings ein Rätsel, aber dieses wäre ein vollständiges, wenn man sie nicht im Zusammenhang mit den Mängeln seiner Organ- und Instinktausstattung sehen könnte; denn diese Intellektualität nimmt ihm den Zwang zur organischen Anpassung ab, dem die Tiere unterliegen, sie befähigt ihn umgekehrt zur Veränderung der urwüchsigen Umstände bis zur Tauglichkeit für ihn. Wenn man unter Technik die Fähigkeiten und Mittel versteht, mit denen der Mensch sich die Natur dienstbar macht, indem er ihre Eigenschaften und Gesetze erkennt, ausnützt und gegeneinander ausspielt, so gehört sie in diesem allgemeinsten Sinne zum Wesen des Menschen.«

Arnold Gehlen

Macht keinen Quatsch!
Dazwischen wird es doch auch noch was geben!

Ambivalenz der Technik

Im Allgemeinen ist jede Fähigkeit »als solche« oder »an sich« gut und wird nur durch Missbrauch schlecht. Zum Beispiel ist es unleugbar gut, die Macht der Rede zu besitzen, aber schlecht, sie dafür zu benutzen, andere zu täuschen oder zu ihrem Verderben zu verführen. ... Aber wie steht es, wenn wir uns in einem Handlungszusammenhang bewegen, in dem jeder Gebrauch der Fähigkeit im Großen, sei er in noch so guter Absicht unternommen, einen Richtungssinn mit sich steigernden, letztlich schlechten Wirkungen mit sich führt, die untrennbar mit den beabsichtigten und nächstliegenden »guten« Wirkungen verbunden sind und diese am Ende vielleicht weit übertreffen?

Wenn das der Fall der modernen Technik sein sollte – wie wir guten Grund haben anzunehmen –, dann ist die Frage des moralischen oder unmoralischen Gebrauchs ihrer Mächte nicht mehr eine Angelegenheit qualitativer Unterscheidungen und nicht einmal Sache der Absichten, sondern verliert sich im Irrgarten quantitativer Mutmaßungen über letzte Folgen und muss ihre Antwort von ihrem Ungefähr abhängig machen.

Die Schwierigkeit ist die: Nicht nur wenn die Technik böswillig, d.h. für böse Zwecke, missbraucht wird, sondern selbst, wenn sie gutwillig für ihre eigentlichen und höchst legitimen Zwecke eingesetzt wird, hat sie eine bedrohliche Seite an sich, die langfristig das letzte Wort haben könnte. Und Langfristigkeit ist irgendwie ins technische Tun eingebaut.

Durch ihre innere Dynamik, die sie so vorantreibt, wird der Technik der Freiraum ethischer Neutralität versagt, in dem man sich nur um Leistungsfähigkeit zu kümmern braucht. ... Die Gefahr liegt mehr im Erfolg als im Versagen – und doch ist der Erfolg nötig unter dem Druck der menschlichen Bedürfnisse.

Hans Jonas

Ein Beispiel für zwangsläufig mit der Technik verbundene negative Wirkungen

Mit der zunehmenden Entschlüsselung des menschlichen Genoms wird es möglich, Prognosen über die Gesundheit eines Menschen, über sicher oder nur möglicherweise während seines Lebens auftretende Krankheiten aufzustellen. Man kann Kenntnisse über Charaktereigenschaften, Fähigkeiten und Schwächen erhalten. Die Möglichkeit zu solchen Prognosen birgt die Gefahr in sich, dass Arbeitgeber sich über einzustellende Personen im Vorhinein Informationen beschaffen, die über die Anstellung oder Nichtanstellung entscheiden.

Der Versuch, solchen Missbrauch durch Datenschutz auszuschließen, beseitigt das Problem freilich nicht. Arbeitgeber könnten auch dann noch solche Personen, die bereit sind, Einblick in ihre genetischen Anlagen zu geben, denen vorziehen, die dazu nicht bereit sind.

Technik
und Gesellschaft

Auf der einen Seite schreiben die technischen Probleme in sich streng geschlossene und nach den Gesetzen der mathematischen Naturwissenschaften organisierte geistige und dann auch reale Prozesse vor. Wie ein Haus zu errichten sei, dass es nicht zusammenstürzt, darüber befindet die Statik. Sie setzt einen in sich geschlossenen technologischen Zusammenhang, dem man Autonomie kaum wird abstreiten können. ... Andererseits aber spielen diese Prozesse sich doch auch nicht in einem Vakuum ab. Es gibt keine technologischen Aufgaben, die nicht in die Gesellschaft fallen. Ihre Aufgaben kommen ihnen in Gestalt von Aufträgen von der Gesellschaft zu. ...
Die Trennung gesellschaftlicher und technischer Vernunft lässt sich nicht überwinden, indem man sie verleugnet. Wohl steht es dagegen an, dass gerade der Techniker warnt vor dem Unabsehbaren, das seine Erfindungen heute der Menschheit androhen. Seine Autorität, die Tatsache, dass er diese Potenziale viel besser einzuschätzen weiß als der Laie, werden seiner Warnung größeres Gewicht verleihen, als den von außen kommenden. Ich glaube aber nicht, dass diese Warnungen entscheiden. Ob die moderne Technik der Menschheit schließlich zum Heil oder Unheil gereicht, das liegt nicht an den Technikern, nicht einmal an der Technik selber, sondern an dem Gebrauch, den die Gesellschaft von ihr macht. Dieser Gebrauch ist keine Sache des guten oder bösen Willens, sondern hängt ab von der objektiven gesamtgesellschaftlichen Struktur. Die Technik würde nicht nur befreit werden, sondern auch zu sich selbst kommen in einer menschenwürdig eingerichteten Gesellschaft. Wenn den Techniker heute zuweilen der Horror vor dem überfällt, was mit seinen Erfindungen geschehen mag, so ist es wohl die beste Reaktion auf diesen Horror zu versuchen, etwas zu einer menschenwürdigen Gesellschaft beizutragen.

Theodor W. Adorno

»Was einmal gedacht wurde, kann nicht mehr zurückgenommen werden«

Friedrich Dürrenmatt, Die Physiker, II. Akt.

Fragen:

● Ist die technische Entwicklung Ihrer Meinung nach ein unaufhaltsam nach eigenen Gesetzen ablaufender Prozess oder lässt er sich gesellschaftlich beeinflussen? Welche Institutionen kämen dafür infrage?

● Kennen Sie Beispiele dafür, wo der inhumane Gebrauch einer Technik durch Verbesserung gesellschaftlicher Bedingungen überwunden wurde oder werden könnte?

● Hat es die Gesellschaft einfach in der Hand, wie sie die Technik gebraucht, oder hat nicht viel mehr die Technik heute gesellschaftliche Entwicklungen und Bedürfnisse in der Hand?

Unsere Verantwortung für den technischen Fortschritt

Um die mit dem Stand der technischen Entwicklung verbundene Neuheit sich bewusst zu machen und das technische Tun in die Kultur aufnehmen zu können, bedarf es eines intensiven Gesprächs aller in dieser Generation. In diesem Gespräch muss gleichsam kasuistisch immer wieder gedeutet werden, um welche Stufe der Technik es sich im vorliegenden Fall handelt und wie darum vorhandene Einsichten auf sie angewandt werden können.

Für lange Zeit galt das »Messer« als das bevorzugte Modell für die Bewertung von technischen Produkten. In sich sei es – wie die gesamte Technik – moralisch neutral. In der Hand des Menschen, sagte man, könne es – wiederum wie die Technik – zum willkommenen Gebrauchsgegenstand oder aber zur Waffe werden.

Dann behandelte man technische Probleme in der Parallele zum Stahlkochen. Das hatte den Vorteil, dass man nun die technische Welt schon unabhängig vom einzelnen Menschen betrachten konnte. Man konnte z.B. von Gesundheitsgefährdungen sprechen, die mit einer Technik als solcher verbunden sind.

Die neuen Techniken stellen aber dann die Frage, wie sie sich in die Natur einordnen, ob sie auf die Fülle des Lebens hinwirken und ob sie dem Leben überhaupt schaden.

Wenn man sich diese letzte Stufe der Technik insgesamt vor Augen führt, wird offenbar, warum es nicht genügen kann, wenn technische Experten angesichts der Kritik, deren Adressaten sie häufig selbst sind, erklären, sie wollten sich selbst mit ihrer Information in den Dienst der Anwendung, auf die ihr Werk hintreibe, stellen. Sie wirken zuweilen hilflos, wenn sie – von einem unverkennbaren Druck beeinflusst – sich der Öffentlichkeit gegenüber verpflichten, ihr theoretisches Wissen und ihre praktische Kenntnis mit allen, die das wünschen, großzügig und verantwortungsvoll teilen zu wollen. So gut das auch gemeint sein mag: Diese technischen Experten besitzen ja gar nicht das vollständige Wissen oder gar die ausschließliche Kontrolle über das Werk, das sie hervorgebracht haben. Trotz umfangreicher Studien und unbestreitbarer Kompetenz übersehen sie merkwürdigerweise wesentliche Gefahren oft genug.

Die Technik insgesamt steht in einem Sinnentwurf und der Handlungsoption einer Kultur, an deren Gestaltung und Reform alle mitzuwirken haben: Wissenschaftler, Ökonomen, die Frau und der Mann auf der Straße. Und wenn man dann noch sieht, dass die Technik in einen radikalen Gegensatz zur Natur geraten kann, dann wird man nicht zweifeln, dass sie zum Schutz alle zusammenwirken müssen. Das Leben selbst muss geschützt und bewahrt werden. Und dabei sind alle Experten.

Zentralkomitee der Deutschen Katholiken

Ethik der Technik

Pragmatisch und ökonomisch denkende Menschen meinen, man könne einem technischen Produkt schon dann das Zeugnis der moralischen Unbedenklichkeit ausstellen, wenn es sich am Markt durchsetze oder die Politik es akzeptiere. Technischer Fortschritt steht nach ihrer Ansicht in Funktion zum vorhandenen Kapital und zur Gewinnmaximierung.

Wer sich in seinem Denken dem Begriff der Natur verpflichtet fühlt, schätzt technisches Gerät oder technische Entwicklung dann als ethisch verträglich ein, wenn für ihn deutlich geworden ist, dass sie beide nach den gültigen Gesetzen der Natur vermessen sind.

Wieder andere suchen die ethische Richtigkeit einer technischen Entscheidung von den Konsequenzen her zu begutachten. Den Ethiker fordern sie auf festzustellen, ob eine Technik oder eine Technikentwicklung den globalen Zielen der Ernährung der Weltbevölkerung, des Wohlstands für alle, dem Prinzip des Fortschritts usw. entspricht.

Wieder andere versuchen es mit dem ältesten aller ethischen Argumente: Es müsse, sagen sie, feststehen, dass eine technische Innovation und eine bestimmte Richtung der technischen Entwicklung dem Willen Gottes entspreche. ...

Gegen die Ökonomie als Maßstab lässt sich sehr leicht ein gewichtiger Einwand erheben: Technik wird nicht nur zum Zweck einer wirtschaftlichen Wertschöpfung entworfen. Sie ist immer zugleich Manifestation des Menschen, Ausdruck der Gesellschaft, Umgang mit dem Leben.

Beim Maßstab »Natur« melden sich ebenso Bedenken an: ... Tatsächlich gibt es keine unmittelbare Einsicht in die Naturgemäßheit eines Produktes. ...

Bei der Aufrechnung der Folgen ... muss man darauf achten, dass man statt einer Folgenabschätzung nicht zwei Auswegen verfällt. Technokraten sind gewöhnlich bereit, sehr hohe Risiken zu akzeptieren. Anderen genügt ein Übergewicht negativer Konsequenzen, um ein Handeln und Entwickeln im Bereich einer bestimmten Technik einzustellen.

Und was den Willen Gottes als Maßstab angeht: Leider gibt es auch keine unmittelbare Erkenntnisquelle ..., die unmittelbar zu sagen vermöchte, was an einem bestimmten technischen Produkt oder einer Phase der technischen Entwicklung dem göttlichen Willen entspreche. ...

Man wird sich für eine Ethik der Technik also noch ein einfacheres Ziel setzen müssen. Man wird sich schon damit begnügen müssen nachzuweisen, dass sich eine Technik mit der Würde des Menschen vereinbaren lasse oder nicht. ... Was Würde des Menschen ist, das wissen in unserer Gesellschaft noch viele. Die Vorstellung auf eine Bewertung des technischen Fortschritts anzuwenden, wird darum auch für viele möglich sein. ...

Wenn gesichert ist, dass der Mensch als solcher nicht Schaden leidet, dann können auch nochmals Fragen angegangen werden, ob die eine oder andere Version der untersuchten Technik der wirtschaftlichen Bedarfsdeckung dient, ob sie sich vermutlich zum Schaden der Menschheit eines Landes oder einer Personengruppe auswirkt, ob sie volkswirtschaftlich unvertretbare Kosten mit sich bringt, ob sie Identität und Handlungsfähigkeit der Menschen einschränkt und sich dem notwendigen Wandel und dem menschlichen Fortschritt in den Weg stellt ...

Zentralkomitee der Deutschen Katholiken

Technik und Sinnorientierung

Technische Systeme werden hergestellt und benutzt, um menschliche Handlungsspielräume zu erweitern. Sie stehen im Dienste außertechnischer und außerwirtschaftlicher Ziele. Werte, an denen sich solche Ziele orientieren, sind insbesondere Wohlstand, Gesundheit, Sicherheit, Umweltqualität, Persönlichkeitsentfaltung und Gesellschaftsqualität. Zwischen diesen Zielen und Werten bestehen häufig Konkurrenzbedingungen. Neben den erwünschten Wirkungen für die Verbesserung der Lebensqualität haben technische Systeme auch unerwünschte Folgen für den Menschen und seine natürliche, soziale und kulturelle Umwelt. Es gehört zu den Aufgaben der Technikbewertung zu diskutieren, welche Argumente für und gegen bestimmte technische Entwick-

lungen sprechen, und dabei auftretende Zielkonflikte zu verdeutlichen.
Dazu müssen negative Auswirkungen
vorsorglich abgeschätzt und gegen den
erstrebten Nutzen abgewogen werden.

VDI-Ausschuss Grundlagen der
Technikbewertung

Heuristik der Furcht

Was der Mensch heute tun kann und
dann, in der unwiderstehlichen Aus-
übung seines Könnens, weiterhin zu
tun gezwungen ist, das hat nicht seines-
gleichen in der vergangenen Erfahrung. Auf sie war alle bisherige Weis-
heit über rechtes Verhalten zugeschnit-
ten. Keine überlieferte Ethik belehrt
uns daher über Normen und »Gut« und
»Böse«, denen die ganz neuen Modali-
täten der Macht und ihrer möglichen
Schöpfungen zu unterstellen sind. Das
Neuland kollektiver Praxis, das wir mit
der Hochtechnologie betreten haben,
ist für die ethische Theorie noch ein
Niemandsland. ...
Was kann als Kompass dienen? Die
vorausgedachte Gefahr selbst! In ihrem

Wetterleuchten aus der Zukunft, im
Vorschein ihres planetarischen Umfan-
ges und ihres humanen Tiefgangs, werden zu allererst die ethischen Prinzipien
entdeckbar, aus denen sich die neuen
Pflichten neuer Macht herleiten lassen.
Dies nenne ich die »Heuristik der
Furcht«: Erst die vorausgesehene Ver-
zerrung des Menschen verhilft uns zu
dem davor zu bewahrenden Begriff des
Menschen. Wir wissen erst, was auf
dem Spiel steht, wenn wir wissen, dass
es auf dem Spiel steht. Da es dabei nicht
nur um das Menschenethos, sondern
auch um das Menschenbild geht, nicht
nur um physisches Überleben, sondern
auch um die Unversehrtheit des We-
sens, so muss die Ethik, die beides
zu hüten hat, über die der Klug-
heit hinaus eine solche der Ehr-
furcht sein.

Hans Jonas

Technisches Denken und christlicher Glaube

Technisches Denken und christlicher Glaube scheinen für viele Menschen heute – vor allem auch in technischen Berufen – kaum etwas miteinander zu tun zu haben. Es sind zwei ganz unterschiedliche Lebensbereiche, die getrennt sind und die man auch lieber trennen möchte, wenn man an vergangene Konflikte zwischen der Kirche und der modernen Technik und Naturwissenschaft denkt. Kirche und Glaube sollen sich dort heraushalten, wo sie nicht kompetent sind, und sich auf den privaten Bereich des Religiösen beschränken.

Blickt man in die Geschichte, so zeigt sich freilich, dass sich Technik und technisches Denken einerseits und der christliche Glaube andererseits gegenseitig befruchtet und gemeinsam den Fortschritt gefördert haben.

Im Mittelalter wird die Entwicklung der Technik gerade durch das Christentum unterstützt und vorangetrieben. Der biblische Schöpfungsglaube nämlich, der streng zwischen der Welt als Geschaffenes und Gott als dem transzendenten Schöpfer unterscheidet, führt dazu, dass die Welt zunehmend entmythologisiert wird. Alle Dinge der Welt werden primär als profane Gegenstände gesehen, als Material, aus dem man etwas machen kann. Die archaische und mythische Vorstellung, dass in der Natur das Göttliche oder einzelne Götter begegnen, wird dagegen zunehmend überwunden. Charakteristisch und symbolhaft wird dies etwa in der Erzählung über Bonifatius deutlich, der während der Germanenmission die Donareiche fällt. Für ihn ist der Baum kein Ort, an dem ein Gott präsent ist, sondern nichts anderes als ein Baum.

Diese vom Schöpfungsglauben her gewandelte Weltsicht hat dann im Christentum ihre Auswirkungen. Getragen vom Auftrag, sich die Welt untertan zu machen und sie zu bebauen, sind es gerade die Klöster, in denen Technik und rationale Organisation vorangetrieben werden. Zahlreiche technische Erfindungen und Neuerungen etwa im Ackerbau, in der Verarbeitung und Herstellung handwerklicher Produkte, in der Zeitmessung werden in den Klöstern entwickelt und eingesetzt. Die Sicherheit und Lebensqualität der Menschen wird damit wesentlich erhöht.

In der weiteren Geschichte entwickeln freilich diese Anfänge rationaler und technischer Weltbeherrschung ihre eigene Dynamik. In Verbindung mit dem neuzeitlichen ökonomischen Denken, mit den Naturwissenschaften und mit der Fortschrittsidee erscheint die Welt zunehmend durchschaubar und erklärbar zu sein, alles scheint menschlicher Machbarkeit unterworfen. Zugleich aber wird der Glaube an Gott als den Schöpfer der Welt immer fragwürdiger. Die Vorstellung von

Gottes Handeln in dieser Welt wird immer mehr zurückgedrängt und beschnitten.

Diese Entwicklung ist für den Glauben jedoch nicht nur bedrohlich. Es führt auch dazu, unangemessene, allzu menschliche Vorstellungen von Gott, die Projektionen unserer Wünsche sind, zu überwinden. So trägt das naturwissenschaftlich-technische Denken und der entsprechende Umgang mit der Wirklichkeit auch dazu bei, den Glauben an Gott reifen zu lassen.

Andererseits stellen wir heute fest, dass der technische Zugang zur Welt immer mehr zum letzten und umfassenden Wirklichkeitsverständnis des Menschen wird. Die Sicht, dass alles, was es gibt, Material ist, mit dem wir Menschen etwas machen können, wird zur ausschließlichen, alles beherrschenden Grundeinstellung des Menschen. Sie lässt sich heute in allen Bereichen unseres Lebens spüren, im Umgang mit der Natur ebenso wie im Umgang mit dem Menschen. Auch den Menschen verstehen wir heute schon vielfach als Objekt, das zu bestimmten Zwecken gebraucht werden kann. Sie wird spürbar in der Grundeinstellung, dass alles erst aufgrund seiner Nützlichkeit zu einem bestimmten Zweck seinen Wert erhält. Und es wird spürbar in dem zunehmenden Bestreben, die Welt nicht nur in einzelnen Dingen zu verbessern, sondern – wenn wir etwa an die Gentechnik oder auch die Medien denken – sie grundlegend neu zu konstruieren.

Damit aber geht die Erfahrung verloren, dass die Dinge auch ihren eigenen Wert und ihre eigene Bedeutung von sich selbst her besitzen. Es geht die Erfahrung verloren, dass auch der Mensch in den Zusammenhang der Welt und der Natur einbezogen ist. Es geht – christlich gesehen – die Erfahrung verloren, dass die Welt letztlich Gabe Gottes und der Mensch Ebenbild Gottes ist. Dies – und nicht, dass die Welt Material ist – ist für den Glaubenden die letzte Aussage über die Wirklichkeit. Damit aber wird ein völlig anderer Umgang mit der Welt nahe gelegt, als ihn das verabsolutierte technische Denken aus sich entlässt.

Und dennoch wird die Technik in dieser Sicht nicht durchgestrichen, sie wird nicht verteufelt. Es geht nicht darum, an die Stelle der Technik wieder einen neuen irrationalen Mythos zu setzen. Der Glaube vermittelt vielmehr eine auch die Technik noch einmal umgreifende Weltsicht, in der sie ihren Ort und ihren Wert behält, in der sie ihn sogar erst erhält.

Wie der Mensch lernt, ohne sich selbst auszukommen

Wer erinnert sich nicht an die Bilder aus den Kindertagen der Geschwindigkeitsära, auf denen Menschen zu Fuß oder zu Pferd, sich mit dem Auto oder gar dem Flugzeug messen? Ähnlich rührende Fotos kennen wir auch aus den zurückliegenden Jahren, seit unserem Eintritt in die rechnergestützte Geschwindigkeitsära des Denkens: Die Bilder der Großmeister, die gegen den Computer Schach spielen, und welch Balsam für das Gattungsherz, ihn immer noch und immer wieder auf Distanz halten.

Damit ist es nun definitiv vorbei. Der Computer, genauer: das Zweihundert-Dollar-Spielprogramm »Chess Genius 2« hat vor kurzem nicht irgendeinen von uns besiegt, sondern ihn, Garri Kasparow, den Weltmeister, den Einzigen, auf den es ankam in diesem unüberbietbar symbolträchtigen Wettlauf, für uns und unseresgleichen wohl ebenso unvermeidlich wie aussichtslos von Anfang an. »Das ist ein trauriger Tag für die Schachwelt«, kommentierte Schachgroßmeister Eduard Gufeld das Ereignis.

Wenigstens ist denkbar, was sich langfristig für das menschliche Selbstbewusstsein als folgenreicher erweisen könnte denn die unscheinbare Fünf-Zeilen-Meldung von der Niederlage des Schachweltmeisters. Ein Computerprogramm hat uns in unsere Gattungsschranken verwiesen. Dabei ist wenig tröstlich, daran zu erinnern, dass es ja Menschen waren, die das Schachprogramm entwarfen, und dass dieses wiederum nicht auf überlegener Kreativität basiert, sondern auf brachialer Rechenkraft. Dies alles zählt nicht angesichts der Aussicht auf die Schachcomputerprogramme der nächsten Generation, die ausschließlich von »lernfähigen« Computern generiert sein werden.

Der polnische Satiriker Stanislaw Jerzy Lec kommentiert in einem seiner unnachahmlichen Zynismen das Phänomen, dass menschliche Fähigkeiten, und seien sie noch so exzeptionell, im Zuge technischer Wirkungsvervielfachung und Reichweitensteigerung immer wieder, bis an den Rand des Lächerlichen und Mitleiderregenden, überboten werden: »Die Technik ist dabei, eine solche Perfektion zu erreichen, dass der Mensch ohne sich selber auskommt.«

Bernd Guggenberger

Fragen:

● Worin besteht nach diesem Text die Bedrohung des Menschen durch die Technik?
● Nennen Sie weitere Beispiele für die Verdrängung des Menschen durch die Technik.

700 Intellektuelle beten einen Öltank an

Ohne Einladung
Sind wir gekommen
Siebenhundert (und viele sind noch unterwegs)
Überall her, wo kein Wind mehr weht
Von den Mühlen, die langsam mahlen, und
Von den Öfen, hinter denen es heißt
Daß kein Hund mehr vorkommt.

Und haben dich gesehen
Plötzlich über Nacht
Öltank.

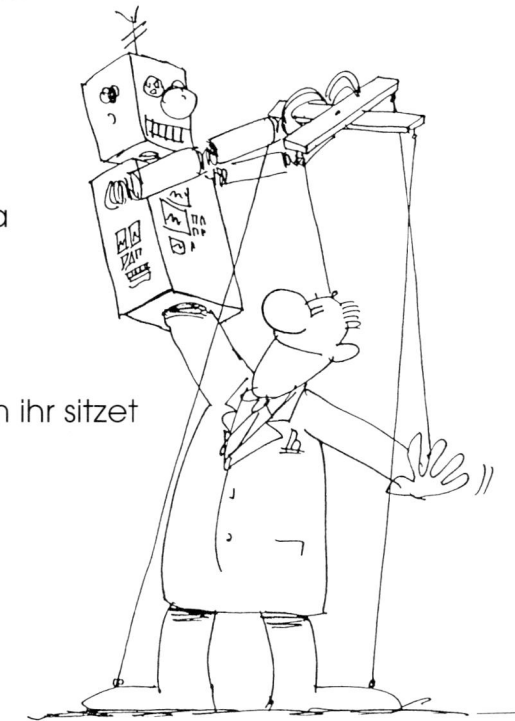

Gestern warst du noch nicht da
Aber heute
Bist nur du mehr.

Eilet herbei, alle
Die ihr absägt den Ast, auf dem ihr sitzet
Werktätige!
Gott ist wiedergekommen
In Gestalt eines Öltanks.

Du Häßlicher
Du bist der Schönste!
Tue uns Gewalt an
Du Sachlicher!
Lösche aus unser Ich!
Mache uns kollektiv!
Denn nicht wie wir wollen
Sondern, wie du willst.

Du bist nicht gemacht aus Elfenbein
Und Ebenholz, sondern aus
Eisen.
Herrlich! Herrlich! Herrlich!
Du Unscheinbarer!
Du bist kein Unsichtbarer
Nicht unendlich bist du!
Sondern sieben Meter hoch.
In dir ist kein Geheimnis
Sondern Öl.
Und du verfährst mit uns
Nicht nach Gutdünken noch unerforschlich,
Sondern nach Berechnung.

Was ist für dich ein Gras?
Du sitzest darauf.
Wo ehedem ein Gras war
Da sitzest jetzt du, Öltank!
Und vor dir ist ein Gefühl
Nichts.

Darum erhöre uns
Und erlöse uns von dem Übel des Geistes.
Im Namen der Elektrifizierung
Des Fordschritts und der
Statistik!

Bertolt Brecht

Aufgabe:

Ersetzen Sie das Wort »Öltank« durch andere technische Geräte, etwa Computer,
Fernseher etc.

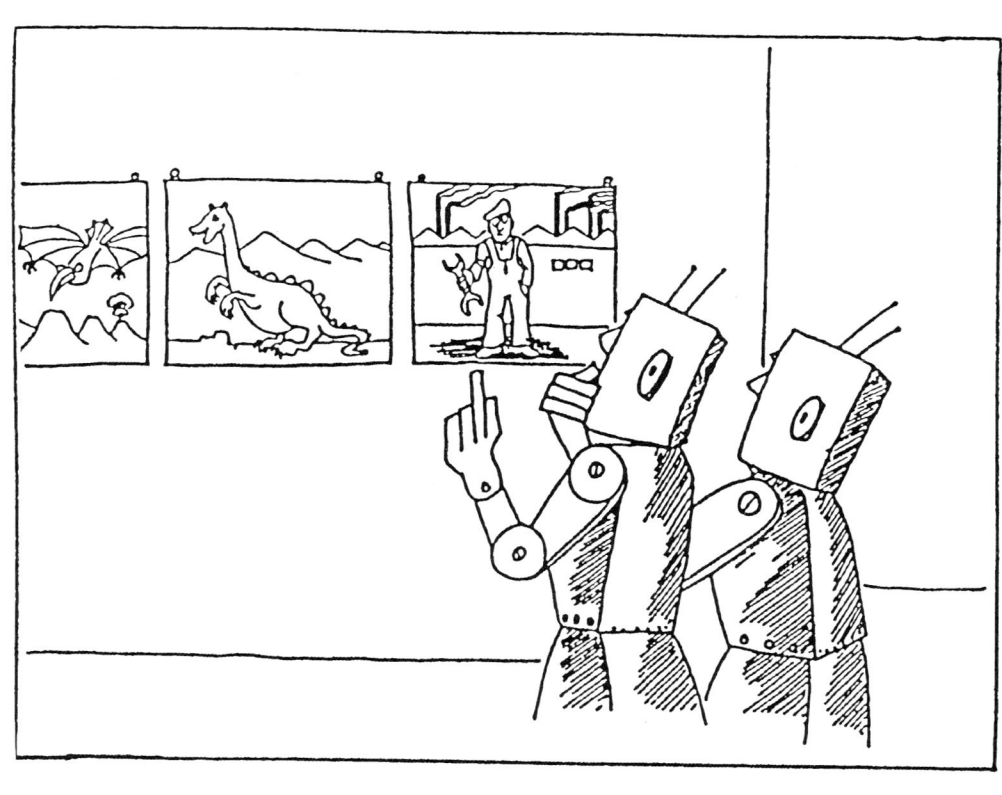

2. Kapitel
Umgang mit dem Leben: Gentechnik

Medientipp:

Dokumentationsfilm: »Gen-Ethik«: Chancen und Risiken der Gentechnologie, 25 Min (F), BRD 1988, EFS [Prod.] (VIDEO-Film).

Der Film beschreibt grundsätzliche Techniken der Molekularbiologie. Die Vorgänge der Isolation und Vermehrung von Genen und die Rekombination der DNA werden erklärt, ebenso die Begriffe der Genomanalyse und der synthetischen Biologie, die in der Diskussion um Chancen und Risiken der Gentechnologie eine zentrale Rolle spielen. In Interviewbeiträgen nehmen die Professoren Winnacker, Catenhusen und Altner zur Problematik Stellung.

Literaturhinweise:

Ellen Norten / Angela Lindner: Gentechnologie im Alltag. Wo sie uns begegnet und wie wir mit ihr leben. Hrsg. von Jean Pütz. Köln (vgs) 1997

Das Buch gibt einen leicht verständlichen Überblick zum Thema Gentechnik. Die Inhalte werden zusätzlich über Bilder und Grafiken anschaulich dargestellt. Historisches, Einsatz, Nutzen und Risiken, Rechte und ethische Aspekte werden behandelt. Für die Hand der Teilnehmer.

Deutscher Erwachsenenkatechismus, Band 2: Genforschung und Gentechnologie (S. 298–302)

Zur Einführung

Wie kaum ein anderer Bereich der Naturwissenschaft und Technik ist heute die Genforschung und Gentechnik umstritten und macht vielen Angst. Das hat seinen Grund nicht zuletzt darin, dass mit der Gentechnik eine ungeheure Macht in die Hände der Menschen gelegt ist, die zugleich als deren andere Seite bisher so nicht gekannte Risiken für den Menschen und seine Umwelt in sich birgt. Noch nie vorher in der Geschichte hat sich die Möglichkeit eröffnet, so radikal in das Leben einzugreifen, seine Gestaltungsvielfalt von ihrem Grund her zu manipulieren und nach eigenen Vorstellungen zu beeinflussen. Der Vergleich mit der Atomphysik drängt sich auf. Wie hier durch die Erforschung des Atomkerns das Prinzip der Materie durchschaut wurde, so ist durch die Erforschung des Zellkerns das Prinzip des Lebens durchschaubar geworden. Und ebenso wie durch die Möglichkeit der Atomspaltung die Vernichtung der Menschheit zur realen Bedrohung geworden ist, so scheint auch durch die Möglichkeit der Veränderung des Zellkerns das Leben und die Humanität des Menschen radikal bedroht zu sein.

Auf der anderen Seite sehen wir, dass mithilfe der Gentechnik bereits wichtige Fortschritte im Bereich der Medizin und der Herstellung von Medikamenten erzielt worden sind. Für die Zukunft versprechen sich Forscher von der vollständigen Entschlüsselung des menschlichen Genoms, die derzeit mit Hochdruck betrieben wird, Aufschlüsse über die Ursachen von Krankheiten wie Krebs und AIDS und damit Möglichkeiten ihrer Bekämpfung. Andere versprechen sich eine entscheidende Verbesserung auf dem Gebiet der Nahrungsmittelproduktion, die zur Bekämpfung des Hungers auf der Erde beitragen soll. Als weitere Anwendungsgebiete werden die Energieversorgung und die Beseitigung von Abfällen und Umweltschadstoffen genannt.

Die Forschung ist im Bereich der Erbsubstanz aller Lebewesen derzeit im vollen Gange. All dies lässt sich nicht einfach rückgängig machen. Ebenso wenig aber lassen sich die Probleme und Risiken, die sich damit stellen, einfach aus der Welt schaffen. Es ist vielmehr notwendig, dass wir zu einem verantwortlichen Umgang mit den Möglichkeiten der Gentechnik finden, in dem sich dieses Instrument nicht gegen den Menschen kehrt.

Wie sieht ein solcher verantwortlicher Umgang mit der Gentechnik aus? Welche Möglichkeiten des Missbrauchs gibt es? Gibt es gar unvermeidliche, notwendige inhumane Folgen? Wie lässt sich ein verantwortlicher Umgang in der Öffentlichkeit durchsetzen? Was sind überhaupt unsere Ziele und Vorstellungen für das Leben der Menschen in Zukunft? Welche Bedeutung hat dabei der christliche Schöpfungsglaube? Zur Diskussion über all diese Fragen sollen die Materialien des folgenden Kapitels anregen.

Erfahrungen

Novel-Food-Verordnung

Am 15. Mai 1997 trat die Verordnung für neuartige Lebensmittel (Novel-Food-Verordnung) in Kraft. Damit ist für die EU-Staaten eine einheitliche Richtlinie zur Genehmigung und Kennzeichnung genetisch veränderter Lebensmittel geschaffen. Allerdings müssen sich die veränderten Inhalte durch wissenschaftliche Analysen nachweisen lassen. Wie die Kennzeichnung aussehen soll, ist bislang noch nicht festgelegt.

Aus dem »Gesetz zur Verhütung erbkranken Nachwuchses« vom 14. Juli 1933 ➤

§ 1 (1) Wer erbkrank ist, kann durch chirurgischen Eingriff unfruchtbar gemacht (sterilisiert) werden, wenn nach den Erfahrungen der ärztlichen Wissenschaft mit großer Wahrscheinlichkeit zu erwarten ist, dass seine Nachkommen an schweren körperlichen oder geistigen Erbschäden leiden werden.
(2) Erbkrank im Sinne dieses Gesetzes ist, wer an einer der folgenden Krankheiten leidet:
1. Angeborenem Schwachsinn,
2. Schizophrenie,
3. Zirkulärem (manisch-depressivem) Irresein,
4. Erblicher Fallsucht,
5. Erblichem Veitstanz (Huntingtonsche Chorea),
6. Erblicher Blindheit,
7. Erblicher Taubheit,
8. Schwerer erblicher körperlicher Missbildung.
(3) Ferner kann unfruchtbar gemacht werden, wer an schwerem Alkoholismus leidet.

Historische Entwicklung im Überblick		
1865	Gregor Mendel entwickelt seine Vererbungslehre	**Tomoffel**
1869	Entdeckung der Desoxyribonukleinsäure (DNS/DNA)	
1936	In-vitro-Zeugung eines Kaninchens	**Antimatsch-**
1944	Feststellung der eigentlichen Träger der genetischen Information (Oswald Avery)	**tomate**
1951	Erwin Chargraff entdeckt die Komplementarität der DNS-Basen	
1953	Entdeckung der Doppelhelixstruktur der DNS/DNA und des Replikationsprinzips (Watson/Crick)	**Drug Design**
1969	In-vitro-Zeugung eines Menschen ohne Einpflanzung	
1976	Erste kommerzielle Gen-Technologie-Firma	**Schiege**
1977	Einfrieren einer Eizelle gelungen	
1978	In-vitro-Zeugung eines Menschen (Louise Brown) mit Einpflanzung und Geburt	**Genfood**
1982	Erstes deutsches Retortenbaby (Erlangen)	
1982	Kommerzielle Vermarktung von »bakteriellem Insulin«	**Lachsrote**
1984	Geburt eines Kindes, das als Embryo zwei Monate tiefgefroren war (Australien)	**Petunien**
1984	Kreuzung aus Schaf und Ziege (»Schiege«)	
1984	Geburt eines Kindes mit zwei Müttern: eine genetische (Eizelle) und eine gebärende	**Gensoja**
1986	Markteinführung von TPA: es löst nach einem Herzinfarkt das Blutgerinsel auf	
1988	Erstes Patent für ein gentechnologisch manipuliertes Säugetier (Maus)	**Turbokuh**
1990	Deutscher Freiland-Versuch mit genmanipulierten lachsroten Petunien (Fehlschlag)	**Gencard**
1991	Erprobung der Gentherapie zur Krebsbekämpfung	
1993	Zeitungsberichte über das Klonieren von menschlichen Embryonen (Jerry Hall)	
1994	Erste gentechnisch veränderte Früchte im Handel (Tomate »Savr Flavr« – Kalifornien)	**Blaue Nelken**
1998	Ankündigung des amerikanischen Wissenschaftlers Richard Seed, Menschen zu klonieren.	
2000	Präsentation der fast vollständigen Entschlüsselung des menschlichen Genoms.	

Gentechnik in Waschmitteln

Heute wird bereits ein großer Teil der Enzyme in Waschmitteln gentechnisch gewonnen. Selbst in Waschmittelbaukästen mit dem »blauen Engel« sind gentechnisch gewonnene Enzyme zu finden. Für das Bundesumweltamt ist die Gentechnik kein Prüfkriterium für die Vergabe des Umweltzeichens.

Grundlagen der Gentechnik

Grundlegend für die Gentechnik ist die Erkenntnis, dass der »Bauplan« jedes Lebewesens im Zellkern jeder einzelnen seiner Körperzellen enthalten ist. Dieser Bauplan enthält sämtliche Informationen, durch die die äußere Gestalt des Lebewesens und durch die alle seine entscheidenden Lebensfunktionen gesteuert werden.

Gentechnik setzt voraus, dass man diesen »Bauplan des Lebens« entschlüsselt hat. Erst dann kann man versuchen, gezielt etwas an diesem Bauplan und damit an der Gestalt oder den Funktionen des jeweiligen Lebewesens zu ändern.

Beispiel: Die Aminosäurenkette des Schweine-Insulins

Proteine

sind wichtige Bestandteile von Knochen, Sehnen, der Haut, von Haaren, Fingernägeln. Sie bestimmen die Form und Beweglichkeit der Muskeln. Bei einfachen Lebewesen (etwa Bakterien) bestimmen sie die Form.

Proteine sorgen weiterhin für die entscheidenden Lebensprozesse. Als Enzyme beschleunigen sie chemische Prozesse (etwa Stoffwechsel); als Hormone steuern sie wichtige Lebensfunktionen (etwa Wachstum, Sexualität, seelische Zustände), Insulin und Adrenalin gehören zu den bekanntesten Hormonen, Hämoglobin bindet den Sauerstoff im Blut; als Antikörper vernichten sie Krankheitserreger, die von außen in den Körper eindringen.

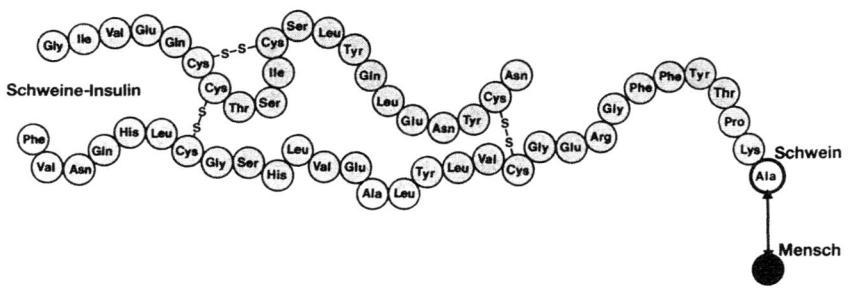

Die entscheidende Funktion jeder einzelnen Zelle eines Lebewesens besteht darin, dass sie ständig bestimmte Eiweißstoffe (Proteine) produziert, die für die Gestalt und die Funktion des Organismus bestimmend sind.

All diese Proteine sind chemisch gesehen eine lange Kette von vielen verschiedenen **Aminosäuren**, die in einer ganz bestimmten Reihenfolge angeordnet sind (vgl. Abb. oben). Damit diese Ketten von Aminosäuren produziert werden können, muss es in der Zelle einen Plan geben, nach dem diese Ketten immer in der gleichen Reihenfolge angefertigt werden können.

Dieser Plan ist nun tatsächlich im Kern jeder einzelnen Zelle des Organismus enthalten. Er befindet sich dort auf einem endlos langen Molekül, der **Desoxyribonuklein-Säure** (abgekürzt: DNS oder DNA). Dieses Molekül bildet in zusammengezogenem Zustand die **Chromosomen** im Zellkern. Auseinander gezogen hat es die Form einer Wendeltreppe.

Die »Sprossen« dieser Wendeltreppe bestehen immer aus einem Paar von vier chemischen Stoffen (Basen: Adenin, Guanin, Cytosin, Thymin), wobei immer je zwei eine Verbindung eingehen. Jeweils drei »Sprossen« gemeinsam (ein Basen-Triplett) enthalten die Information für eine bestimmte Aminosäure (vgl. Abb.). Beim Menschen besteht das DNS-Molekül aus ca. 3 Milliarden einzelner »Sprossen«, bei einer Bakterie aus ca. 3 Millionen).

Jedes in jeder einzelnen Zelle enthaltene DNS-Molekül enthält den gesamten Plan für alle Proteine, die in einem Organismus produziert werden können (auch wenn nicht jede einzelne Zelle aufgrund ihrer Spezialisierung etwa als Leberzelle o. Ä. alle Proteine herstellt).

Für ein bestimmtes Protein ist jeweils ein bestimmter Abschnitt (eine Reihe von Basen-Tripletts) auf dem DNS-Molekül zuständig. Diesen Abschnitt nennt man ein **Gen**.

Die Gesamtheit aller entscheidenden Abschnitte auf dem Molekül, aller Gene also, bildet das **Genom**.

Die **Genforschung** bemüht sich darum, das Genom verschiedener Lebewesen – nicht zuletzt des Menschen – zu entschlüsseln. Der Plan für die Herstellung der verschiedenen Proteine soll der Reihe nach gelesen werden.

Die **Gentechnik** versucht, auf der Grundlage dieser Erkenntnis fremde oder gar künstlich produzierte Gene in die Zellen von Organismen einzuschleusen, um so gezielt die Produktion gewünschter Proteine in Gang zu setzen.

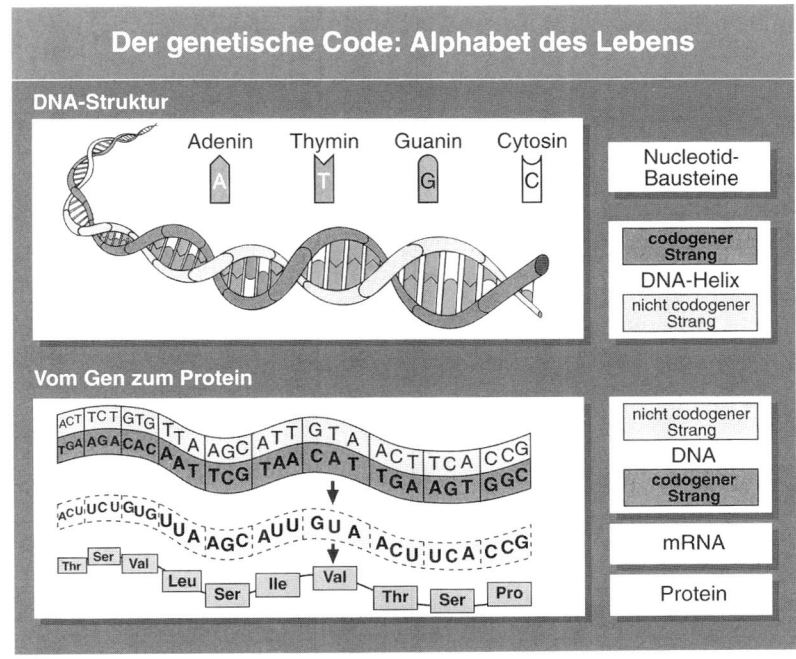

Der genetische Code: Alphabet des Lebens

DNA-Struktur

Adenin — A — Thymin — T — Guanin — G — Cytosin — C

Nucleotid-Bausteine

codogener Strang — DNA-Helix — nicht codogener Strang

Vom Gen zum Protein

nicht codogener Strang — DNA — codogener Strang

mRNA

Protein

Was die Gentechnik kann

Auf diesem Weg werden inzwischen eine ganze Fülle von lebenswichtigen Stoffen hergestellt, etwa der Blutgerinnungsfaktor VIII zur Bekämpfung der Bluterkrankheit, Impfstoffe gegen Hepatitis, Wachstumshormone und Interferone gegen Krebs.

① Herstellung von Medikamenten

Das bekannteste, seit langem schon etablierte Produkt der Gentechnik ist die Herstellung von menschlichem Insulin durch gentechnisch manipulierte Coli-Bakterien.

Dazu wird in einen der DNS-Ringe (Plasmid-Ringe) des Coli Bakteriums das Gen zur Produktion von Insulin eingesetzt. Die so veränderten Bakterien vermehren sich rasch und erzeugen menschliches Insulin, das dann aus den Bakterien gewonnen werden kann.

Risiken:

Negative Folgen haben sich bei diesen Verfahren bisher nicht gezeigt. Sie werden im geschlossenen Labor- oder Herstellungs-Bereich vorgenommen.

② Veränderungen der Erbinformation bei Pflanzen

Ziel der gentechnischen Manipulation von Pflanzen ist es – ähnlich wie bei entsprechenden Eingriffen in das Erbgut von Tieren –, zur Lösung der Nahrungsmittelprobleme auf der Erde beizutragen.

Eine Möglichkeit wird darin gesehen, durch Einschleusung eines neuen Gens Pflanzen gegen Schädlings- und Unkrautbekämpfungsmittel resistent zu machen, die dann unbegrenzt eingesetzt werden können, ohne den Nutzpflanzen zu schaden. Eine weitere, bessere Möglichkeit besteht darin, Pflanzen dazu zu bringen, einen Stoff zu produzieren, der für Schädlinge tödlich ist. Die Pflanze bekämpft dann selbst ihre Schädlinge. Weiterhin ist es möglich,

500.000 Diabetiker in Deutschland benötigen Insulin zum Überleben

Schweine-Insulin · Schwein · Mensch · Humangen · Schweine-Pankreas · Neuprogrammierte Bakterien · Chemischer Austausch · Extraktion · Reinigung · Medikament · Diabetiker

Pflanzen zu konzipieren, die selbst den Stickstoff aus der Luft binden und so auch auf unfruchtbarem Boden wachsen können. Ebenso kann der Nährwert von Pflanzen erhöht werden, indem die Speicherproteine, etwa beim Mais, verbessert werden. Weitere Ziele liegen darin, Pflanzen so zu manipulieren, dass sie Arzneimittel oder Kosmetika produzieren.

Risiken:

- Erhöhung des Herbizidgebrauchs
- Stickstoffbindende Pflanzen könnten Böden belasten
- Förderung von Monokulturen
- Gefahr für die Artenvielfalt durch Breitbandherbizide
- Totale Vernichtung von »Schädlingen«
- Kreuzungen mit verwandten Wildkräutern können wegen der komplexen ökologischen Zusammenhänge unabsehbare Folgen haben: evtl. Produktion giftiger Stoffe
- Einsatz in der Dritten Welt ist bedenklich: führt zu neuen Abhängigkeiten, Schädigung kleinerer landwirtschaftlicher Betriebe, Überproduktion in den Industriestaaten

③ Veränderung der Erbinformation bei Tieren

Ziel ist es hier, Tiere für die Nutzung zu Zwecken der Nahrungsmittelproduktion zu »optimieren«.
Neben künstlicher Besamung, Nutzung sämtlicher Eier, Klonieren und Versuchen mit Chimären-Bildung (bekanntestes Beispiel ist die Kreuzung von Schaf und Ziege = »Schiege«) wird versucht, durch die Einschleusung fremder Gene etwa die Fleischproduktion zu steigern (durch körpereigene Produktion von mehr Wachstumshormonen), die Milchproduktion zu erhöhen oder Resistenz gegen bestimmte Krankheiten der Tiere zu erzeugen (etwa Grippresistenz bei Schweinen).

Risiken:

- Schädigung der Gesundheit der Tiere
- Zufügung von Schmerzen und Verhaltensstörungen
- Produktion von lebensunfähigen Tieren, auch durch Überspringen natürlicher Artgrenzen
- Überproduktion in den Industriestaaten, Erzeugung von weiteren Abhängigkeiten der Dritten Welt

④ Anwendungsmöglichkeiten beim Menschen

Die Anwendungsmöglichkeiten liegen zum einen im Bereich der Früherkennung von Krankheiten oder genetischer Abweichungen, zum anderen aber auch im Bereich der Therapie genetisch bedingter Krankheiten. ➤

1. Genomanalyse:

Durch die Analyse des menschlichen Genoms können – etwa im Rahmen einer pränatalen Diagnose – akute und künftige Krankheiten bzw. auch Dispositionen für bestimmte Krankheiten erkannt werden. Es lassen sich Defekte nicht nur an den Chromosomen, sondern auch am DNS-Molekül feststellen. Solche kleinsten Veränderungen an einem Gen können der Grund für Krankheiten wie Sichelzellanämie, für eine erhöhte Cholesterinproduktion, für Krebs, aber auch für psychische Krankheiten sein. Ebenso kann man die Reaktion des Organismus auf bestimmte Pharmaka vorhersagen.

Risiken:

- Bei Pränataldiagnose wird ein Schwangerschaftsabbruch suggeriert.
- Bei Dispositionen müssen die Krankheiten nicht ausbrechen, das eigene Leben wird aber belastet.
- Mögliche Disqualifikation und Diskriminierung bei Auswahlverfahren im Blick auf Arbeitsplätze.

- Moralischer und sozialer Druck, solche Untersuchungen vornehmen zu lassen, wächst.
- Bei gezielten Untersuchungen können ungewollt auch andere genetisch Defekte festgestellt werden. Wie geht man damit um?
- Probleme bei Eheschließung oder Versicherungsabschlüssen.

2. Gentherapie

Ziel ist die Heilung von bisher unheilbaren Krankheiten durch gezielte gentechnische Eingriffe in die Erbsubstanz des Menschen. Dabei lassen sich zwei Verfahren unterscheiden:

- Körperzelltherapie:

Krankes Zellgewebe wird entnommen und gentechnisch korrigiert. Beispiel dafür ist die Heilung von Sichelzellanämie, wozu Rückenmarkszellen, in denen die roten Blutkörperchen gebildet werden, entnommen und manipuliert werden. Die gesunden Zellen werden vermehrt und anschließend dem Organismus implantiert (vgl. Abb. S. 45).

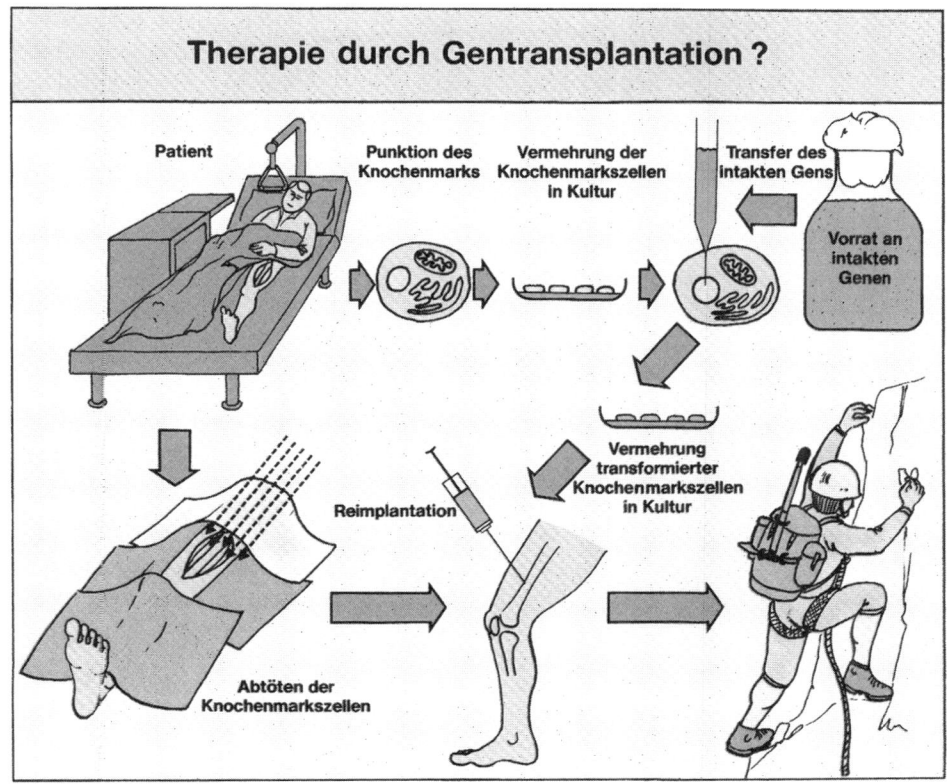

Therapie durch Gentransplantation?

Patient | Punktion des Knochenmarks | Vermehrung der Knochenmarkszellen in Kultur | Transfer des intakten Gens | Vorrat an intakten Genen

Vermehrung transformierter Knochenmarkszellen in Kultur

Reimplantation

Abtöten der Knochenmarkszellen

● Keimbahntherapie:

Hier wird nicht nur ein Teil der Zellen verändert, sondern die Manipulation wird bereits an der befruchteten Eizelle vorgenommen. Damit werden diese Krankheiten auch für alle folgenden Generationen ausgeschlossen.

Risiken:

● Möglichkeit hormoneller und psychischer Veränderungen
● Gestaltung des Menschen nach eigenen Vorstellungen der Eltern
● Ungewissheit über Auswirkungen eines eingeschleusten Gens

● Das Zustimmungsrecht, das Recht auf Individualität und Naturwüchsigkeit, das Recht, nicht von anderen gemacht zu werden, wird bei der Keimbahntherapie übergangen.
● Auswirkungen der Keimbahntherapie sind u.U. erst in kommenden Generationen feststellbar.
● Die Entwicklung der Verfahren setzt verbrauchende Experimente mit Embryonen voraus.
● Viele Krankheiten haben nicht nur eine einzige genetische Ursache, sondern verschiedene.

Gesetzliche Bestimmungen s. S. 65 ➤

Gentechnik in Deutschland

Pro	Contra
➤ **Gentechnik eröffnet völlig neue Perspektiven.** Ohne Gentechnik – verantwortungsbewusst eingesetzt – gibt es keinen Fortschritt für Gesundheit, Umwelt, Lebensqualität.	➤ **Gentechnik eröffnet völlig neue Perspektiven** für unseren Widerstand gegen undemokratische gesellschaftliche Entwicklungen.
➤ **Gentechnik hat zentrale Bedeutung** für die Erforschung und Bekämpfung von AIDS, Krebs, Alzheimer, Parkinson usw. Die Gentechnik bietet die Chance, bisher unheilbare Krankheiten zu heilen – schneller und gezielter.	➤ **Gentechnik hat zentrale Bedeutung** für die Anpassung des Menschen an zerstörerische Arbeitsbedingungen und eine vergiftete Umwelt, für die Anpassung der mangelhaften Natur an unser perfektes Wirtschaftssystem, für die Umformung der Landwirtschaft zum Anhängsel der Großindustrie.
➤ **Gentechnik ist der Schlüssel** für die Produktion mit weniger Rohstoffen, weniger Energie, weniger Abfall.	➤ **Gentechnik ist der Schlüssel** zur Schaffung einer »zweiten Natur«, während die erste, ursprüngliche Natur durch Umweltverschmutzung stirbt.
➤ **Eine große Industrienation wie Deutschland** braucht Gentechnik, um leistungsfähig zu sein. Statt wie andere Staaten die Gentechnik zu fördern, setzen wir ein Stück Zukunft aufs Spiel. Wir dürfen nicht zulassen, zweitklassig zu werden.	➤ **Eine große Industrienation wie Deutschland** sollte den Anfang machen und sich jetzt von Großtechnologien abwenden hin zu alternativen, umwelt-, gesundheits- und sozialpolitisch verantwortlichen Techniken
➤ **Durch Gesetze und Verordnungen** wird die Gentechnik bei uns zu Tode verwaltet. Unsere Forscher wandern in Länder wie USA, Frankreich, Japan ab, deutsche Unternehmen müssen im Ausland forschen und produzieren.	➤ **Durch Gesetze und Verordnungen** allein lassen sich die Gefahren der Gentechnik nicht mindern. Es gilt, die Versprechungen der Gentechniker/innen als Großspurigkeit und an den Bedürfnissen der Menschen vorbeigehende Ansinnen zu entlarven.
Initiative Pro Gentechnik, Frankfurt	*Gen-ethisches Netzwerk (Hg.), Gen-ethischer Informationsdienst 84 (1993) 4*

Gesetzliche Regelung

Am 23.6.1990 wurde das Gentechnikgesetz für die Bundesrepublik Deutschland verkündet. Es trat am 1.7.1990 in Kraft. Seine Konzeption war von dem Bestreben gekennzeichnet, den tatsächlichen oder vermuteten Risiken der Gentechnik durch umfassende Kontroll- und Genehmigungskautelen Rechnung zu tragen.

Nur drei Jahre nach seinem In-Kraft-Treten beschloss der Bundestag eine umfassende Novellierung des Gentechnikgesetzes (Gesetz vom 16.12.1993). Änderungen waren zum einen erforderlich geworden, weil die EG-Kommission der Bundesregierung mangelnde Umsetzung der EG-Richtlinien vorgeworfen hatte, zum anderen aber auch, weil sich schon sehr bald Mängel im Regelungsinstrumentarium des Gesetzes gezeigt hatten. Sind es sonst zumeist Regelungslücken, die zur Kritik an einem Gesetz Anlass geben, so sah sich das Gentechnikgesetz dem Vorwurf der Überregulierung ausgesetzt. Insbesondere wurde beklagt, die Genehmigungs- und Prüfungsverfahren seien zu langwierig und die Sicherheitsvorkehrungen zu umfangreich. Eine deutliche Deregulierung wurde vor allen Dingen von Industrie und Forschung gefordert, erschien aber auch aus einer veränderten Einschätzung des Gefahrenpotenzials der Gentechnik angebracht. Die Novelle von 1993 brachte vor allem Erleichterungen bei den Verfahrensregelungen.

Der Regelungszweck des Gentechnikgesetzes besteht

● zum einen (§ 1, Nr. 1) im Schutz des Lebens und der Gesundheit von Menschen, Tieren, Pflanzen und der sonstigen Umwelt vor möglichen Gefahren gentechnischer Verfahren und Produkte sowie der Vorbeugung solcher Gefahren. Rechnung getragen wird diesem Schutzzweck vor allen Dingen durch die Ausgestaltung der Zulassungsvoraussetzungen für gentechnische Arbeiten in Verbindung mit einem Genehmigungs- bzw. Anmeldevorbehalt, der eine präventive Kontrolle gentechnischer Arbeiten sicherstellt.

● Zum anderen (§ 1, Nr. 2) soll das Gesetz die Gentechnik fördern, indem es den rechtlichen Rahmen für die Erforschung, Entwicklung, Nutzung und Förderung der wissenschaftlichen, technischen und wirtschaftlichen Möglichkeiten der Gentechnik schafft.

Wir sind mit unseren Experimenten gerade noch rechtzeitig fertig geworden, Professor!

»10 Gebote für Gentechnologen«

1. Eingriffe in die Natur sind ethisch erlaubt. Sie sollen aber im Sinne einer erweiterten Verantwortung gebunden sein an die Abschätzung der möglichen Folgen für die Gegenwart und die Zukunft von Natur und Menschheit.

2. Die Freiheit der Forschung ist nicht absolut: Sie hat ihre Grenze am Wohl der Menschheit. Gentechnologische Forschung unterscheidet sich grundsätzlich nicht von anderer Forschung. Sie ist, obwohl sie Gefahren und Risiken einschließt, ethisch vertretbar, solange sie die Grenze wahrt, die jeder Forschung gesetzt ist. (Die Möglichkeit des Missbrauchs schließt einen sinnvollen Gebrauch nicht aus.)

3. Die Arbeit des Gen-Technikers darf nicht der Exklusivität der »Wissenden« überlassen bleiben. Sie muss in der Öffentlichkeit geschehen, damit der Öffentlichkeit die Möglichkeit gegeben ist, die Forschungsergebnisse zu reflektieren und zu kritisieren.

4. Der Gen-Techniker trägt die Alleinverantwortung für seine Forschung und eine Mitverantwortung für das, was andere daraus machen. Chancen und Risiken sind in einer ständigen Technologie-Folgenabschätzung zu prüfen.

5. Die Ziele der Gentechnologie sollen therapeutisch ausgerichtet sein im weitesten Sinne; sie sollen einen zusätzlichen Gewinn an Humanität intendieren und durch allgemein akzeptierte Gründe ausgewiesen sein.

6. Der Gentechnologie am Menschen sind grundsätzlich Grenzen gesetzt. Sie darf nicht zur Herrschaft des Menschen über den Menschen führen.
Genetische Experimente dürfen Leben, Gesundheit und personale Integrität des Menschen – auch des ungeborenen – weder verletzen noch ernsthaft gefährden.

7. Wenn es um Menschen geht, tritt dem Genetiker als Forschungs-»Objekt« ein menschliches Subjekt gegenüber, das aufgrund der Menschenwürde niemals als Mittel, zu welchem Zweck auch immer, gebraucht werden darf.
Die mit dem Subjektsein des Menschen aufgewiesenen Grenzen vereiteln nicht die gentherapeutische Zielsetzung.

8. Genomanalyse (Erstellung individueller Genkarten) darf nur auf der Basis der Freiwilligkeit und zum Wohl des Individuums, nicht aber zu einer eventuellen Diskriminierung (etwa am Arbeitsplatz) vorgenommen werden; dies würde einen Eingriff in die Grundrechte der Person bedeuten, insbesondere würde dadurch der Gleichheitsgrundsatz verletzt.

9. Gentherapie an Körperzellen ist – solange es sich um keinen wesensverändernden Eingriff am Menschen handelt – ethisch erlaubt. Sie ist ähnlich zu beurteilen wie die Organtransplantation. Da die Risiken nicht unerheblich sind, sollte sie nur nach deren genauer Abwägung infrage kommen. Auch dort, wo Gentechnologie mit therapeutischer Zielsetzung durchgeführt wird, ist die Gefahr unangemessener Verfügung und Manipulation menschlichen Lebens nicht von vornherein ausgeschlossen.

10. Vom Prinzip der Menschenwürde (und vom »Recht eines jeden, Produkt eines Zufalls zu sein« – Jost Herbig –) her sind Züchtung und Klonierung optimierter Menschen grundsätzlich auszuschließen, weil damit in die Unverfügbarkeit der Individualität des Menschen eingegriffen würde.

Johannes Reiter

Der synthetische Mensch

Professor Bumke hat neulich Menschen erfunden,
die kosten zwar, laut Katalog, ziemlich viel Geld,
doch ihre Herstellung dauert nur sieben Stunden,
und außerdem kommen sie fix und fertig zur Welt!

Man darf dergleichen Vorteile nicht unterschätzen.
Professor Bumke hat mir das alles erklärt.
Und ich merkte schon nach den ersten Worten und Sätzen:
Die Bumkeschen Menschen sind das, was sie kosten, auch wert.

Sie werden mit Bärten oder Busen geboren,
mit allen Zubehörteilen, je nach Geschlecht.
Durch Kindheit und Jugend würde nur Zeit verloren,
meinte Professor Bumke. Und da hat er ja Recht.

Er sagte, wer einen Sohn, der Rechtsanwalt sei,
etwa benötige, brauche ihn nur zu bestellen.
Man liefre ihn, frei ab Fabrik, in des Vaters Kanzlei,
promoviert und vertraut mit den schwersten juristischen Fällen.

Man brauche nun nicht mehr zwanzig Jahre warten,
dass das Produkt einer unausgeschlafenen Nacht
auf dem Umweg über Wiege und Kindergarten
das Abitur und die übrigen Prüfungen macht.

Es sei ja auch denkbar, das Kind werde dumm oder krank.
Und sei für die Welt und die Eltern nicht recht zu verwenden.
Oder es sei musikalisch! Das gäbe nur Zank,
falls seine Eltern nichts von Musik verständen.

Nicht wahr, wer könne denn wirklich wissen, was später
aus einem anfangs ganz reizenden Kinde wird?
Bumke sagt, er liefre auch Töchter und Väter.
Und sein Verfahren habe sich selten geirrt.

Nächstens vergrößre er seine Menschenfabrik.
Schon heute liefre er zweihundertneunzehn Sorten.
Misslungene Aufträge nähm er natürlich zurück.
Die müssten dann nochmals durch die verschiednen Retorten.

Ich sagte: da sei noch ein Bruch in den Fertigartikeln,
in jenen Menschen aus Bumkes Geburtsinstitute.
Sie seien konstant und würden sich niemals entwickeln.
Da gab er zur Antwort: »Das ist ja grade das Gute!«

Ob ich tatsächlich vom Sichentwickeln was halte?
Professor Bumke sprachs in gestrengem Ton.
Auf seiner Stirn entstand eine tiefe Falte.
Und dann bestellte ich mir einen vierzigjährigen Sohn.

Erich Kästner

3. Kapitel

Umgang mit dem Leben: Künstliche Befruchtung

Medientipp:

»Schöpfung aus der Retorte«, Martin Lettenmeier (Reg.), BRD 1986, 20 Min.; (F), VIDEO-Film).

Der Film führt in die Problematik der In-vitro-Fertilisation ein. Zwei Ehepaare schildern die Belastungen der Kinderlosigkeit. Ein Arzt zeigt das Verfahren der In-vitro-Fertilisation. Im dritten Teil werden ethische Fragen auf der Grundlage einer EKD-Handreichung behandelt.

»Der kopierte Mensch«, Dokumentation, 18 Min. (F), BRD 1997, Jürgen Flemming (Reg.), VIDEO-Film.

Kritische Dokumentation über die Entwicklungen im Bereich der Biomedizin. Die einschlägigen Begriffe (Klonen, Keimbahntherapie, künstliche Befruchtung) und Methoden werden angesprochen, jedoch nicht bis ins Letzte geklärt. Vielmehr versucht der Film, auf offene ethische Fragen und Konflikte in der Fortpflanzung hinzuweisen.

Literaturhinweise:

Michael Schlagheck (Hg.): Wenn der Kinderwunsch unerfüllt bleibt. Wege der Bewältigung. Würzburg 1989.

Deutscher Erwachsenenkatechismus, Band 2: Künstliche Befruchtung (S. 373–377).

Zur Einführung

Wie Statistiken zeigen, bleiben heute immer mehr Paare ungewollt kinderlos. Die Gründe liegen dabei – anders als man früher oft gedacht hat – nicht nur bei der Frau, vielfach sind es die Männer, die unfruchtbar sind. Für viele Paare bedeutet die Entdeckung, dass sie keine Kinder bekommen können, eine große Enttäuschung. Viele haben sich seit Jahren Nachwuchs gewünscht und werden nun mit der Tatsache konfrontiert, dass dieser lang gehegte Herzenswunsch nicht erfüllt werden kann. Viele Paare werden durch diese Einsicht in eine Krise geführt, es kommt zu Zerwürfnissen und gegenseitigen Schuldzuweisungen. Nicht wenige trennen sich, um eventuell mit einem anderen Partner doch noch Kinder bekommen zu können.

Doch auch wenn eine Unfruchtbarkeit konstatiert wird, muss dies heute nicht bedeuten, dass das betreffende Paar keine Kinder bekommen kann. Die moderne medizinische Technik hat es möglich gemacht, eine menschliche Eizelle künstlich im Reagenzglas zu befruchten, und anschließend wieder in die Gebärmutter einzupflanzen. Dadurch kann vielen ihr Wunsch nach eigenen Kindern erfüllt und so dem Leben vieler Paare Sinn und Glück geschenkt werden.

Mit der Technik der künstlichen Befruchtung sind aber auf der anderen Seite auch zahlreiche problematische Möglichkeiten eröffnet. So ist es möglich, dass Keimzellen nicht nur von dem betreffenden Paar selbst verwendet werden, sondern auch fremde Ei- oder Samenzellenspender infrage kommen. Auch besteht die Möglichkeit, dass das Kind von einer Leihmutter ausgetragen wird. Es ist möglich, dass auch Frauen jenseits des Klimakteriums noch Kinder bekommen können. Sogar homosexuelle Paare können auf diesem Weg zu mindestens teilweise eigenen Kindern kommen.

Damit sind eine Fülle von menschlichen, rechtlichen und moralischen Fragen verbunden. Problematisch ist aber vor allem die Möglichkeit der Manipulation, die sich mit der künstlichen Befruchtung bereits am Beginn des Lebens eröffnet. So ist bewusste Selektion und »Züchtung« machbar, Untersuchungen des Embryos vor der Einpflanzung werden möglich. Es entsteht die Frage, ob man wirklich alle befruchteten Eizellen auch einpflanzen soll, um unzumutbare Mehrlingsschwangerschaften zu vermeiden. Schließlich ergibt sich auch die Möglichkeit des Klonierens, also der Vervielfältigung eines als »gut« bewerteten und akzeptierten Embryos.

Wie lässt sich angesichts all dieser ethischen Probleme sinnvoll und verantwortet mit dem Instrument der künstlichen Befruchtung umgehen? Ist sie generell abzulehnen oder sollte man sich ihrer Möglichkeiten unbegrenzt bedienen? Das folgende Kapitel möchte zum Nachdenken über diese Fragen anregen.

Erfahrungen

Holland: Zwillinge schwarz und weiß

Nach einer künstlichen Befruchtung mit versehentlich vermischten Spermien im Reagenzglas hat eine Niederländerin Zwillinge unterschiedlicher Hautfarbe zur Welt gebracht. Gentests ergaben, dass eines der Kinder mit weißer Hautfarbe vom Ehemann der Frau stammt. Das andere, farbige Baby hat vermutlich einen in der Karibik lebenden Mann zum Vater. Der Leiter der Abteilung für In-vitro-Fertilisation in der Utrechter Uniklinik, Egbert de Velde, betonte, dass solche Fälle absolute Ausnahmen seien. Der Niederländerin waren nach der künstlichen Befruchtung im Glas drei Embryonen eingepflanzt worden, von denen zwei überlebten. Te Velde erklärte die Panne so, dass einer der Laboranten für die künstliche Befruchtung eine Pipette benutzte, in der sich noch Spermienreste eines anderen Spenders befanden. Normalerweise würden für jede Operation neue Pipetten benutzt.

(Westfälisches Volksblatt, 19.6.1996)

In Mitteleuropa sind 15–20% der Ehen steril. Nach der Definition der WHO gilt die Unfähigkeit, sich fortzupflanzen, als Krankheit. Die »Erfolgsrate« in der Fortpflanzungsmedizin beträgt 15–20%

... und wird uns das Baby dann zugeschickt, oder wie läuft das, Herr Doktor?

Wie erfolgreich ist die In-vitro-Fertilisation?

In der BRD wurden von 1982 bis 1988 nach 14.400 Follikelpunktionen 1.295 durch In-vitro-Fertilisation gezeugte Kinder lebend geboren. Das sind knapp 9%. Mehrlingsschwangerschaften sind hierbei nicht berücksichtigt. 1988 gab es in der (alten) Bundesrepublik 33 öffentliche Einrichtungen und 12 Privatpraxen, die In-vitro-Fertilisation durchführten.
(Angaben des Bundesgesundheits-Blattes)

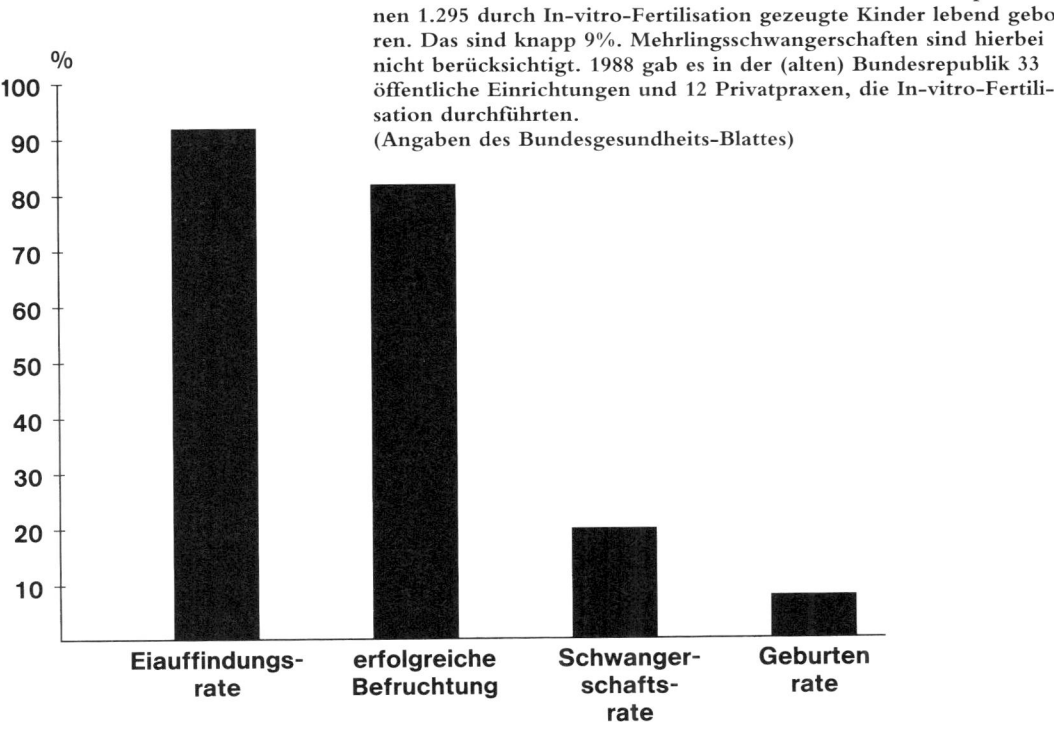

Mit 59 Jahren Mutter

Als eine der ältesten Frauen in der Medizingeschichte ist eine 59-jährige Frau, deren Name nicht genannt wurde, am Weihnachtstag in einer Londoner Klinik von Zwillingen entbunden worden. Wie die britische Zeitung »Guardian« am Montag berichtete, handelt es sich um eine Millionärin, die sich in Rom von dem Spezialisten Severino Antinori die mit dem Sperma ihres 45-jährigen Mannes befruchteten Eizellen einer 20-jährigen Italienerin einpflanzen ließ. Nach einem Bericht des britischen Massenblatts »Sun« wurden die Zwillinge mit einem Kaiserschnitt entbunden. Die 59-Jährige war bis dahin kinderlos.

↑ Frage:

● Welche Probleme treten für die Frau und den Mann auf, wenn die »letzte Hoffnung« so wenig Hoffnung bietet?

Das Befruchtungsverfahren hatten die Behörden zuvor einem britischen Krankenhaus mit der Begründung untersagt, die Frau sei zu alt, um die emotionalen Belastungen einer Schwangerschaft auf sich zu nehmen. Der bisherige Altersrekord einer Zwillingsmutter wurde von der damals 53-jährigen Amerikanerin Mary Shearing gehalten.

Künstliche Befruchtung

Wie geht das?

● 1. Zyklusüberwachung

Ist eine künstliche Befruchtung geplant, werden durch Hormonbehandlung der Frau entgegen dem natürlichen Ablauf mehrere Eizellen (Follikel) zur Reife gebracht. Der Zeitpunkt des Eisprungs wird kontrolliert. So steigt die Wahrscheinlichkeit, reife Eizellen entnehmen zu können. Zur Hormonbehandlung gehört tägliche Blutabnahme, um die Hormonwerte zu messen. Das Follikelwachstum wird zusätzlich durch Ultraschall überwacht.

Risiken:

Die Hormonstimulierung ist nicht risikolos. Sie kann zu hormonellen Störungen (Hitzewellen, Sehstörungen, Übelkeit, Depressionen, Müdigkeit, Schlaflosigkeit) führen. Es kann zur Überstimulation und zur Vergrößerung der Eierstöcke kommen. Bei bestimmten Hormonen wurde später verstärkt Brustkrebs und Unfruchtbarkeit der Kinder beobachtet.

● 2. Eientnahme

Die Eientnahme muss kurz vor dem Follikelsprung erfolgen. Eine von mehreren Methoden der Eientnahme ist die »laparoskopische Follikelpunktion«. Dabei wird zunächst der Bauchraum durch Kohlendioxid aufgebläht. Durch kleine Einschnitte werden eine Beobachtungssonde und eine Haltezange eingeführt. Die reifen Eier werden durch einen dritten Einschnitt mit einer Punktionsnadel abgesaugt.

Risiken:

Neben der rein psychischen Belastung bestehen bei einem solchen Eingriff die Risiken einer Darmverletzung, von Infektionen und Verwachsungen.

● 3. Befruchtung im Reagenzglas und Embryonenübertragung

Die gewonnenen Eizellen werden anschließend im Reagenzglas durch Zuschüttung des Spermas befruchtet, das zuvor vom Mann durch Masturbation gewonnen wurde. Meist wird versucht, mehrere Eizellen zu befruchten.

Begriffserklärungen:

FIVET = Fertilisation in vitro plus Embryonentransfer

In-vitro-Fertilisation = Befruchtung von Ei- und Samenzelle außerhalb des Körpers der Frau, z.B. im Reagenzglas oder in einer Petrischale.

Embryonentransfer = Übertragung der befruchteten Eizelle im 8-Zellstadium in die Gebärmutter.

Anschließend kommen die Eizellen in einen Brutschrank, nach ca. 15 Stunden lässt sich überprüfen, ob eine Befruchtung tatsächlich stattgefunden hat. Nach 2 Tagen ist das 8-Zellstadium erreicht, in dem dieser frühe Embryo (Blastozyte) in die Gebärmutter übertragen werden muss, soll es nicht zu Entwicklungsverzögerungen kommen. Die Übertragung des Embryos erfolgt vaginal mithilfe einer Kanüle. Häufig wird dabei eine größere Zahl (3) übertragen, um die Wahrscheinlichkeit einer Einnistung zu erhöhen. Bisher sind meist mehrere Versuche notwendig, bis eine Einnistung erfolgt. Heute stehen allerdings auch schon Methoden zur Verfügung, die es erlauben, eine ausgewählte Samenzelle direkt und gezielt in den Zellkern der Eizelle einzuführen.

Risiken

bei der Embryonenübertragung sind zunächst Verletzungen der Gebärmutter, die eine Einnistung verhindern können. Es kann zu Eileiterschwangerschaften kommen. 50% aller Kinder, die durch künstliche Befruchtung gezeugt wurden, kommen durch Kaiserschnitt zur Welt. Die Zahl der Mehrlingsschwangerschaften steigt gegenüber der natürlichen Rate enorm an.

Was durch künstliche Befruchtung alles möglich ist.

1 Durch künstliche Befruchtung kann ein Kind bis zu fünf »Eltern« haben:

- Vater: sozialer Vater, Samenspender
- Mutter: soziale Mutter, Eizellenspenderin, Leihmutter

2 Es lassen sich beliebig viele Embryonen erzeugen, die bei einer Temperatur von ca. -200^{0} C konserviert werden können. Sie lassen sich dann bei Bedarf auftauen und in eine Gebärmutter einpflanzen. Dadurch wird es möglich, bereits im Stadium der ersten Zellteilungen Untersuchungen genetischer Art vorzunehmen, während die

anderen befruchteten Eizellen konserviert sind. Wenn keine genetischen Schäden vorliegen, werden die Eizellen dann eingepflanzt.

3 Durch künstliche Befruchtung – vor allem auch im Zusammenhang mit dem Klonen – ist die Forschung auch an menschlichen Embryonen überhaupt erst möglich geworden.

4 Es ist möglich, die Keimzellen von Menschen mit besonders wünschenswerten Eigenschaften zu vereinigen. Es ist möglich geworden, dass Frauen sich auch nach dem Klimakterium noch ihren Kinderwunsch erfüllen können. Es ist möglich, den Samen von Verstorbenen zu verwenden.

Kirchliche Bedenken

In einer »Instruktion« von 1987 hat die römische Kongregation für die Glaubenslehre Bedenken gegenüber den Methoden der künstlichen Befruchtung geäußert. Dabei geht es ihr grundsätzlich darum, das beginnende Leben und die menschliche Fortpflanzung in ihrer Würde vor dem Zugriff der Technik zu schützen. Ihr Anliegen ist es, dass der Mensch in seinem Ursprung der Machbarkeit entzogen bleibt. Entsprechend nimmt die Instruktion zur Frage der heterologen als auch der homologen künstlichen Befruchtung »in vitro« Stellung.

Heterologe künstliche Befruchtung:

Die heterologe künstliche Befruchtung widerspricht der Einheit der Ehe, der Würde der Eheleute, der den Eltern eigenen Berufung und dem Recht des Kindes, in der Ehe und durch die Ehe empfangen und zur Welt gebracht zu werden.

Als Gründe, die dagegen sprechen, werden genannt:

- *Die Achtung der Einheit der Ehe und der ehelichen Treue erfordern, dass das Kind in der Ehe empfangen wird.*
- *Der Rückgriff auf die Keimzellen einer dritten Person, um den Samen oder die Eizelle zur Verfügung zu haben, bedeutet einen Bruch der gegenseitigen Verpflichtung der Eheleute und eine schwere Verfehlung in Hinblick auf eine wesentliche Eigenschaft der Ehe, nämlich ihre Einheit.*
- *Sie verletzt die Rechte des Kindes, beraubt es der Kind-Beziehung zu seinen elterlichen Ursprüngen und kann das Reifen der persönlichen Identität behindern.*

- *Sie bewirkt und manifestiert einen Bruch zwischen genetischer Elternschaft, Austragungselternschaft und Erziehungsverantwortung. … Auswirkungen auf die staatliche Gesellschaft: Was die Einheit und die Festigkeit der Familie bedroht, ist Quelle von Streit, Unordnung und Ungerechtigkeit im gesamten sozialen Leben.*

Aus denselben Gründen wird auch die »Ersatzmutterschaft« abgelehnt.

Homologe künstliche Befruchtung:

Die Empfängnis in vitro ist Ergebnis einer technischen Handlung, die die Befruchtung vornehmlich bestimmt; sie ist nicht Ausdruck und Frucht eines spezifischen Aktes ehelicher Vereinigung; weder wird sie tatsächlich so herbeigeführt noch wird sie positiv angestrebt als Ausdruck und Frucht eines spezifischen Aktes der ehelichen Vereinigung. Selbst wenn man sie im Kontext der tatsächlichen bestehenden ehelichen Bezie-

hungen betrachtet, ist in der homologen FIVET die Zeugung der menschlichen Person objektiv der ihr eigenen Vollkommenheit beraubt: nämlich Zielpunkt und Frucht eines ehelichen Aktes zu sein, durch den die Eheleute »im Schenken des Lebens an eine neue menschliche Person zu Mitarbeitern Gottes« werden.

Die Instruktion hält die homologe künstliche Besamung allerdings in dem Fall für erlaubt, in dem das technische Mittel nicht den ehelichen Akt ersetzt, sondern ihn erleichtern und ihm helfen würde, sein natürliches Ziel zu erreichen.

Aufgaben:

● Versuchen Sie, die angegebenen Gründe in ihrer eigenen Sprache wiederzugeben.
● Wie beurteilen Sie die angegebenen Gründe?

Leben mit Kinderlosigkeit

Das Leiden der Eheleute, die keine Kinder bekommen können oder die befürchten, ein behindertes Kind auf die Welt zu bringen, ist ein Leid, das alle verstehen und angemessen würdigen müssen. Vonseiten der Eheleute ist der Wunsch nach einem Kind natürlich … Dieser Wunsch kann noch stärker sein, wenn das Ehepaar an einer Sterilität leidet, die unheilbar zu sein scheint. Freilich gewährt die Ehe den Gatten

nicht das Recht, ein Kind zu haben … Ein Recht im wahren und eigentlichen Sinn auf das Kind widerspräche dessen Würde und dessen Natur. Das Kind ist nicht etwas Geschuldetes und kann nicht als Eigentumsobjekt aufgefasst werden: Es ist vielmehr ein Geschenk, »das vorzüglichste« und das am freiesten gegebene der Ehe; es ist ein lebendiges Zeugnis der gegenseitigen Hingabe seiner Eltern.

Allerdings ist die Sterilität, was auch immer die Ursachen und die Prognose sein mögen, sicherlich eine harte Prüfung. Die Gemeinschaft der Gläubigen ist aufgerufen, das Leid derer, die einen berechtigten Wunsch nach Vater- und Mutterschaft nicht erfüllen können, zu erhellen und mitzutragen. Die Eheleute … sind aufgerufen, in ihr die Gelegenheit für eine besondere Teilnahme am Kreuz des Herrn zu entdecken, eine Quelle geistlicher Fruchtbarkeit. Die unfruchtbaren Ehepaare dürfen nicht vergessen, dass das eheliche Leben auch dann nicht seinen Wert verliert, wenn die Zeugung neuen Lebens nicht möglich ist. Die leibliche Unfruchtbarkeit kann den Gatten Anlass zu anderen wichtigen Diensten am menschlichen Leben sein, wie Adoption, verschiedene Formen erzieherischer Tätigkeit, Hilfe für andere Familien, für arme und behinderte Kinder.

(aus: Instruktion der Kongregation für die Glaubenslehre über die Achtung vor dem beginnenden menschlichen Leben und die Würde der Fortpflanzung, Nr. 8)

E s gibt zwei Methoden des Klonens. Bei der ersten Methode wird ein Embryo etwa im 8-Zellen-Stadium geteilt – es entstehen eineiige Mehrlinge. Bei der zweiten Methode wird der Zellkern einer Person in die entkernte Eizelle einer Spenderin übertragen; so entsteht ein mit der ersten Person identischer Mensch (vgl. Abb.). Dies gelingt relativ einfach, wenn die übertragenen Kerne aus Embryos stammen, ihre biologische Uhr steht dann noch praktisch auf null. Schwieriger ist dagegen die Übertragung aus alten, schon differenzierten Zellen.

Klonen – wie geht das?

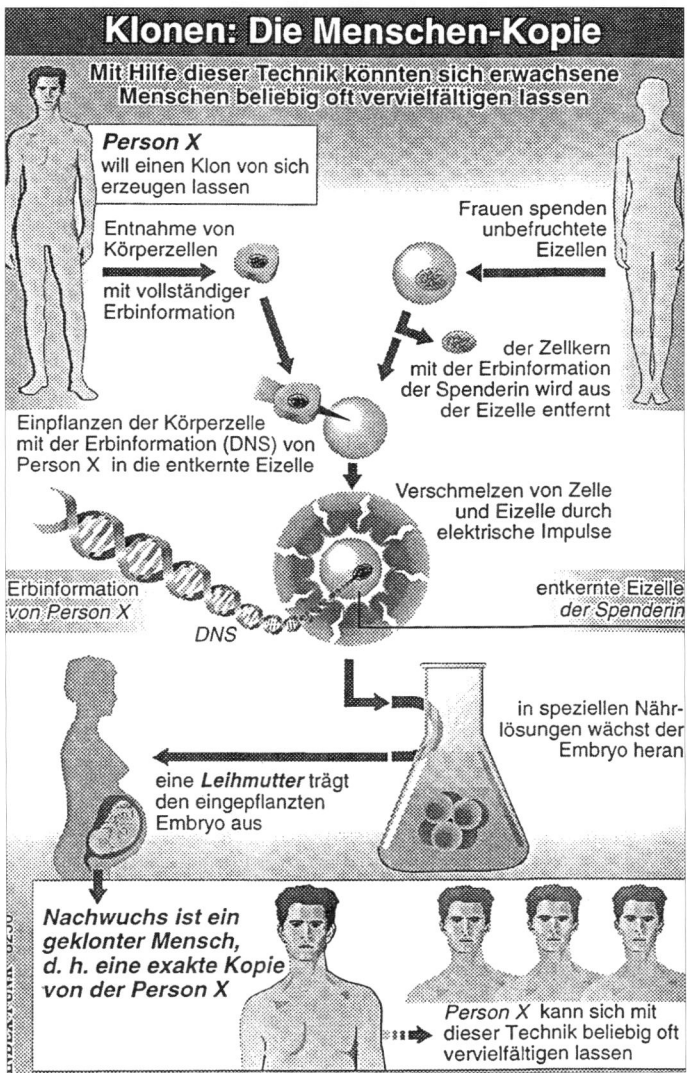

Klonen: Die Menschen-Kopie

Mit Hilfe dieser Technik könnten sich erwachsene Menschen beliebig oft vervielfältigen lassen

Person X will einen Klon von sich erzeugen lassen

Entnahme von Körperzellen

mit vollständiger Erbinformation

Frauen spenden unbefruchtete Eizellen

der Zellkern mit der Erbinformation der Spenderin wird aus der Eizelle entfernt

Einpflanzen der Körperzelle mit der Erbinformation (DNS) von Person X in die entkernte Eizelle

Verschmelzen von Zelle und Eizelle durch elektrische Impulse

Erbinformation von Person X

DNS

entkernte Eizelle der Spenderin

in speziellen Nährlösungen wächst der Embryo heran

eine **Leihmutter** trägt den eingepflanzten Embryo aus

Nachwuchs ist ein geklonter Mensch, d. h. eine exakte Kopie von der Person X

Person X kann sich mit dieser Technik beliebig oft vervielfältigen lassen

Kleine Geschichte des Klonens

1930	erzeugt Hans Spaemann den ersten Klon. Er trennt die Zellen eines Molchembryos im Achtzellenstadium, daraus entwickeln sich identische Molche.
1952	teilen US-Forscher Froschembryonen und übertragen das Erbgut in entkernte Eizellen. Die entstandenen Frösche sterben jedoch rasch.
1958	glückt dieses Experiment an der Universität Oxford.
1970	überträgt John B. Gurdon Zellkerne von der Haut erwachsener Frösche in entkernte Froscheier. Aus den Klonen entwickeln sich wenige Kaulquappen, aber keine geschlechtsreifen Frösche.
1981	wird das erste Säugetier geklont: Nach der Teilung von Embryonen gebiert eine Kuh in den USA Zwillingskälber.
1993	teilt der amerikanische Wissenschaftler Jerry Hall einen menschlichen embryonalen Zellhaufen. Die entstandenen Klone lässt er in einer Nährlösung heranwachsen, bis eine Verpflanzung in die Gebärmutter möglich gewesen wäre.
1997	wird im Februar das geklonte Schaf »Dolly« präsentiert. Man zweifelt daran, ob Dolly wirklich aus den Zellen eines erwachsenen Schafs geklont wurde oder nicht doch aus den noch wenig entwickelten Stammzellen.

Verderbliches Wissen?

Die schlichte und vorgangslose Tatsache ist die, dass der – hypothetische – Klonspross *allzu viel* von sich weiß (oder zu wissen glaubt) und andere allzu viel von ihm wissen (oder zu wissen glauben). Beide Tatsachen, das eigene vermeintliche Schon-Wissen und das der anderen, ist lähmend für die Spontaneität seines »Er-selbst«-*Werdens* – die zweite auch für die Echtheit des Umgangs anderer mit ihm. Der schon bekannte Archetyp des Zellspenders, besonders eines von öffentlicher Prominenz, wird alle Erwartungen, Vorhersagen, Hoffnungen und Befürchtungen, Zielsetzungen, Vergleiche, Maßstäbe von Erfolg und Versagen, von Erfüllung und Enttäuschung im Voraus für alle Eingeweihten diktieren – für Klon und Zuschauer gleichermaßen. All dies wird nicht der allmählich sich aufbauenden Kenntnis der werdenden Person, sondern der fertigen des gewesenen Vorbilds entlehnt. Und diese vermeintliche Kenntnis muss in dem sozusagen vorweg kartographierten Subjekt jede Unmittelbarkeit des tastenden Versuchens und fortschreitenden Findens »seiner selbst« ersticken, womit sonst ein bemühtes Leben sich selbst zum Guten oder Bösen überrascht ... Es macht also auch nichts aus, ob Replizierung des Genotyps wirklich Wiederholung des Lebensschemas bedeutet: Der Spender wurde mit einer derartigen Idee gewählt, und diese Idee wirkt tyrannisch auf das Subjekt. ...

So ist das Wagnis des Lebens um seine lockende und auch ängstigende *Offenheit* betrogen. Der Vergangenheit wurde erlaubt, der Zukunft vorzugreifen durch ein unechtes Wissen um sie, und das in der intimsten aller Sphären: In der Sphäre der Frage »Wer bin ich?« Diese Frage muss aus dem Geheimnis kommen und kann ihre Antwort nur finden, wenn die Suche danach vom Geheimnis begleitet bleibt. Ja, das Geheimnis, die Bedingung schon des Fragens und Suchens, ist für den Antwortsucher sogar die Bedingung der Möglichkeit, eben *das* vielleicht zu *werden*, was *dann* die Antwort sein wird. Das unechte Offenbarsein am Anfang, die subjektive Abwesenheit des Geheimnisses, zerstört die Bedingung authentischen Wachstums. Gleichgültig, ob das vermeintliche Wissen wahr oder falsch ist (und es gibt gute Gründe für die Annahme, dass es per se im Wesen falsch ist), es ist verderblich für die Gewinnung der eigenen Identität. Denn existenziell bedeutsam ist, was die klonierte Person *denkt* – denken muss –, dass sie sei, nicht was sie objektiv »ist« im Substanzsinn des Seins. Kurz, das Klonierungsprodukt ist im Voraus der *Freiheit* beraubt, die nur unter dem Schutz des Nichtwissens gedeihen kann. Ein kommendes Menschenwesen dieser Freiheit vorsätzlich berauben ist aber ein unsühnbares Verbrechen, das auch nicht ein einziges Mal begangen werden darf.

Hans Jonas

Embryonenschutz-gesetz. Auszug

§ 1
Missbräuchliche Anwendung von Fortpflanzungstechniken

(1) Mit Freiheitsstrafe bis zu drei Jahren oder mit Geldstrafe wird bestraft, wer

1. auf eine Frau eine fremde unbefruchtete Eizelle überträgt,
2. es unternimmt, eine Eizelle zu einem anderen Zweck künstlich zu befruchten, als eine Schwangerschaft der Frau herbeizuführen, von der die Eizelle stammt,
3. es unternimmt, innerhalb eines Zyklus mehr als drei Embryonen auf eine Frau zu übertragen,
4. es unternimmt, durch intratubaren Gametentransfer innerhalb eines Zyklus mehr als drei Eizellen zu befruchten,
5. es unternimmt, mehr Eizellen einer Frau zu befruchten, als ihr innerhalb eines Zyklus übertragen werden sollen,
6. einer Frau einen Embryo vor Abschluss seiner Einnistung in der Gebärmutter entnimmt, um diesen auf eine andere Frau zu übertragen oder ihn für einen nicht seiner Erhaltung dienenden Zweck zu verwenden, oder
7. es unternimmt, bei einer Frau, welche bereit ist, ihr Kind nach der Geburt Dritten auf Dauer zu überlassen (Ersatzmutter), eine künstliche Befruchtung durchzuführen oder auf sie einen menschlichen Embryo zu übertragen.

(2) Ebenso wird bestraft, wer

1. künstlich bewirkt, dass eine menschliche Samenzelle in eine menschliche Eizelle eindringt, oder
2. eine menschliche Samenzelle in eine menschliche Eizelle verbringt, ohne eine Schwangerschaft der Frau herbeiführen zu wollen, von der die Eizelle stammt.

(3) Nicht bestraft werden

1. in den Fällen des Absatzes 1 Nr. 1,2 und 6 die Frau, von der die Eizelle oder der Embryo stammt, sowie die Frau, auf die die Eizelle übertragen wird oder der Embryo übertragen werden soll, und
2. in den Fällen des Absatzes 1 Nr. 7 die Ersatzmutter sowie die Person, die das Kind auf Dauer bei sich aufnehmen will.

(4) In den Fällen des Absatzes 1 Nr. 6 und des Absatzes 2 ist der Versuch strafbar.

§ 2
Missbräuchliche Verwendung menschlicher Embryonen

(1) Wer einen extrakorporal erzeugten oder einer Frau vor Abschluss seiner Einnistung in der Gebärmutter entnommenen menschlichen Embryo veräußert oder zu einem nicht seiner Erhaltung dienenden Zweck abgibt, erwirbt oder verwendet, wird mit Freiheitsstrafe bis zu drei Jahren oder mit Geldstrafe bestraft.

(2) Ebenso wird bestraft, wer zu einem anderen Zweck als der Herbeiführung

einer Schwangerschaft bewirkt, dass sich ein menschlicher Embryo extrakorporal weiterentwickelt.

(3) Der Versuch ist strafbar.

§ 3
Verbotene Geschlechtswahl

Wer es unternimmt, eine menschliche Eizelle mit einer Samenzelle künstlich zu befruchten, die nach dem in ihr enthaltenen Geschlechtschromosom ausgewählt worden ist, wird mit Freiheitsstrafe bis zu einem Jahr oder mit Geldstrafe bestraft. Dies gilt nicht, wenn die Auswahl der Samenzelle durch einen Arzt dazu dient, das Kind vor der Erkrankung an einer Muskeldystrophie vom Typ Duchenne oder einer ähnlich schwer wiegenden geschlechtsgebundenen Erbkrankheit zu bewahren, und die dem Kind drohende Erkrankung von der nach Landesrecht zuständigen Stelle als entsprechend schwer wiegend anerkannt worden ist.

§ 4
Eigenmächtige Befruchtung, eigenmächtige Embryonenübertragung und künstliche Befruchtung nach dem Tode

(1) Mit Freiheitsstrafe bis zu drei Jahren oder mit Geldstrafe wird bestraft, wer

1. es unternimmt, eine Eizelle künstlich zu befruchten, ohne dass die Frau, deren Eizelle befruchtet wird, und der Mann, dessen Samenzelle für die Befruchtung verwendet wird, eingewilligt haben.

2. es unternimmt, auf eine Frau ohne deren Einwilligung einen Embryo zu übertragen, oder
3. wissentlich eine Eizelle mit dem Samen des Mannes nach dessen Tode künstlich befruchtet.

(2) Nicht bestraft wird im Fall des Absatzes 1 Nr. 3 die Frau, bei der die künstliche Befruchtung vorgenommen wird.

§ 5
Künstliche Veränderung menschlicher Keimbahnzellen

(1) Wer die Erbinformation einer menschlichen Keimbahnzelle künstlich verändert, wird mit Freiheitsstrafe bis zu fünf Jahren oder mit Geldstrafe bestraft.

(2) Ebenso wird bestraft, wer eine menschliche Keimzelle mit künstlich veränderter Erbinformation zur Befruchtung verwendet.

(3) Der Versuch ist strafbar.

(4) Absatz 1 findet keine Anwendung auf

1. eine künstliche Veränderung der Erbinformation einer außerhalb des Körpers befindlichen Keimzelle, wenn ausgeschlossen ist, dass diese Befruchtung verwendet wird,
2. eine künstliche Veränderung der Erbinformation einer sonstigen körpereigenen Keimbahnzelle, die einer toten Leibesfrucht, einem Menschen oder einem Verstorbenen entnommen worden ist, wenn ausgeschlossen ist, dass

   a) diese auf einen Embryo, Fötus oder Menschen übertragen wird oder
   b) aus ihr eine Keimzelle entsteht

sowie

3. Impfungen, strahlen-, chemothera-
peutische oder andere Behandlun-
gen, mit denen eine Veränderung
der Erbinformation von Keimbahnzellen nicht beabsichtigt ist.

§ 6
Klonen

(1) Wer künstlich bewirkt, dass ein
menschlicher Embryo mit der gleichen
Erbinformation wie ein anderer Embryo, ein Fötus, ein Mensch oder ein
Verstorbener entsteht, wird mit Freiheitsstrafe bis zu fünf Jahren oder mit
Geldstrafe bestraft.

(2) Ebenso wird bestraft, wer einen in
Absatz 1 bezeichneten Embryo auf eine
Frau überträgt.

(3) Der Versuch ist strafbar.

§ 7
Chimären- und Hybridbildung

(1) Wer es unternimmt,

1. Embryonen mit unterschiedlichen
Erbinformationen unter Verwendung mindestens eines menschlichen Embryos zu einem Zellver-
band zu vereinigen,
2. mit einem menschlichen Embryo
eine Zelle zu verbinden, die eine
andere Erbinformation als die Zellen des Embryos enthält und sich
mit diesem weiter zu differenzieren
vermag, oder
3. durch Befruchtung einer menschlichen Eizelle mit dem Samen eines
Tieres oder durch Befruchtung einer tierischen Eizelle mit dem Samen eines Menschen einen diffe-
renzierungsfähigen Embryo zu erzeugen, wird mit Freiheitsstrafe bis
zu fünf Jahren oder mit Geldstrafe
bestraft.

(2) Ebenso wird bestraft, wer es unternimmt,

1. einen durch eine Handlung nach
Absatz 1 entstandenen Embryo auf
a) eine Frau oder
b) ein Tier zu übertragen oder
2. einen menschlichen Embryo auf
ein Tier zu übertragen.

§ 8
Begriffsbestimmung

(1) Als Embryo im Sinne dieses Gesetzes gilt bereits die befruchtete, entwicklungsfähige menschliche Eizelle
vom Zeitpunkt der Kernverschmelzung an, ferner jede einem Embryo
entnommene totipotente Zelle, die
sich bei Vorligen der dafür erforderli-
chen weiteren Voraussetzungen zu teilen und zu einem Individuum zu entwickeln vermag.

(2) In den ersten vierundzwanzig Stunden nach der Kernverschmelzung gilt
die befruchtete menschliche Eizelle als
entwicklungsfähig, es sei denn, dass
schon vor Ablauf dieses Zeitraums festgestellt wird, dass sich diese nicht über
das Eizellstadium hinaus zu entwickeln
vermag.

(3) Keimbahnzellen im Sinne dieses
Gesetzes sind alle Zellen, die in einer
Zell-Linie von den befruchteten Eizellen bis zu den Ei- und Samenzellen des
aus ihr hervorgegangenen Menschen
führen, ferner die Eizelle vom Einbrin-
gen oder Eindringen der Samenzelle an
bis zu der mit der Kernverschmelzung
abgeschlossenen Befruchtung.

Dieses Gesetz tritt am 1. Januar 1991 in
Kraft.

(Bundesgesetzblatt, Jahrgang 1990, Teil I)

Ein Fall zur Diskussion:

Pränatales Massaker

Wem gehören eingefrorene
Embryonen, wenn sich Mann und
Frau zerstreiten?

Maureen Kass, 40, ist verzweifelt. Die
blonde Sekretärin aus Amityville im
US-Staat New York möchte unbedingt
noch Nachwuchs haben – aber von einer
Samenspende ebenso wenig wissen wie
von einer Adoption: »Sie will ihre eigenen
Kinder«, sagt ihr Anwalt Vincent Stempel,
und zwar von dem Mann, den sie geliebt
habe.

Theoretisch wäre das für Maureen Kass
kaum ein Problem, denn ihr Nachwuchs
liegt quasi nur auf Eis: Bei unter 200 Grad
minus tiefgefroren schwimmen fünf Zell-
klumpen – jeder winziger als ein Sandkorn
– in Stickstofftanks des John T. Mather
Memorial Hospitals auf Long Island. Experten haben die Embryonen in der Petrischale gezeugt, mit Eiern von Maureen
und Sperma von Steven Kass.

Freilich wurden die Embryonen schon vor
fünf Jahren produziert – und in der Zwi-
schenzeit haben sich die Ehepartner scheiden lassen. Nun streiten sie sich vor Gericht: Maureen will sich die Embryonen
einpflanzen lassen. Aber Steven, 38, graut
es bei dem Gedanken, nachträglich Vater
zu werden. »Ich will doch mit ihr keine
Kinder großziehen. Das kann nur eine ka-
putte Familie produzieren.« Er möchte die
Embryonen der Forschung spenden – was
auf ihre Vernichtung hinausläuft. ...

Als Maureen und Steven Kass 1988 heirate-
ten, waren sie sich einig, dass sie Kinder
wollten. Doch es funktionierte nicht. Ärzte
stellten fest, dass Maureen auf natürlichem
Weg nicht schwanger werden kann, Medi-

ziner hatten ihr einmal das inzwischen ver-
botene Medikament Diethylstilboestrol
verabreicht. Es verhindert Fehlgeburten,
schädigt aber den Uterus.

Nach diesem Verdikt hatte das Paar alles
ausprobiert, was die Fortpflanzungs-Ma-
gier so zu bieten haben – von der künstlichen Besamung bis zur In-vitro-Fertilisation in der Petrischale. Fünfmal ließ Maureen sich dafür Eier entnehmen. Mehrfach
pflanzten Mediziner ihr Embryonen ein,
zweimal wurde sie schwanger, erlitt aber
Fehlgeburten. Rund 140000 Mark ließen
die beiden sich die Odyssee durch die La-
bors kosten. Beim letzten Versuch, 1993,
entnahmen die Ärzte Maureen 16 Eier, aus
denen sie mit Stevens Sperma 9 Embryonen schufen. Vier davon setzten sie Mau-
reens älterer Schwester Ellen ein, doch
auch die schlugen nicht an. Das Paar lebte
sich auseinander. »Sie sah wohl keinen
Grund mehr, mit mir zusammenzubleiben,
wo wir doch keinen Nachwuchs bekamen«, sagt Kass.

Sollte er den Prozess jetzt verlieren, müsste
er nach den Gesetzen des Bundesstaates
New York für die künftigen Kinder Unterhalt zahlen. Um ihrem Ex-Gatten eine
Brücke zu bauen, hat Maureen Kass inzwischen verkündet, dass sie darauf verzichten
will.

Dennoch, klagt der Single, habe er jetzt
schon genug Ärger mit den Embryonen,
würden sie ihm doch stets seine Chancen
bei anderen Frauen verhageln. Bei jedem
Flirt warte er voller Angst bis zum dritten
oder vierten Treffen, bevor er dann ja doch
beichten müsse: »Also, ich bin geschieden.
Aber ich habe da noch so gefrorene Embryonen, die irgendwo herumhängen.«

(Der Spiegel 16/1998)

Recht auf ein Kind?

Gesunder Kinderwunsch entsteht in einer reifen partnerschaftlichen Beziehung. Die Partner wollen etwas Gemeinsames, Drittes miteinander schaffen, das sie als Bereicherung ihrer gemeinsamen Lebensqualität erfahren können. Ein gesundes Paar trauert, wenn es entgegen seinem Wunsch kein eigenes Kind bekommt, aber es wird mit der Trauer fertig.

Bei krankem Kinderwunsch sind die Partner von dem Gefühl beherrscht, ohne Kind wertlos, leer und unglücklich zu sein. Das Kind wird zum Träger aller Hoffnungen und zum Substitut der eigenen nicht vollzogenen Selbstverwirklichung. Partnerbeziehungen, in denen der Kinderwunsch diese Funktion hat, sind von ihrer Struktur her unreif, nicht erwachsen. Der Wunsch hat deshalb auch nicht partnerschaftlichen, sondern nutznießerischen Charakter. So braucht die Frau Mann und Kind, um durch sie zu existieren, während der Mann den Kinderwunsch seiner Frau vor allem für sein eigenes Potenzgefühl braucht.

Nach: Ralf Baufeld

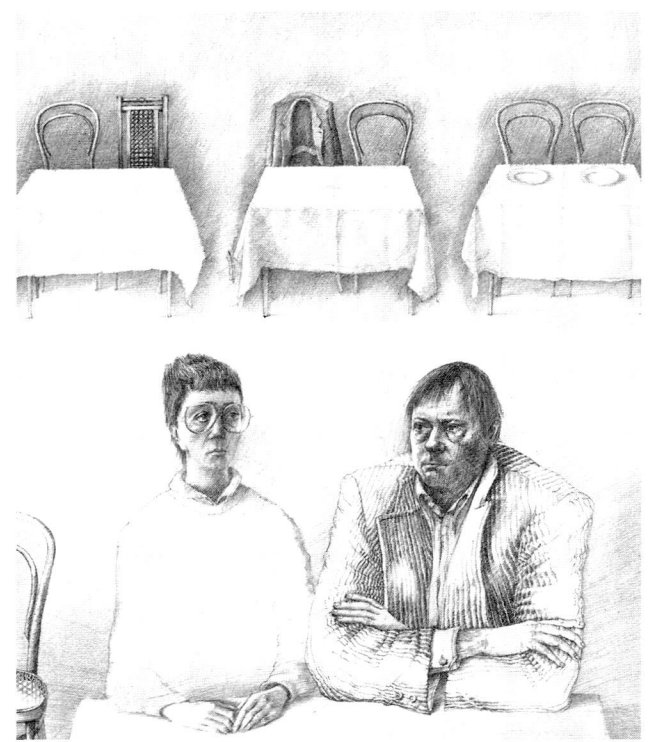

Rolf Escher, Ein Ehepaar. 1980

Fragen:

● Können Sie die Unterscheidung von »gesundem« und »krankem« Kinderwunsch akzeptieren?
● Versuchen Sie möglichst konkret die Grenze zwischen beidem zu beschreiben.

Rollenspiel

Aufgaben:

- Inszenieren Sie ein Rollenspiel oder eine Diskussionsrunde zwischen zwei Kleingruppen. Lassen Sie vorher Argumente für beide Seiten sammeln. Diskutieren Sie
  – über die Möglichkeit der künstlichen Befruchtung, mit fremdem Samen / mit dem Samen eines Freundes
  – über die Möglichkeit, kinderlos zu bleiben.
- Inszenieren Sie ein Gespräch mit dem befreundeten Ehepaar, das Sie um die Samenspende bitten wollen.

  (Hinweis: Der Film »Hannah und ihre Schwestern« von Woody Allen enthält eine entsprechende Szene, die sich als Diskussionsanregung eignet.)

69

4. Kapitel

Umgang mit dem Leben: Pränatale Diagnostik

Medientipp:

Dokumentationsfilm »Für diesen einen Tag«, 30 Min (F), BRD 1996, ZDF [Prod.] (VIDEO-Film).

Die Dokumentation zeigt vier Ehepaare, die sich entschieden haben, ein entweder schwer behindertes oder nicht lebensfähiges Kind zu bekommen. Die Paare erzählen von diesem Prozess, der sie zu dieser Entscheidung geführt hat und erklären, wie diese Entscheidung ihr Leben verändert hat.

Literaturhinweis

Hans Rotter: Verantwortung für das Leben. Ethische Fragen am Lebensbeginn. Innsbruck–Wien (Tyrolia-Verlag) 1997.

Das Buch des Innsbrucker Moraltheologen greift in verständlicher Sprache wichtige ethische Fragestellungen zum Lebensbeginn auf (Empfängnisregelung, Retorte, Gentechnik, Abtreibungsfrage, pränatale Diagnostik u.a.). Neben humanwissenschaftlichen Erklärungen werden Entscheidungskriterien aus christlicher Sicht dargestellt. Für die Hand der Teilnehmer/innen.

Deutscher Erwachsenenkatechismus, Band 2: Schutz des menschlichen Lebens an seinem Anfang (S. 288–295).

Zur Einführung

Wer heute ein Kind erwartet, kommt gewöhnlich während der Zeit der Schwangerschaft ganz selbstverständlich mehrmals an vorgesehenen Terminen zur Ultraschall-Untersuchung. Schon sehr früh lassen sich damit Aufschlüsse über den Reifungs- und Wachstumsprozess, über das Geschlecht, über Gesundheit und Krankheit, über Anomalien und Missbildungen des heranwachsenden Menschen und seiner Organe gewinnen. Sind vonseiten der Eltern und ihrer Familien vererbbare Krankheiten bekannt oder handelt es sich um eine so genannte altersbedingte »Risikoschwangerschaft« (ab 35 Jahre), kann man eine genetische Beratung oder eine gezielte pränatale Diagnose in Anspruch nehmen. Durch verschiedene Methoden der Untersuchung lässt sich genauer Aufschluss über tatsächliche und mögliche Krankheiten und Behinderungen erhalten. In der Zukunft werden sich die Möglichkeiten einer solchen Voraussage durch die Gen-Analyse noch beträchtlich erhöhen.

In vielen Fällen ist es so, dass durch die pränatale Untersuchung Befürchtungen der Eltern, ihr Kind könnte krank oder behindert sein, ausgeschaltet werden können. Dadurch werden viele Schwangerschaften ausgetragen, die sonst vielleicht vorzeitig beendet worden wären. In vielen anderen Fällen konnten durch die rechtzeitige Erkenntnis der Krankheit während der Geburt oder unmittelbar danach entsprechende vorbeugende oder therapeutische Maßnahmen ergriffen und die Gesundheit des Kindes so geschützt werden.

Angesichts dieser wünschenswerten Erfolge darf aber die damit auch zusammenhängende Problematik nicht übersehen werden. Nicht immer nämlich lässt sich den Eltern die beruhigende Auskunft geben, dass das Kind, das sie erwarten, gesund ist. In etwa 2 bis 3 % der Fälle, in denen eine Pränataldiagnose durchgeführt wird, werden Erkrankungen und Behinderungen festgestellt. Aber bei weitem nicht alle Krankheiten und Missbildungen, die sich feststellen lassen, können auch therapiert werden. Zu welchen Konsequenzen aber führt es, wenn Eltern frühzeitig erfahren können, dass ihr Kind mit Sicherheit oder auch nur wahrscheinlich an einer nicht heilbaren Krankheit oder an einer nicht behebbaren Behinderung leiden wird? Wird der Gedanke an eine vorzeitige Beendigung der Schwangerschaft nicht nahe gelegt?

Wie lässt sich in solchen Fällen entscheiden? Gibt es Kriterien, die eine Entscheidung erleichtern können? Wie geht unsere Gesellschaft mit diesen Fragen um? Welche Einstellung der Öffentlichkeit zu Menschen mit Behinderungen zeigt sich hier? Wie steht es mit unserer eigenen Einstellung zu Behinderungen? Wie steht es mit unserem eigenen Wunsch nach dem perfekten Kind? Versuchen wir, uns im folgenden Kapitel mit diesen Fragen auseinander zu setzen.

Warum Frauen eine Fruchtwasseruntersuchung machen lassen

»Ehrlich gesagt: Ich habe nicht darüber nachgedacht. Es war einfach selbstverständlich. Alle meine Freundinnen hatten es machen lassen. Und mein Arzt kam überhaupt nicht auf die Idee, ich könnte es nicht wollen. Ich hatte nicht das Gefühl, eine Wahl zu haben.«

Renate (37), Lehrerin, verheiratet

»Mir hat niemand gesagt, welches Risiko die Untersuchung für mein Kind bedeutet. Als ich dann vor dem Eingriff alle Risiken aufgezählt bekam, wäre ich am liebsten wieder nach Hause gegangen.«

Eva (38), Sozialpädagogin, verheiratet

»Ich wollte diese Information, die die Technik mir geben kann, denn ich wollte die Menschheit nicht mit einem behinderten Kind belasten.«

Gudrun (36), Elektrotechnikerin, verheiratet

»Meine drei Kinder waren aus dem Haus, und ich wollte gerade wieder eine Stelle annehmen, als ich nochmals schwanger wurde. Mein Mann und ich waren uns einig, dass wir auf keinen Fall ein behindertes Kind wollten. Wir hätten nicht die Kraft gehabt, die dazu nötig ist. Wer soll für das Kind sorgen, wenn wir nicht mehr da sind?«

Inge (45), Pfarrfrau, verheiratet

»Vor der Schwangerschaft war es für mich völlig klar: Ich lasse die Untersuchung machen. Doch je näher der Zeitpunkt des Eingriffs kam, desto mehr wurde er für mich zum Albtraum. Hauptsächlich deshalb, weil ich mich an eine frühere Absprache mit meinem Mann gebunden fühlte, das Kind abzutreiben, wenn es behindert wäre. Ich konnte mir das inzwischen gar nicht mehr vorstellen. Es war doch mein Baby! Trotzdem ließ ich den Test machen aus Angst, mein Mann würde mich nicht unterstützen, wenn das Baby krank auf die Welt käme.

Anne (39), Sozialwissenschaftlerin, verheiratet

»Als ich schwanger wurde, war es ein ziemlicher Schock. Ich entschloss mich dann aber doch, das Kind zu kriegen. Aber ein behindertes Kind hätte ich mir in meiner Situation einfach nicht zugetraut.«

Helga (40), Werbekauffrau, geschieden

Warum Frauen die Fruchtwasseruntersuchung ablehnen

»Wir hatten uns viele Jahre ein Kind gewünscht. Als es dann endlich passierte, war für mich klar, dass es mein Wunschkind ist, egal welche ›Fehler‹ es vielleicht hätte. Ich wollte es auf jeden Fall bekommen.«

Christine (39), Theologin, verheiratet

Ich fand es einfach merkwürdig: Als ich mit 33 Jahren mein erstes Kind bekam, war alles okay. Und nun, mit 35 Jahren sollte es plötzlich so riskant sein, dass ich dafür mein Baby in Gefahr bringen sollte. Das leuchtete mir nicht ein, denn ich fühlte mich nicht anders als zwei Jahre vorher.«

Rita (35), Bürokauffrau, verheiratet

»Ich wollte meine Schwangerschaft nicht mit diesem Wissen belasten und wollte keine Entscheidung treffen müssen für oder gegen mein Baby. Ich dachte: Falls es mir passiert, werde ich dann schon Wege finden, damit fertig zu werden.«

Hilde (38), Buchhändlerin, allein stehend

»Ich wollte keine Abtreibung im fünften Monat.«

Erika (40), Computerfachfrau, verheiratet

»Ich finde, jede Frau sollte entscheiden können, ob sie ein Kind haben kann und will. Aber auch noch darüber zu entscheiden, wie dieses Kind sein soll und es abzulehnen, wenn es nicht ›perfekt‹ ist — das steht Menschen nicht zu, finde ich.«

Lisa (37), Lehrerin, verheiratet

»Ich war schon zur Fruchtwasserentnahme in der Klinik. Aber als sie mir dann aufzählten, was meinem Baby alles passieren könnte, dachte ich: Bist du verrückt? Ich hatte schon gemerkt, wie es sich in mir bewegte. Da konnte ich es doch nicht so in Gefahr bringen! Ich ging wieder nach Hause.«

Traudel (38), Pädagogin, verheiratet

Aufgaben:

Lesen Sie die verschiedenen Stellungnahmen und diskutieren Sie über folgende Fragen:

- Welche Chancen und welche Probleme enthält die pränatale Diagnostik?
- Gibt es eine Pflicht zum Wissen oder ein Recht auf Nicht-Wissen?

75

Methoden der pränatalen Diagnostik

Nicht-invasive Verfahren

Untersuchungsverfahren, bei denen die Fruchthöhle nicht geöffnet wird und somit kein erhöhtes Risiko einer Fehlgeburt besteht.

1. Blutuntersuchung auf Alpha-1-Fetoprotein (AFP)

14.–16. Schwangerschaftswoche (SSW)

Diese Untersuchung gibt Gewissheit bei Verdacht auf Chromosomenstörungen beim Kind (etwa Down-Syndrom) und beim Verdacht auf Neuralrohrdefekt (offener Rücken).
Es besteht kein unmittelbares Risiko für das Kind. Bei auffälligen Ergebnissen muss sich jedoch die Schwangere entscheiden, ob sie weitere Untersuchungen durchführen lassen will.

2. Triple-Test

16. SSW

Auch hier wird die Möglichkeit einer Chromosomenstörung untersucht durch die Analyse von drei chemischen Stoffen im Blut der Schwangeren. Diese Untersuchung ist ebenfalls ohne Risiko für das Kind, ist aber auch zu einem späteren Zeitpunkt als AFP möglich. Zur Klärung des Verdachts wird jedoch eine Amniozentese empfohlen.

3. Spezial-Ultraschall

18.–22. SSW

Diese Untersuchung dient der Erfassung bzw. dem Ausschluss fetaler Fehlbildungen (Herzfehler, Nierenabnormitäten, Fehlentwicklungen im Bereich von Gehirn, Rückenmark, Skelett, Extremitäten und Bauchorganen).

Invasive Verfahren

Untersuchungsverfahren, bei denen der Arzt in die Gebärmutter bzw. in die Fruchtblase eindringt. Diese Verfahren sind mit dem Risiko behaftet, eine Fehlgeburt infolge von Fruchtwasserverlust, nicht beeinflussbarer Wehen oder – seltener – Blutungen auszulösen. Eine Gefährdung von Mutter und Kind durch eine Infektion oder Verletzung ist sehr gering (unter 1%), aber nicht ganz auszuschließen.

1. Choriozottenbiopsie

(Eihautentnahme, CVS = Chorion villi sampling)

CVS I

9.–11. SSW

Durch Scheide und Muttermund wird mit einem dünnen Plastikschlauch aus dem Chorion ca. 20–30 mg Zottengewebe abgesaugt. Durch die so gewonnenen Zellen lassen sich die Chromosomen des Kindes analysieren. Ebenso lassen sich Untersuchungen genetischer Einzeldefekte wahrnehmen (etwa: auf

Mukoviszidose, Bluterkrankheit, Stoffwechselkrankheiten etc.)
Das Risiko der Fehlgeburt liegt bei ca. 2–4%.

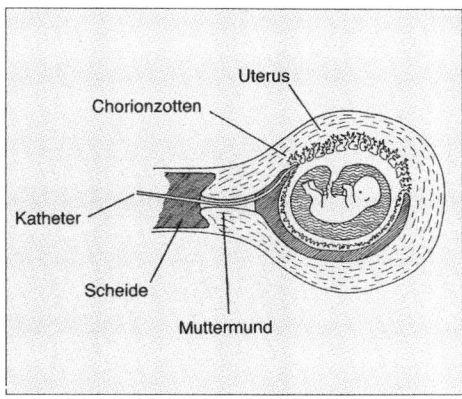

Chorionzottenbiopsie

CVS II

12.–13. SSW

Durch die Bauchdecke der Frau wird mit einer Punktionsnadel Zottengewebe gewonnen, das wie bei CVS I untersucht werden kann.
Das Risiko der Fehlgeburt liegt bei 2%; gelegentlich ist zur weiteren Klärung eine Amniozentese notwendig.

2. Amniozentese

(Fruchtwasserpunktion)

13.–18. SSW

Durch die Bauchdecke wird mit einer Punktionsnadel aus der Fruchtblase ca. 10 ml Fruchtwasser entnommen. Die darin befindlichen fetalen Zellen lassen sich wie bei CVS weiter untersuchen. Die Auswertung dauert allerdings 2–3 Wochen.
Risiko der Fehlgeburt: 0,5%.

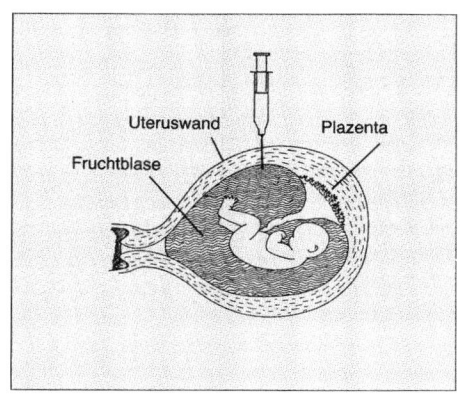

Amniozentese

3. Placentacentese

(Punktion des Mutterkuchens)

ab 20. SSW

Durch die Bauchdecke wird mit einer Punktionsnadel Gewebe aus der Plazenta entnommen. Untersuchung der so gewonnenen Zellen kann bereits nach kurzer Zeit erfolgen.
Risiko: 0,5–1% Fehlgeburten.

4. Cordocentese (Abb. S. 78)

(Nabelschnurpunktion)

21.–23. SSW

Mit einer Punktionsnadel wird aus der Nabelschnur Blut des Feten entnommen, die Chromosomen werden analysiert.
Risiko: 2% Fehlgeburten oder intrauteriner Fruchttod durch Nachblutung aus der Nabelschnur.

5. Fetoskopie

(Fruchtspiegelung)

ca. 22. SSW

Die Betrachtung des Feten mittels einer Sonde zur Erfassung spezieller Fehlbil-

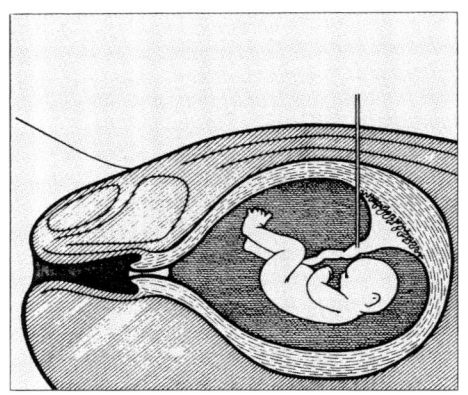

Cordozentese

dungen ist heute durch Ultraschall ersetzt worden. Heute erfolgt diese Methode nur noch zur Entnahme fetaler Hautproben bei Verdacht auf schwere erbliche Hautkrankheiten.

Risiko: vermutlich nicht über 2–3% Fehlgeburten oder intrauteriner Fruchttod.

Die Neuregelung des § 218

Der § 218 StGB enthält in der gegenwärtigen Form vom 1.10.1995 – anders als früher – nicht mehr die so genannte »embryopathische Indikation«. Danach war ein Abbruch bis zur 22. Woche in solchen Fällen straffrei, in denen *dringende Gründe für die Annahme sprachen, dass das Kind infolge einer Erbanlage oder schädlicher Einflüsse vor der Geburt an einer nicht behebbaren Schädigung des Gesundheitszustandes leiden würde, die so schwer wiegend ist, dass von der Schwangeren die Fortsetzung der Schwangerschaft nicht verlangt werden kann.*

Dennoch ist jetzt im Rahmen der »medizinischen Indikation« – ohne Frist – bei Krankheit oder Behinderung des Kindes ein Schwangerschaftsabbruch nicht rechtswidrig (!), *wenn der Abbruch der Schwangerschaft unter Berücksichtigung der gegenwärtigen und zukünftigen Lebensverhältnisse der Schwangeren nach ärztlicher Erkenntnis angezeigt ist, um eine Gefahr für das Leben oder die Gefahr einer schwer wiegenden Beeinträchtigung des körperlichen oder seelischen Gesundheitszustands der Schwangeren abzuwenden, und die Gefahr nicht auf eine andere für sie zumutbare Weise abgewendet werden kann.*

Mit der Streichung der embryopathischen Indikation ist sicherlich deutlich gemacht worden, dass das werdende Leben gegen Zugriffe allein aufgrund der Tatsache, dass es krank oder behindert ist, geschützt werden soll. Offen bleibt aber die Frage, wann die Schwere der Krankheit oder Behinderung ein solches Maß erreicht hat, dass die Grenze der *Zumutbarkeit* überschritten ist.

E s ist sicher nicht auszuschließen, dass Eltern
sich aufgrund bereits
sozial oder psychisch stark be-
lasteter Lebensumstände angesichts der besonderen Schwere
der Krankheit oder Behinderung des erwarteten Kindes
berechtigterweise die Frage
stellen, was noch menschlich
sinnvoll und zumutbar ist.

Andererseits bleibt aber auch die Möglichkeit, dass die Frage der Zumutbarkeit zu rasch negativ beantwortet oder
gar nicht mehr ernsthaft gestellt wird.
Es besteht die Gefahr, dass es zu einer
automatischen Abfolge von pränataler
Diagnose und selektivem Schwangerschaftsabbruch kommt. Und dies, obwohl die Diagnose in vielen Fällen nur
einen Wahrscheinlichkeitswert besitzt.
Dabei müssen nicht immer egoistische
Gründe eine Rolle spielen. Es können
ebenso Ängste vor den grundlegenden
Wandlungen im eigenen Lebenslauf
leitend sein, die für die Annahme eines
behinderten Kindes notwendig würden. Es kann auch entscheidend sein,
dass die Situation, plötzlich mit der
Tatsache eines behinderten oder kranken Kindes konfrontiert zu sein, die
Kräfte von Eltern und Familien deswegen zu übersteigen scheint, weil sie sich
sozial oder zwischenmenschlich allein
gelassen sehen.

Auch das anscheinend selbstlose und
verantwortungsbewusste Argument,
man wolle dem noch ungeborenen
Kind unnötiges Leiden ersparen, gilt es
zu überdenken. Geht eine solche Entscheidung nicht notwendig von einer
Bewertung menschlichen Lebens aus,
der als Maß eine von den Eltern oder

Ethische Problematik der pränatalen Diagnostik

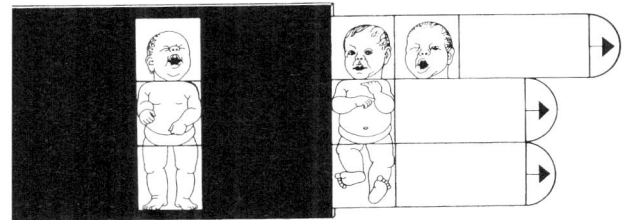

von der Gesellschaft gesetzte Vorstellung von Glück und Lebensqualität zugrunde liegt? Ist nicht eher zurückzu-
fragen, welche Einschränkungen und
Behinderungen die Eltern überhaupt
zu tragen bereit sind?

Die eigentliche Gefahr aber besteht darin, dass die pränatale Diagnostik zu einem Instrument gemacht wird, um
rechtzeitig der Belastung (oder Belästigung?), die ein krankes oder behindertes Kind darstellt, entgehen zu können.
Die Absicht liegt hier nicht mehr darin,
dem Leben zu dienen, sondern zielt auf
Auswahl menschlichen Lebens nach eigenen Vorstellungen. Dies ist nicht von
der Hand zu weisen. Denn auch solche
Fälle sind keine Seltenheit, in denen
Eltern das Ansinnen des Schwanger-
schaftsabbruchs bereits bei leichten
Missbildungen (etwa »Hasenscharte«)
an den Arzt herantragen, oder wenn
bestimmte Eigenschaften (etwa das Geschlecht) nicht den eigenen Wunschvorstellungen entsprechen. Die Mög-

lichkeiten solcher Selektion werden dabei mit zunehmender Analyse des Genoms und den dadurch verfügbaren Prognosen immer differenzierter und vielfältiger.

Angesichts der Problematik der pränatalen Diagnostik stellt sich auch die Frage nach dem gesamten gesellschaftlichen Umfeld und der Bewertung behinderten und kranken Lebens in der Öffentlichkeit. So lässt sich in unserer westlichen Gesellschaft zunehmend ein Mangel an Bereitschaft feststellen, sich von Leid, Krankheit, Behinderung und Tod ernsthaft betreffen zu lassen. Dazu trägt die inflationäre Überflutung mit Informationen über menschliches Leid sicher ebenso bei wie unsere westliche Wachstums- und Fortschrittsideologie, in der alles, was Fortschritt und Wachstum, Gewinn und Nutzen, Funktionalität und Schönheit stört, vergessen wird. Es hat sich eine Anspruchs- und Machbarkeitsmentalität entwickelt, die nun auch gegenüber der Medizin darauf besteht, dass diese mit ihrer Technik dafür zu sorgen habe, dass der Wunsch nach einem gesunden und glücklichen Kind, das gefällt, erfüllt wird. Andernfalls wird es – in der Logik des Konsum-Denkens – weggeworfen oder umgetauscht.

In diesem Sinne lassen sich etwa bei dem australischen Moralphilosophen Peter Singer Aussagen finden, in denen er von der »Ersetzbarkeit« eines kranken Kindes durch ein anderes gesundes spricht, das die Eltern bekommen können, wenn sie die Schwangerschaft abbrechen. Hierher gehören auch Überlegungen, die mit Blick auf die Förderung und Maximierung der Gesamtsumme des Glücks in unserer Gesellschaft die Abtreibung kranker und behinderter ungeborener Kinder rechtfertigen wollen.

Markus 10,46–52:

Sie kamen nach Jericho. Als er mit seinen Jüngern und einer großen Menschenmenge Jericho wieder verließ, saß an der Straße ein blinder Bettler, Bartimäus, der Sohne des Timäus.

*Sobald er hörte, dass es Jesus von Nazaret war, rief er laut:
Sohne Davids, Jesus,
hab Erbarmen mit mir!*

Viele wurden ärgerlich und befahlen ihm zu schweigen. Er aber schrie noch lauter: Sohn Davids, hab Erbarmen mit mir!

*Jesus blieb stehen und sagte:
Ruft ihn her! Sie riefen den Blinden und sagten zu ihm: Hab nur Mut, steh auf, er ruft dich.*

Da warf er seinen Mantel weg, sprang auf und lief auf Jesus zu.

Und Jesus fragte ihn: Was soll ich dir tun? Der Blinde antwortete: Rabbuni, ich möchte wieder sehen können.

Da sagte Jesus zu ihm: Geh! Dein Glaube hat dir geholfen. Im gleichen Augenblick konnte er wieder sehen, und er folgte Jesus auf seinem Weg.

Vorgeburtliche Qualitäts- kontrolle?

Präimplantations- diagnostik

Die Präimplantationsdiagnostik (PID) ... ist eine genetische Untersuchung von in vitro erzeugten Embryonen schon vor einer Übertragung in den weiblichen Körper. Als Indikation gilt die Gefahr der Vererbung einer schweren genetisch bedingten Erkrankung; der Embryo wird nur dann übertragen, wenn bei ihm die Krankheit ausgeschlossen wird. Das erste Kind, an dem eine solche Diagnostik durchgeführt wurde, kam 1990 in den USA zur Welt, bis heute wurden etwa 500 Kinder nach Anwendung dieser Methode geboren.

Die Kosten für eine PID liegen bei 10.000 Dollar. In Deutschland ist die PID durch das Embryonenschutzgesetz verboten. Die Deutsche Forschungsgemeinschaft hat ... ebenso wie die Gesellschaft für Humangenetik eine Ausnahmeregelung für die PID gefordert. 1995 wurde bei der Ethik-Kommission der Medizinischen Universität Lübeck der Antrag zur Durchführung einer PID gestellt, dem aber vorerst nicht stattgegeben wurde. Eines der Hauptargumente des Antrags war, dass die Entnahme der Zellen im 12-Zell-Stadium des Embryos erfolgen würde, also nach dem Stadium der Totipotenz, und somit läge in dieser Hinsicht kein Verstoß gegen das Embryonenschutzgesetz vor.

Für diese Methode, so die Befürworter, spreche das Faktum, dass eine spätere Abtreibung vermieden wird, wenn stattdessen der Embryo in vitro verworfen werde. Das Argument lässt allerdings die völlig neue ethische Dimension außer Sicht, die sich daraus ergibt, dass bei der PID – im Unterschied zu einem Schwangerschaftsabbruch – die Verantwortung für die Verwerfung des Embryos in der Hand des Arztes liegt.

Aus rechtlicher Perspektive lässt sich dieser Unterschied ebenfalls verdeutlichen: Die in ethischer Hinsicht zwar viele Fragen offen lassende Neuregelung des § 218 StGB stellt dennoch die Schutzwürdigkeit des Embryos nicht zur Diskussion. Sie trägt dabei allerdings der Tatsache Rechnung, dass es sich bei der Schwangerschaft um eine einzigartige Situation der körperlichen Verbundenheit zwischen Frau und Embryo handelt; und nur insofern gesteht der Gesetzgeber der Frau das Recht zu, sich in dieser konkreten und einzigen Situation gegen die Weiterexistenz des Embryos zu entscheiden. Bei der PID geht es jedoch nicht um den Konflikt, der bei einer existierenden Schwangerschaft zwischen dem Lebensrecht des Embryos und dem Recht der Frau auf Gestaltung ihres eigenen Lebens besteht, sondern um das Recht auf Leben (des Embryos), das nicht zur Disposition stehen darf. Angesichts dieses Unterschieds kann also nicht von einer rechtlichen Gleichwertigkeit beider Handlungen gesprochen werden.

Zur Legitimation der PID bedient man sich des Vergleichs mit der nicht verbotenen Pränataldiagnostik. Auch dieser Vergleich hinkt. Die konventionelle pränatale Diagnostik wird nicht ausschließlich mit dem Ziel durchgeführt, Embryonen mit einer genetischen Krankheit abzutreiben, sondern hat auch lebenserhaltende Motivationen. Anders als die Pränataldiagnostik bietet die PID die Möglichkeit, zur Etablierung einer spezifischen Schwangerschaft unter mehreren Embryonen auszuwählen; es wird also unterschieden zwischen Embryonen, deren Entwicklung fortgesetzt, und solchen, bei denen sie beendet werden soll. ... Indem Embryonen einer *Qualitätskontrolle* unterzogen werden – und die Möglichkeit auch nach Geschlecht und anderen Merkmalen zu selektieren, ist mit der PID grundsätzlich eröffnet – werden *eugenische Strategien* angewandt.

Gegen die PID wird auch vorgebracht, sie könne sich zu einer Schlüsseltechnologie entwickeln, die die Tür zur Embryonenforschung, zur Keimbahntherapie und sogar zum Klonen öffne. Nun wird von den Befürwortern der Methode gesagt, man könne solche Missbräuche durch Richtlinien unterbinden und die PID einschränken auf Frauen mit sehr hohem Risiko bzw. Wiederholungsrisiko. Es scheint aber – wie Erfahrungen aus dem Ausland zeigen – eine solche Einschränkung der Methode nicht praktizierbar zu sein. Dort kommt es zu einer Ausweitung und Verschiebung der Indikationen ...
Sicherlich bleibt dem Einzelnen immer noch die Möglichkeit, sich in Freiheit gegen die Inanspruchnahme der PID, sollte sie denn bei uns zugelassen werden, zu entscheiden. Dies wird jedoch schwierig, wenn die Methode erst einmal etabliert ist. Neuere englische und amerikanische Untersuchungen zeigen, dass die Inanspruchnahme genetischer Tests *angebotsgesteuert* ist, und schwedische und amerikanische Studien zur Pränataldiagnostik, die hier vergleichsweise herangezogen werden können, kamen zu dem Ergebnis, dass es fast allen Frauen schwierig erscheint, die Untersuchung abzulehnen, wenn sie ihnen angeboten wurde, in gewisser Weise fühlten sie sich zu dem Test verpflichtet.

Johannes Reiter

82

Im Blick auf die Fragen des verantwortlichen Umgangs mit Embryonen ist es umstritten, ab welchem Zeitpunkt der Mensch »Person« und damit unbedingt schutzwürdig im Sinne des Art. 1 des Grundgesetzes ist. Kommt ihm Personsein bereits vom Zeitpunkt der Empfängnis an zu oder erst mit der Nidation oder erst mit der Ausbildung der Gehirnstruktur oder erst mit der Geburt?

Bevor Sie die Texte lesen, überlegen Sie:

- Was macht Ihrer Meinung nach das Person-Sein des Menschen aus?
- Sammeln und entfalten Sie Begriffe wie: Geschichtlichkeit, Individualität, Geistbestimmtheit, Freiheit, Seele.

1 Norbert Hoerster, Rechtsphilosoph in Mainz, plädiert für die Zuschreibung des Personseins und des Lebensschutzes *ab dem Zeitpunkt der Geburt:*

»Dass ein Wesen den Wunsch nach eigenem Überleben oder den Wunsch nach irgendeinem eigenen künftigen Erlebnis haben kann, setzt offenbar voraus, dass dieses Wesen in seinem Empfinden nicht nur dem jeweiligen Augenblick verhaftet ist, sondern dass es das Bewusstsein seiner Identität im Zeitablauf besitzt, dass es einen Begriff von einem Ich oder Selbst hat, das im Zeitablauf identisch bleibt. ... Das wünschende Wesen muss also nicht nur ein je momentanes Bewusstsein besitzen, sondern es muss ein Ich- oder Selbstbewusstsein besitzen – mit der Folge, dass es sich selbst als dasselbe Wesen im Zeitablauf verstehen kann. Nur ein Wesen mit einem so verstandenen Ichbewusstsein kann zukunftsbezogene Wünsche und unter diesem Aspekt ein Überlebensinteresse haben. Es bedarf keiner Argumente, um zu erkennen, dass jedenfalls normale erwachsene Menschen ein derartiges Ichbewusstsein *besitzen,* dass andererseits zum Beispiel niedere Tiere ein derartiges Ichbewusstsein *nicht* besitzen. Ich werde im Folgenden ein Wesen, das im erläuterten Sinn ein Ichbewusstsein besitzt, als *personales* Wesen oder *Person* bezeichnen.«

Hoerster zieht aus dieser Überlegung den Schluss: »Der Prozess der Personwerdung ist ein Prozess, der offenkundig erst irgendwann nach der Geburt einsetzt. Die zwingende Folge davon ist: Der Fötus kann jedenfalls *unter dem Gesichtspunkt der Personalität* kein Lebensrecht beanspruchen.« Und: »Ein Tötungsverbot auf säkularer Grundlage schließt zwar nicht den Fötus, wohl aber jeden geborenen Menschen ein.«

2 Argumente dafür, dass menschliches Leben bereits ab dem *Zeitpunkt der Einnistung* schützenswert ist:

– Man kann der Zygote vor der Einnistung noch keinen Personstatus zusprechen, weil noch keine Differenzierung stattgefunden hat in diejenigen Zellen, aus denen später die Plazenta wird, und in diejenigen Zellen, aus denen der Embryo wird. Anderenfalls müsste man erklären, wieso man Zellen, die aus solchen Zellen hervorgegangen sind, denen man Personsein zugesprochen hat, nun das Personsein nicht mehr zusprechen kann. Die Konsequenz aus dieser Beobachtung ist, dass man erst frühestens vom Zeitpunkt der Differenzierung in Plazenta- und Embryozellen dem Embryo Personstatus zusprechen kann.

– Ein zweites Argument verweist auf die Möglichkeit der natürlichen Zwillingsbildung, die bis zum 8-Zellen-Stadium möglich ist, in dem alle einzelnen Zellen noch totipotent sind. In diesem frühen Stadium kann man – so das Argument – noch nicht von einer Person sprechen, weil vielleicht zwei oder mehr Individuen und damit zwei oder mehr Personen daraus entstehen.

3 Eine andere Position, die etwa Hans-Martin Sass vertritt, möchte dem ungeborenen menschlichen Leben erst dann Personsein zuschreiben, wenn die organische Grundlage von Bewusstsein, also die *Ansätze des Gehirns*, ausgebildet sind. Personsein beginnt dann erst – in Analogie zum Hirntod – mit dem »Hirnleben«.

In der mittelalterlichen Theologie, nicht zuletzt bei Thomas von Aquin, findet sich die auf Aristoteles zurückgehende Auffassung von einer Sukzessivbeseelung des Menschen. Danach durchläuft der Embryo zunächst eine vegetative und dann eine animalisch-sensitive Lebens- und Entwicklungsphase, im Anschluss an die Gott schließlich die Geistseele eines jeden Menschen unmittelbar neu erschafft und sie jedem einzelnen Fötus als Abschluss seiner Animation einsenkt, dem männlichen Fötus nämlich am 40. Tag nach der Empfängnis, dem weiblichen erst am 80. Tag. Der 40. Tag fällt aber mit der Ausbildung des Hirnstamms zusammen. (Diese Zeitangaben finden sich bei Thomas allerdings nicht; die Unterscheidung der Zeitspanne hat jedoch eine Analogie in Lev 12.) Diese Theorie war freilich schon im Mittelalter nicht unumstritten. Bereits Albert der Große vertrat die Auffassung, dass dem Menschen die Geistseele und damit sein Personsein von der Empfängnis an eingegeben werde.

4 Günter Rager geht von einem Personsein *von der Empfängnis an* aus:

»Der menschliche Embryo verfügt von der Fertilisation an über den vollen human- und individualspezifischen Gensatz. Er entwickelt sich von da an kontinuierlich; Entwicklungssprünge können nicht beobachtet werden. Er besitzt die aktive Potenzialität zu personalem Dasein, vorausgesetzt es werden ihm die notwendigen Entwicklungsbedingungen gewährt. Die Entwicklung endet nicht mit der Geburt, sondern erstreckt sich über das ganze Leben. Auch in der nachgeburtlichen Periode ist der Mensch auf eine geeignete Entwicklungsumgebung angewiesen, ohne welche er nicht zu seiner vollen Entfaltung kommt. Die aktive Möglichkeit zum personalen Dasein genügt für jeden Menschen, also auch für den Embryo, um die Menschenrechte für sich in Anspruch zu nehmen.«

5 Johannes Fischer nennt zwei Grundperspektiven, die über die Wahrnehmung des Personseins entscheiden:

»Die Vielzahl der heute diskutierten Personbegriffe lässt sich auf die grundlegende Alternative zweier Personkonzepte zurückführen. Das eine hat über die christliche Tradition Eingang gefunden in unser kulturelles Bewusstsein. ... Eine Person ist hiernach ein Individuum, das von allen qualitativen Bestimmungen, die von ihm ausgesagt werden können, unterschieden ist. Sie ist ... nicht › ein Fall von etwas‹. ... Der andere, in der heutigen Bioethik vorherrschende Personbegriff [nimmt an]: Die Person existiert als Bewusstsein und erfasst sich als Bewusstsein. ...

Es lässt sich zeigen, dass beide Personbegriffe in zwei verschiedenen kommunikativen Perspektiven verankert sind ... Das eine ist die Teilnehmerperspektive der Verständigung mit einem anderen, das andere die Beobachterperspektive der Verständigung über einen anderen.«

In der ersten Perspektive nehmen wir nach J. Fischer auch demente oder apallische Personen nicht als »etwas«, sondern als »jemand« wahr, während in der zweiten Perspektive das Personsein an die Beobachtung bestimmter Eigenschaften gebunden wird.

Denn du hast mein Inneres geschaffen,
mich gewoben im Schoß meiner Mutter.
Ich danke dir, dass du mich so wunderbar gestaltet hast.
Ich weiß: Staunenswert sind deine Werke.
Als ich geformt wurde im Dunkeln,
kunstvoll gewirkt in den Tiefen der Erde,
waren meine Glieder dir nicht verborgen.
Deine Augen sahen, wie ich entstand,
in deinem Buch war schon alles verzeichnet;
meine Tage waren schon gebildet,
als noch keiner von ihnen da war.

Psalm 139, 13–16

Stellungnahme aus Betroffenheit

Es ist einfach blödsinnig zu behaupten, auch als missgestaltetes Kind könnte man glücklich sein. Ich habe in meiner Verwandtschaft einen solchen Fall erlebt und kann aus eigener Erfahrung sprechen. Natürlich ist es ein schwerer Schritt, die Entscheidung zu treffen, ob man ein krankes Kind akzeptieren oder ihm Leid ersparen soll.« – Dies schrieb der Nobelpreisträger und Entdecker der Erbsubstanz DNS, James Watson. – Doch: Wem wird hier Leid erspart? Etwa dem Kind? Oder den Eltern? Oder gar einer ganzen Gesellschaft? In diesem Sinne, so Udo Sierck, werde auch die Beratung in den humangenetischen Beratungsstellen durchgeführt. Behinderung werde als Bedrohung dargestellt, Zeichnungen und Fotos von Behinderten demonstrieren abschreckende Hässlichkeit. Völlig unverständlich sei es dann, wenn ein Behinderter selbst sagt, dass er an seinem körperlichen und geistigen Gebrechen nicht leide. Nati Radke: »Ich finde, man kann Leid nicht auf eine bestimmte Menschengruppe fixieren. Wenn man mir unterstellt, ich leide besonders viel, weil ich behindert bin, so ist das eine Unverschämtheit, diese Menschen kennen mich überhaupt nicht. Ich kenne es doch gar nicht anders, als mich so, wie ich nun einmal bin, zu bewegen und nicht anders. Für mich ist es eben so – deshalb bedeutet es auch kein Leid.« »Die Leute«, so Nati Radke, »können mir nicht zuschauen, wenn ich mich bewege, es verursacht ihnen Leid und Angst. Sie drehen es um und sagen: es ist mein Leid.

Mein Leid ist es, dass man mir immer wieder einreden will, ich sei unglücklich, ich müsste leiden, weil ich behindert bin.« Und: »Alles, was ich tue, wird über meine Behinderung bewertet. Meine Handlungen, meine Gefühle. Und niemand glaubt mir, wenn ich sage, Behinderung ist eine Art zu leben, ein bestimmter Lebensstil. Ich habe Gefühle, frohe und traurige, wie jeder Mensch. Doch, wenn ich meine Traurigkeit zeige, dann reagiert meine Umgebung erschüttert, es wird mal wieder interpretiert: Sie ist unglücklich, weil sie behindert ist. Also darf ich meine traurigen Gefühle nicht äußern – schon deshalb nicht, um meine Umwelt zu schonen. Ich muss funktionieren und demonstrieren, dass ich, obwohl ich behindert bin, alles schaffe.« Dazu Udo Sierck: »Wir leben in einem Alltag, in dem Behinderung, Krankheit und Leiden nicht vorkommen dürfen. Und wenn ich irgendwo auftauche mit meiner Behinderung, werde ich gleichgesetzt mit Leid. Ich muss dann andauernd rechtfertigen, dass ich existiere. Wenn ich zugebe, dass ich leide, so, wie jeder Mensch leidet, dann unterliege ich sofort dem Denkmuster: Leid – Behinderung – lebensunwert. Und das ist ein Klima das meine Existenz angreift.« Diese Art, Leid verhindern zu wollen, verhindert Leben.

Doris Weber

DURCHGEFALLEN

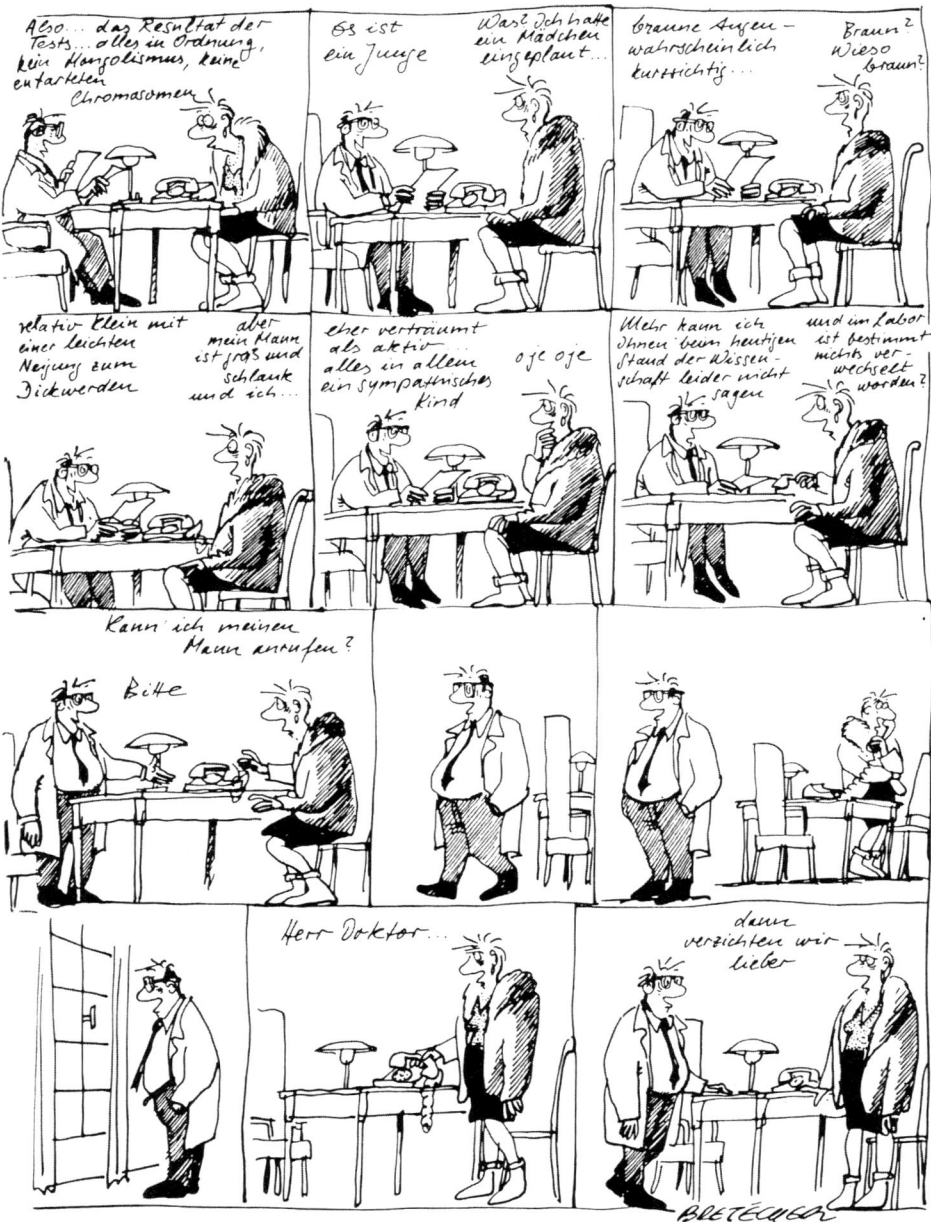

5. Kapitel

Umgang
mit dem eigenen
Erscheinungsbild

Medientipp:

Kann denn Mode Sünde sein? 16 Dias (F), Text Vereinigte Evangelische Mission Wuppertal (über EZB), Wuppertal 1998.

Diaserie zu einer berühmt gewordenen Kampagne für »saubere Kleidung«. Die Bekleidungsindustrie lebt von den Billigimporten Asiens. Die Näherinnen werden schlecht bezahlt und arbeiten oft unter unmenschlichen Bedingungen. Die Kampagne, der viele Organisationen angehören, klärt über die Missstände auf. Dabei wird der Lebensstil unserer Gesellschaft deutlich an- und hinterfragt.

Literaturhinweis:

Reimer Gronemeyer: Die neue Lust an der Askese, Berlin (Rowohlt) 1998.

Mit soziologischem Scharfsinn und in einer brillanten Sprache wird den Trends der neuen Zeit nachgespürt. Shopaholics und Autokannibalen, Glaubersalz und Techno-Food, die Zeit nach dem Luxus wird vom Verfasser treffsicher als neue Lust an der Askese analysiert. Dies geschieht in fünf Abschnitten: Von den Verführungen zum Verzicht, über das Glück, von der Kasteiung des Leibes, der Auflösung des Gewissens und der Vergletscherung der Seele.

Zur Einführung

In den letzten Jahrzehnten hat in unserer Gesellschaft die Ästhetisierung des alltäglichen Lebens stark zugenommen. Geschäfte, in denen es nicht einfach nur Gebrauchsgegenstände zu kaufen gibt, sondern Dinge, die einen ganz bestimmten Lebensstil repräsentieren, haben Konjunktur. Luxus wird auch für das durchschnittliche Einkommen angeboten. Lifestyle ist Thema von zahlreichen Sendungen des Fernsehens, von Magazinen, die ein schöneres Wohnen, schöneres Essen, schöneres Heim versprechen. Das Aussehen des eigenen Körpers ist durch Angebote von Fitness- und Sonnen-Studios, durch den Boom der Kosmetik- und Parfümerieartikel, durch Vorbilder in den Medien in den Blick gerückt worden. Auch die Werbung läuft nicht mehr über Argumente, etwa die Empfehlung der besseren Qualität oder des höheren Gebrauchswerts des eigenen Produkts, sondern verbindet mit bestimmten Dingen ein ganz bestimmtes Lebensgefühl. Wer eine bestimmte Zigarette raucht, für den entsteht eine ganze Welt.

Nachdem unsere Grundbedürfnisse nach Sicherheit, Geborgenheit, Besitz erfüllt sind, hat die äußere Erscheinungsweise heute endgültig einen zentralen Stellenwert bekommen. Dabei wird aber zugleich eine Fülle von neuen Normen aufgebaut, die nur allzu leicht zum Druck auf den Einzelnen werden können. Wer dazugehören will, muss die entsprechenden Requisiten des jeweiligen Lebensstils um sich versammeln, muss sein Aussehen entsprechend stylen, muss den Anforderungen an Jugend, Fitness, Lebensart genügen. Eine von vielen Folgen dieser Entwicklung spiegelt sich darin wider, in welchem Maß kosmetische Operationen in den letzten Jahren zugenommen haben.

Die äußere Erscheinungsweise eines Menschen, wie er sich kleidet, wie er sich einrichtet, wie er sich gibt, ist Zeichen seiner Identität. Sie ist nicht gleichgültig, sondern vermittelt ihm selbst und anderen, was er ist und was er sein will. Die eigene Lebensauffassung drückt sich darin aus. Deswegen kann es durchaus verständlich und berechtigt sein, wenn Menschen unter ihrer äußeren Erscheinungsweise leiden und versuchen, etwas daran zu verändern. Kosmetische Korrekturen können notwendig sein, um Komplexe und leidvolle Selbsterfahrung zu überwinden.

Wird die Erscheinungsweise jedoch nicht von innen, sondern von äußeren Normen gesellschaftlicher Trends bestimmt, wird es schwerer, die eigene Identität zu wahren. Es ist deshalb immer zu fragen, inwieweit Veränderungen des Äußeren, Eingriffe in die Erscheinungsweise aus dem eigenen Selbstsein des Einzelnen folgen oder inwieweit sie fremdbestimmt sind. Woher gewinnen wir unser Selbstbewusstsein und unser Selbstwertgefühl? Was macht unsere Identität wirklich aus? Diese Fragen sollen im folgenden Kapitel leitend sein.

Erfahrungen

In der Erlebnisgesellschaft ist für die meisten Zeitgenossen der Kampf ums Dasein gewonnen, nun geht es ums Dabeisein. Das Versprechen des Dabeiseins und Dazugehörendürfens codieren Lifestyle-Magazine auf ihren Titelseiten in den Attraktivitätsikonen der Models: What you see is what you get! Wer das hier gezeigte Produkt erwirbt, wer das hier demonstrierte Styling nachahmt, hat teil und wird ein Teil der Gesellschaft der Unbeschwerten (»fit for fun«), der Sportiven (»men's health«) und Betuchten (»Capital«). Der Code der Titelbilder folgt der Logik der Aktie. Die Offerte lautet »Anteilseignerschaft« am Unternehmen gelingenden, glücklichen Lebens, und für das eigene Kapital werden hohe Erlebnisrenditen ausgezahlt.«

Hans-Joachim Höhn

Die Alten rauben den Jungen nach Ansicht des Kommunikationstheoretikers Norbert Bolz die Jugend. Jugend sei mittlerweile ein spiritueller Wert oder eine innere Haltung. ... Wie im Cyberspace spiele auch im wirklichen Leben das Alter keine Rolle mehr. So gingen die »Dinosaurier der Musikszene« erneut auf Tour und »Mama und Papa« mit den Töchtern gemeinsam ins Konzert von Paul McCartney.

Das für die moderne Welt laut Bolz charakteristische Unterscheidungsschema zwischen Jung und Alt breche zusammen. Bislang habe allein die Jugend für Innovation gestanden, während die Alten »hässliche Störfaktoren« gewesen seien. Heute würden die Zeichen des Alters mittels Facelifting und Prothesen einfach getilgt. Nach Ansicht des Kommunikationstheoretikers ist der Gesundheitskult daher das Geschäft der Zukunft.

(KNA, 1.1.1999)

Die Zukunft ist am Ende – genießen wir den Rest!

Liebe deinen Körper, dann liebt ihn auch dein Nächster.

Willkommen im Egoland. Richten Sie Ihre Wohnung entsprechend ein und lernen Sie, sich zu verwöhnen.

Drink yourself fitter.

Be better than her last lover.

Tun Sie was für andere. Soziale Beziehungen sind für das emotionale Gleichgewicht unersetzlich.

Für immer jung! Auch wenn ich meinen Body inzwischen im Fitness-Studio bei Laune halten muss, fühle ich mich heute viel attraktiver als früher. Und ich denke, andere finden das auch.

Neue Männertypen: Fitnessbewusst, modeorientiert, normal

Eine Untersuchung des Lebensmittelherstellers »Du darfst« beim Marktforschungsinstitut Kompass definiert drei neue Männertypen.

1. Der Fitnessbewusste
Dieser Männertyp ist durchweg gut gebaut, schlank, manchmal allerdings auch leicht untergewichtig. Er achtet bewusst auf seine Ernährung, ist sehr gut über die Lebensmittel und deren Produkte informiert – und fett- sowie kaloriensparenden Produkten gegenüber sehr aufgeschlossen.

2. Der Modeorientierte
neigt dazu, körperliche Schwäche mithilfe teurer, moderner Kleidung zu kaschieren. Wichtiger als Sport sind Parfums und jegliche Form der Körperpflege. Erst wenn der Lieblingsanzug wegen Gewichtszunahme anfängt zu kneifen, sind sie bereit, ihre Ernährung auf fettarme Produkte umzustellen.

3. Der Normale
hält wenig von aktuellen Modetrends, ist selten sportlich aktiv – und macht sich auch nicht viele Gedanken über seine Ernährung. Hauptsache, es schmeckt. Der Normale achtet in der Regel bei Lebensmitteln weder auf die Kalorien noch auf den Fettanteil. Entsprechend reduzierte Produkte hält er für wenig sinnvoll.

(Hamburger Abendblatt, 22.1.1999)

93

Schöner werden wir morgen ...

Entschuldigen Sie, wenn ich Sie gleich zu Beginn mit unangenehmen Fragen überfalle: Aber haben Sie nicht vor Monaten erzählt, Sie hätten jetzt die ultimative Diät entdeckt und nun gehe es endlich ran an den überflüssigen Speck? Und hatten Sie sich nicht gleichzeitig vorgenommen, den Stress in Ihrem Leben abzubauen, mehr für sich und weniger für die Arbeit zu tun? Täusche ich mich, oder haben Sie sogar einen Tai Chi-Kurs begonnen (oder war es Yoga)? 20 Minuten täglich, so sagten Sie, wollten Sie für Ihre Entspannung reservieren.

Was ist eigentlich aus der Gruppentherapie geworden, von der Sie hofften, diese würde Ihrem Selbstbewusstsein gut tun? Und wie steht es um Ihre Bemühungen, Ihre Partnerschaft zu verbessern. Ach ja, fast hätte ich es vergessen: Gibt es das Fitnessvideo von Cindy Crawford noch? Legen Sie es immer noch jeden Morgen in den Videorekorder ein, um sich in Schwung zu bringen? Ich bin sicher, Sie sind inzwischen schlank, fit, gelassen und ausgeruht. Sie sind wirklich ein anderer Mensch geworden.

Was ist, warum weichen Sie meinen Fragen aus? (...) Ich weiß ohnehin, was mit Ihnen los ist. Die Pfunde sind immer noch auf den Hüften, Sie sind immer noch gestresst, und mit der Durchsetzungsfähigkeit hapert´s nach wie vor. Fitness und Entspannung – schön wär's, aber dazu fehlt einfach die Zeit.

Sie schaffen es nicht, Ihre guten Vorsätze langfristig in die Tat umzusetzen. Sie haben ein schlechtes Gewissen, weil in Ihrem Kopf ständig »Ich sollte«-Gedanken herumschwirren, die Sie mit Ihren Defiziten konfrontieren: Ich sollte mindestens dreimal die Woche für mindestens 30 Minuten Sport treiben. Ich sollte mich besser beherrschen. Ich sollte ...

Wenn Sie ehrlich sind, haben Sie es längst satt, von allen Seiten hören zu müssen, was an und mit Ihnen nicht in Ordnung ist. Sobald Sie eine Zeitschrift aufschlagen, in eine Buchhandlung gehen oder sich ganz einfach nur mit einer Freundin oder dem Partner unterhalten, geht es los: zu dick, zu schwabbelig, zu ungeduldig, zu egoistisch, zu launisch, zu klein, zu alt, zu hässlich, zu neurotisch, zu gestresst, zu wenig perfekt – im Vergleich zu dem, was heute möglich und machbar erscheint, sind Sie weit abgeschlagen.

Ursula Nuber

Aufgaben:

● Benennen Sie Ideale, Bilder und Botschaften modernen Lebens (Stichwort »Lifestyle«)
● Notieren Sie eigene Erfahrungen auf der Grundlage des Textes.
● Was haben Sie wann und wie selbst ausprobiert?
● Wie stehen Sie heute dazu?
● Welche Botschaften machen bzw. machten Ihnen ein schlechtes Gewissen?

94

Von der Begierde, begehrlich zu sein

Was in *Bravo* und Nightshow, in der Parfumwerbung und im Urlaubsprospekt an primären und sekundären Geschlechtsmerkmalen geboten wird, ist ja immer nur Mittel – was alle wissen, aber gern vergessen. Die uns vor die Augen gehaltenen Körperteile sollen uns zum Verbrauch von Zigaretten, Unterhosen, feuchtem Toilettenpapier oder Flugkilometern animieren. Ein gigantisches Betrugsmanöver, das offenbar – was die Kaufanimation betrifft – funktioniert. Banalerweise bleibt es dabei, dass der Käufer eben doch am Ende nur das Toilettenpapier in der Hand hält und nicht das Model.

Konsequenterweise richten sich die Begierden des Fleisches immer mehr auf den eigenen Leib statt auf den des anderen. Der Schönheitschirurg Steven Hoefflin, der Michael Jackson, Liz Taylor, Sylvester Stallone und Nancy Sinatra zu seinen Kunden zählt, stellt fest, dass in Kalifornien *ästhetische Chirurgie* (welch schönfärberischer Ausdruck!) denselben Stellenwert hat wie körperliche Fitness, ein guter Haarschnitt, gepflegtes Make-up, modische Kleidung und schöner Schmuck. Hoefflin: »Ich mache Maßarbeit, so wie ein Innenarchitekt eine Einrichtung exakt auf die Wünsche der Klienten zuschneidet.« Das *Innere* ist nicht mehr eine Charakterfrage, sondern eine Frage der Chirurgie. »Jeder Patient kriegt ein kleines Extra von mir – ein kleines Laserpeel vielleicht, leicht aufgeplusterte Lippen, eine kleine Straffung unter den Augen. Das ist mein persönliches Geschenk.«

Die Begierde richtet sich darauf, begehrlich zu sein. Der Perfektion des eigenen Körpers gilt die Aufmerksamkeit, nicht dem möglichen anderen, der zum Kunden der eigenen Schönheit werden soll. In den USA haben sich bisher zirka zwei Millionen Frauen die Brüste mit Silicon verändern lassen, in Deutschland rund 250 000. Von Berlin aus starten busweise Frauen in Richtung Polen, weil dort Schönheitsoperationen billig sind.

Wenn man heute junge Menschen fragt, was sie sich unter Askese vorstellen, dann wird Askese zuerst als sexuelle Enthaltsamkeit verstanden – gewissermaßen als der grässlichste Einfall, den das Christentum hervorgebracht hat. Von diesem muffigen Christentum gilt es sich zu befreien. Fraglich ist aber, ob nicht die gegenwärtige schale Sexualisierung des Alltags die Möglichkeit der Liebe so nachhaltig zerstört, dass eine gelangweilte Askese sich ausbreitet, der gegenüber die christliche Askese ein heißer Kessel war, weil man sich immerhin noch leidenschaftlich erinnerte an das, worauf man zu verzichten sich entschlossen hatte. Die Gelangweilten müssen mit immer schärferen Reizen agitiert werden. Der vertrocknende Trieb, das Ersterben der Vitalität muss durch immer schärfere Peitschenhiebe entzündet werden. Sterben der starken Gefühle und Verdämmern der leidenschaftlichen Sehnsüchte: »Die große Liebe lebt im kleinen Werbespot, zwischen Instantkaffee und Leichtmetallfelgen.« Man will »nichts mehr glauben, sondern nur noch wissen: Wer schlief mit wem?«

Reimer Gronemeyer

Die neuen Sozialmilieus

Die Individualisierung und Pluralisierung unserer Gesellschaft hat dazu geführt, dass sich viele der früheren Milieus aufgelöst haben. Auf der anderen Seite haben sich heute neue Milieus herausgebildet. Sie setzen sich nicht nach sozialmoralischen Kriterien (nach dem Schema gut / böse), sondern nach sozialästhetischen (nach dem Schema schön / hässlich) zusammen. Dies hängt mit dem Wandel der Lebensauffassungen vom Überleben zum Erleben zusammen, der sich in unserer Gesellschaft nach dem 2. Weltkrieg mit dem steigenden Wohlstand entwickelt hat. Dabei wurden die Menschen immer mehr auf ihren Geschmack verwiesen. Vor dem Fernseher, beim Einkaufsbummel, bei der Auswahl des Urlaubsziels, im Zeitschriftenladen usw. muss man sich danach richten, worauf man Lust hat, wonach sonst? Der Handelnde erfährt sich nicht als moralisches Wesen. Wissen, was man will, bedeutet wissen, was einem gefällt. »Erlebe dein Leben!« ist der kategorische Imperativ unserer Zeit.

Die Ästhetisierung des Alltagslebens ist dabei keineswegs nur auf junge Leute beschränkt. Auch Erwachsene bedienen sich auf dem Erlebnismarkt und bilden untereinander ästhetische Milieus im Sinne von Erlebnisgemeinschaften. Dabei spielt das Alter bzw. die Generationszugehörigkeit ebenso eine Rolle bei den Geschmacksvorlieben (etwa bezüglich der Wohnzimmereinrichtung oder des musikalischen Anspruchs) wie die jeweilige Bildung. Unterscheidbar sind das Niveaumilieu, das Harmoniemilieu, das Integrationsmilieu, das Unterhaltungsmilieu und das Selbstverwirklichungsmilieu. Zwischen den jeweiligen Milieus können regelrechte »Ekelschranken« liegen.

1. Niveaumilieu

(Erlebnisparadigma: Nobelpreisverleihung)

Zum Niveaumilieu gehören vor allem ältere Personen mit vergleichsweise sehr hohen Bildungstiteln (vom Fachabitur aufwärts). Seine Repräsentanten lassen sich etwa im klassischen Konzert, in der Oper (nicht in der Operette!), in Restaurants mit »gehobener« Atmosphäre, als kluge Köpfe hinter überregionalen Tageszeitungen, allerdings kaum unter den Lesern von Modezeitschriften oder in Discos und in der Volksfestszene finden.

2. Harmoniemilieu

(Erlebnisparadigma: Hochzeit)

Dazu gehören vor allem ältere Personen mit unteren Bildungsabschlüssen. Sie neigen eher zum häufigen Fernseh-Konsum mit Bevorzugung von Heimatfilmen und von Volksmusik sowie zum Lesen von Boulevardblättern. Sie möchten es sich zu Hause gemütlich machen. Man muss schon genau hinsehen, wenn man sie erkennen will, denn ihre Kleidung ist zeitlos grau, beige oder oliv. Überhaupt ist modische Extravaganz nicht ihre Sache. Die Wohnungseinrichtung des Harmoniemilieus ist einfach, tendiert zum

Rustikalen und zur Besetzung des Raums mit Objekten, nach dem Prinzip »viel ist schön« (z.B. viele Blumen auf der Fensterbank, kräftig und dicht gemusterte Tapeten). Dieses ästhetische Stilprinzip der Fülle gilt auch für das Essen zu Hause oder im Gasthaus.

3. Integrationsmilieu

(Erlebnisparadigma: Nette Runde)

Das Integrationsmilieu umfasst ebenfalls eher ältere Personen, allerdings mit mittleren Bildungsabschlüssen, und hat seinen wichtigsten sozialen Ort im Heim und in den darum gezogenen konzentrischen Kreisen, also in Haus, Garten, Kirche, Nachbarschafts- und Vereinskontakten. Es ist das Milieu der mittleren Angestellten, der Normativität des »Normalen«, der kultivierten Trivialität: „Man tendiert eher zum Hauptvorschlagsband der Buchgemeinschaft als zum Groschenroman.“ Am liebsten trifft man sich in einer netten Runde, im Sommer auf der Terrasse oder im Garten, probiert öfter mal neue Kochrezepte aus. Manchmal geht man ins Theater, hin und wieder in ein klassisches Konzert, eher in die Operette. Opern schaut man sich im Fernsehen an, wenn's nicht so modern und außergewöhnlich ist.

4. Unterhaltungsmilieu

(Erlebnisparadigma: Miami Beach)

Jüngere Leute (unter 40) mit niedrigen Bildungsgraden sammeln sich vorzugsweise im so genannten Unterhaltungsmilieu, wo ein Lebensstil gepflegt wird, der von der leichten Unterhaltungsmusik bestimmt ist und sich etwa um das Auto, das Motorrad, den Fußballklub zentriert. Sie lesen gern die Abendzeitung, auch die Bildzeitung, auch Mode- und Sportzeitschriften, sehen im Fernsehen am liebsten amerikanische Krimis mit viel Acti-on. Gesucht wird die aktuelle, unmittelbare Befriedigung, die auch das Austragen von Konflikten bestimmt. Politische Diskussionen verabscheuen sie genauso wie Jazz, klassisches Konzert oder Kunstausstellungen. In der Videothek gehören sie zur Stammkundschaft. Überhaupt sind sie gern dort, wo Power ist, wo was los ist: in der Disco, wo auch deutscher Schlager gespielt wird, in der Kneipe, beim Flippern im Automatensalon, natürlich auf dem Fußballplatz und manchmal auch beim Schützenfest oder in der Volksfestszene. Zur typischen Sozialfigur des Unterhaltungsmilieus passt der Satz: »Ich bin das, was ich gerade will.«

5. Selbstverwirklichungsmilieu

(Erlebnisparadigma: Künstler)

Dieses Milieu umfasst jüngere Personen mit höheren Bildungstiteln, die sich aber in der Ästhetik des Bildungsbürgertums kaum mehr wiederfinden können. Gemeinsamkeiten mit dem Unterhaltungsmilieu liegen in der Orientierung am ästhetischen Schema der Spannung. Man findet sie in der neuen Kulturszene, bei Veranstaltungen der Kleinkunstbühne, in der Ausstellung, beim Jazz-Festival oder beim Liedermacher-Konzert ebenso wie in alternativen Kneipen, beim Griechen, Italiener oder in neuen Cafés. Sie sind häufig in sozialen, therapeutischen oder pädagogischen Berufen tätig. In ihrer Freizeit gehen sie modernen Sportarten nach, kaufen in Boutiquen oder im Naturkostladen ein und lieben den Individualtourismus (häufig als »Rucksacktouren«). Sie sind oft Leser von liberalen oder kritischen Zeitungen und Zeitschriften, interessieren sich für Wissenschaft, Technik, Zeitgeschichte, Politik und engagieren sich in der Bürgerbewegung.

Nach: Gerhard Schulze

»Leib und Seele« – ein ambivalentes Verhältnis

Das Verhältnis des Menschen zu seinem Leib hat immer wieder zu ganz unterschiedlichen Bestimmungen dieses Verhältnisses Anlass gegeben.

Bei Platon etwa finden wir die Vorstellung vom Leib als dem Gefängnis der Seele, aus dem sie sich befreien müsse. Bei Aristoteles dagegen ist die Seele das Lebensprinzip, das in verschiedenen Stufen alles Lebendige, Pflanzen, Tiere und Menschen, belebt und als solches Lebensprinzip auch den menschlichen Körper erfüllt. In Anlehnung daran bestimmten Theologen des Mittelalters die Seele als »Form des Körpers«. In der Neuzeit kam es dann zunächst zur Vorstellung von einer Trennung von Leib und Seele. Descartes verstand den menschlichen Körper nach dem Modell einer komplizierten Maschine, die vom Geist gesteuert wird. Die Verbindung, die Descartes noch in einer Drüse des Gehirns vermutete, wurde aber in der Folgezeit immer fragwürdiger, sodass man davon ausging, dass sich das Bewusstsein, Vernunft und Wille auf der einen und die körperliche Bewegung auf der anderen Seite nur äußerlich parallel vollziehen, dass sie aber nicht im Sinne von Ursache und Wirkung miteinander verbunden sind. Im Rahmen der Evolutionstheorie wurde dann schließlich im 19. Jahrhundert alles Seelische und Geistige als Auswirkungen und Funktionen körperlicher Prozesse gedeutet.

Die moderne Wissenschaft vom Menschen (Anthropologie) sieht den Grund für solche unterschiedlichen Bestimmungen in der ambivalenten Erfahrung gegeben, die wir mit unserem Leib machen und die sich darin ausdrückt, dass wir mit Recht sowohl sagen können, wir *haben* einen Leib, als auch, wir *sind* unser Leib bzw. wir sind leiblich da. Einerseits nämlich machen wir die Erfahrung, dass wir in Distanz zu unserem Leib existieren. Wir können ihn gebrauchen und wie einen Gegenstand verstehen. Wir können ihn instrumentalisieren und gezielt zur Erreichung unserer Zwecke einsetzen. Unser Leib kann, durch Krankheit beispielsweise, zur Last werden. Er kann uns daran hindern, uns selbst zu verwirklichen. Kleine »Schönheitsfehler« können zum Identitätsproblem werden. Wir erfahren uns dann an unseren Leib gebunden oder gefesselt. Andererseits aber machen wir auch die Erfahrung, dass wir überhaupt nur vermittels unseres Leibes in der Welt sind, dass wir nur leiblich da sind. Der Leib ist vollständig und einzig Ausdrucksmedium für unser Selbst. Alle Wahrnehmung der Welt, in die wir eingebunden sind, geschieht leiblich, nämlich sinnlich und raum-zeitlich geordnet. Überhaupt ist unsere Selbstwahrnehmung gar nicht anders als über leibliche Erfahrungen – von Schmerz und

Wohlbefinden etwa – denkbar. Alle Kommunikation mit anderen geschieht über den Leib als Ausdrucksmittel. Nicht nur der geistige Gehalt unserer Mitteilung bestimmt die Kommunikation. Wesentlich ist zugleich der Ausdruck, die Gestik, die Haltung, in der wir dem anderen begegnen. Und zugleich ist umgekehrt der Leib die einzig mögliche Weise, wie der andere für uns da ist und wie wir ihm begegnen können: Wenn wir in die Augen des anderen schauen, sehen wir nicht zwei Glaskugeln, sondern wir blicken ihn selbst an, wir begegnen ihm selbst.

Auf der Grundlage dieser Unterscheidung wird nun auch verständlich, warum wir sowohl vom »Körper« als auch vom »Leib« reden können und worin der Unterschied besteht. Im eigentlichen Sinne nämlich meint »Leib« den Körper, insofern er ganz und gar die Weise darstellt, wie unser Selbst in der Welt ist und wie es für den anderen präsent wird. Wenn wir dagegen von »Körper« sprechen, meinen wir eher den auf seine Gegenständlichkeit und Materialität reduzierten, von uns selbst unterschiedenen Körper.

Aufgaben:

- Benennen Sie Beispiele für die Erfahrung der Distanz vom Leib und für die Erfahrung des Eins-Seins mit dem Leib.
- Benennen Sie Gefahren, die in der einseitigen Betonung einer dieser Erfahrungsmöglichkeiten liegen.

»Oder wisst ihr nicht,
dass euer Leib
ein Tempel
des Heiligen Geistes ist,
der in euch wohnt
und den ihr von Gott habt?
Ihr gehört nicht euch selbst.«

Paulus (1 Kor 6,19)

Rolle und Identität

D ie Identität eines Menschen liegt – anders als bei einem leblosen Gegenstand – nicht einfach unmittelbar fest, sie ist nicht von vornherein vorgegeben, sondern stellt sich ein als das Resultat einer Entwicklung. Sie ist das Ergebnis einer ganzen Lebensgeschichte, in der sie gewonnen wird durch Auseinandersetzung zwischen

- dem Bild, das man von sich selbst hat
- den Spiegelungen und Rollenerwartungen, die von außen an einen herangetragen werden, sowie den eigenen Vorgegebenheiten wie etwa den geistigen, psychischen oder körperlichen Anlagen.

Die Identitätsbildung oder Identitätsfindung ist deshalb auch zu keinem Zeitpunkt im Leben endgültig abgeschlossen, sondern dauert das ganze Leben hindurch.

Eine *erste* Komponente bei der Identitätsbildung besteht also darin, dass man bestimmte Bilder von sich selbst entwickelt, dass man ein bestimmtes Selbstverständnis gewinnt. Es sind Vorstellungen davon, wie man zu sein glaubt oder wie man sein möchte. Diese Entwicklung von Selbstbildern ist die notwendige Voraussetzung dafür, dass wir eine Identität gewinnen können. Denn darin besteht die Leistung der Identifikation.

Dieses Selbstverständnis wird aber sehr bald mit der *zweiten* Komponente konfrontiert: mit den Spiegelungen und Rollenerwartungen von außen sowie mit den Grenzen, die durch körperliche, geistige und psychische Vorgaben gesetzt sind. Das Selbstbildnis, das wir von uns entwickeln, wird von außen, von anderen Menschen, denen wir im Verlauf des Lebens begegnen, sowie von unseren eigenen Fähigkeiten immer wieder entweder bestätigt, infrage gestellt oder sogar zerstört. Entsprechend kommt es zu einer Festigung der eigenen Identität und des eigenen Selbstbildnisses oder zu einer Verunsicherung bis hin zur Identitätskrise.

Die Reaktion auf solche Verunsicherungen oder Krisen kann mindestens eine dreifache sein:

Sie kann *erstens* darin bestehen, dass man das eigene Selbstbild aufgibt, sich den Fremdbildern oder Rollenerwartungen anpasst, sie übernimmt und zum eigenen Selbstbildnis macht. Man geht dann ganz in der Rolle oder auch in den vielen Rollen auf, die man in der Gesellschaft zu spielen hat. Dies kann die Krise überwinden, aber es bleibt zumeist eine mehr oder weniger bewusste Uneinigkeit zwischen der übernommenen Rolle und dem Selbstideal bestehen.

Die Reaktion kann aber *zweitens* auch darin bestehen, dass sich das bisherige Selbstbildnis behauptet. Äußere Rollenvorgaben werden als Zwang abgelehnt, Grenzen werden nicht anerkannt, die Vorstellung, die man von sich selbst hat, führt zum Protest gegen gesellschaftliche Erwartungen oder sonstige Vorgegebenheiten.

Schließlich kann es *drittens* aber auch zu der Reaktion kommen, dass ein neues, modifiziertes Selbstbild entwickelt wird. Jemand wächst in seine Rolle, die ihm etwa durch den Beruf vorgegeben ist, langsam hinein und füllt sie mit seiner eigenen Person aus. Die Rolle bleibt dann nicht etwas Äußerliches, sondern entspricht Funktionen und Äußerungen der Person, die diese nicht aufgrund von äußerem Zwang und Druck, sondern aus eigener Einsicht und Freiheit ausführt und vollzieht.

Körperästhetik und Identität

In einer Gesellschaft, in der es für Menschen immer schwieriger wird, ihre Identität durch ihre soziale Rolle zu gewinnen, wird die Einzigartigkeit des Individuums zunehmend am Körper festgemacht. Der Körper dient dazu, in freier Gestaltung und weitest möglicher Formbarkeit Eigentümlichkeiten des Einzelnen zu signalisieren und seine Besonderheit hervorzuheben. Daher wird der Körper modelliert, daher wird er perfektioniert. Darin liegt sicher eine Chance. Zugleich aber tun sich neue Zwänge auf, die zu einer völligen Verobjektivierung und Instrumentalisierung des Körpers führen.

Beispiele:

● *Kosmetik*, das Schmücken des eigenen Körpers ist so alt wie menschliche Kultur. Sie anerkennt die kommunikative Potenz körperlicher Signale und unterstützt sie. Durch die Kosmetik wird der Körper zum Ort eines Selbstgestaltungsprozesses, der sich seiner Wirkung auf den anderen immer bewusst bleibt. Kosmetik kann soziales Spiel sein, sie kann der Offenbarung, aber auch der Verschleierung von Seelenzuständen dienen. Heute werden Einsichten in die Ausdrucksfunktion des Körpers bewusst genutzt. Körper werden erzeugt oder inszeniert, sie werden zur Stätte der Selbsterzeugung. Durch die Körperkultur-Industrie wird Kosmetik ebenso wie Gesundheit und Fitness normativ. Sie schafft die Pflicht zu ewig jugendlicher Spannkraft.

● *Ästhetische Chirurgie* dient zum Teil therapeutischen Zwecken, etwa nach Unfällen oder bei Missbildungen, die psychisch schwer belasten. Auf der anderen Seite aber kann und will ästhetische Chirurgie auch die regressiven Folgen des Alters mildern und dabei, wenn möglich, im Übertreffen des altersabhängigen Normalen ein Körperbild schaffen, das den Betreffenden nicht nur mit sich zufrieden, sondern darüber hinaus auch glücklich macht.

Aufgaben:

● Führen Sie die Beispiele weiter fort, etwa: Piercing, Tatoos ...
● Welche Bedeutung haben diese Dinge für die eigene Identität und Persönlichkeit?

➤ Zur Körperkultur s.a. S. 245

Fun 2010

Erst der Kaufrausch macht den Urlaub perfekt

Die Jugendlichen haben keinen Blick für das beeindruckende Karwendelgebirge, das sich mit weißen Schneefeldern gesprenkelt hinter dem Panoramafenster zeigt. Dabei sind sie angezogen, als wollten sie sich gleich in die nächste Seilschaft für den Aufstieg einreihen. Ihr Ziel: der »Airgarden«.

Erwartungsvoll beäugt Thomas den vor ihm liegenden Parcours, während er sich in die Sicherungsleine einklinkt, die zu einer Schiene an der Hallendecke führt. Rund zehn Meter hoch über dem Boden der Halle baumeln Seile, Balken und Schaukeln, über die er sich nun auf die andere Seite hangeln wird. Unter ihm üben ungerührt Inline-Skater und Skateboard-Fahrer ihre Sprünge in der hölzernen Halfpipe.
Der »Airgarden« und die Inline-Skatebahn sind nur zwei der Attraktionen im »Play-Castle Tirol«, das Touristen in das beschauliche Seefeld locken soll. (...)
»High-tech-Mixtur aus Mittelalter und Multimedia« nennen die Macher ihr Play-Castle. Und in der Tat ist ihnen mit diesem überdachten Freizeitpark eine ungewöhnliche Mischung gelungen. Auffälligstes Merkmal des Vergnügungscenters ist die zinnenbewehrte Burg, klischeehaft einer mittelalterlichen Wehranlage nachgebaut. Um die Illusion auch ja perfekt zu machen, wurde für den Bau Johann Kott verpflichtet, ein Kulissenmacher aus Hol-

lywood, der bereits Filme wie »Die unendliche Geschichte« und »Indiana Jones Junior« ausstattete.
Doch wenn man über die Zugbrücke ins Innere der Burg trottet, lässt der Stilbruch nicht lange auf sich warten. Vom Rittersaal führt der Weg durch Gänge im Stil von Raumschiff Enterprise zum Erlebniskino, in dem man eine abenteuerliche Fahrt durch ein Bergwerk unternehmen kann. Videospiele, Carrerabahnen und Hüpfburgen lassen Kinderherzen höher schlagen. Und eine Etage tiefer lädt ein Sandstrand die Kleinsten zum Buddeln und Planschen ein, alle 20 Minuten unterbrochen von einem künstlichen Gewitter mit Sturm und Regen. ...
Doch das Raffinierteste am Play-Castle Tirol sind nicht die künstlichen Welten. Denn das Schloss ist nicht nur ein Tourismusmagnet – es ist auch eine gigantische Verkaufsausstellung. Den Sponsoren des Spielvergnügens wird hier breiter Raum zur Selbstdarstellung eingeräumt. Ob Hasbro mit ihrem nervigen elektronischen Haustier Furby, Lego mit seinen vielseitigen Steinen oder die Firma Zapf, die mehrere perfekt eingerichtete Zimmer zum Spielen mit ihrer populären Baby-Puppe zur Verfügung stellt: Sie alle zielen nicht nur auf das Amüsement der Kleinen, sondern in erster Linie auf die Brieftasche der Eltern.

Florian Kolf, Handelsblatt 29.7.1999

103

Markenware

Kleidermarken spielen für das Selbstbild von Kindern und Jugendlichen eine große Rolle. Für über die Hälfte aller befragten Jungen und Mädchen von Grund-, Haupt- und Realschulen seien Markennamen »wichtig«, für 15 Prozent sogar »sehr wichtig«. Das geht aus einer wissenschaftlichen Arbeit am Lehrstuhl für Soziologie der Universität Stuttgart-Hohenheim hervor, deren Ergebnisse am Dienstag veröffentlicht wurden.

Wie die Hochschule mitteilte, kennen Kinder im Alter von zehn Jahren durchschnittlich zwölf Kleidermarken; drei bis vier Marken werden auch getragen. Dabei seien die Jugendlichen ausgesprochen markentreu, heißt es. 43 Prozent der Jugendlichen, die bestimmte Vorlieben entwickelt haben, seien auch nur an diesen Marken interessiert. Die Markenorientierung werde auch daraus ersichtlich, dass Kleidermarken unter Jugendlichen häufiges Gesprächsthema seien, für Jungen sogar noch häufiger als für Mädchen. Überhaupt gäben sich männliche Jugendliche markenorientierter als ihre Mitschülerinnen.

Die Markenorientierung entstehe stets im unmittelbaren sozialen Umfeld der Kinder und Jugendlichen und werde weniger durch Werbung vermittelt, heißt es in der Studie. Vor allem die Eltern prägten, in welchem Ausmaß sich die Kinder an speziellen Marken orientierten. Im Jugendalter übernähmen ältere Geschwister und Freundeskreis diese Funktion.

Die Studie zeigt darüber hinaus, dass für Kinder und Jugendliche die Kleidermarke als »soziales Symbol« immer wichtiger wird. Kleidermarken ermöglichen Gruppenmitgliedschaften, sorgten für eine bestimmte Gruppenidentität und lieferten damit gleichzeitig Verhaltensanleitungen sowie bestimmte Wertvorstellungen mit. Problematisch werde es dann, wenn die Eltern die begehrte Markenkleidung ihren Kindern aufgrund der eigenen eingeschränkten finanziellen Lage nicht kaufen könnten, das Emblem an den Schuhen aber sozusagen als »Eintrittskarte« in eine Jugendgruppe gelte, zu der das eigene Kind gerne dazugehören möchte.

(KNA, 23.12.1998)

6. Kapitel
Umgang mit der Zeit

Medientipp:

Michael Ende, Momo:
3 Hörkassetten: 1) Momo und ihre Freunde , 2) Momo und die grauen Herren, 3) Momo mit den Stundenblumen. Hamburg: Deutsche Grammophon 1984.

Die Hörkassetten bieten die schönsten und bekanntesten Abschnitte aus dem gleichnamigen Buch. Momo erkennt die Gefahr, welche durch die Zeitdiebe, die grauen Herren, droht und hilft ihren Freunden. Als die Zeitdiebe beschließen, das kleine Mädchen in ihre Gewalt zu bekommen, taucht für Momo unerwartet Hilfe auf.

Literaturhinweise:

Otto Betz: Jeder Tag neu geschenkt. Vom Umgang mit der Zeit. Freiburg (Herder) 1989.

Das Buch gibt Anregungen, offen und gelassen mit der Zeit umzugehen. Es bietet einen Querschnitt gut lesbarer kleiner Geschichten, Legenden, Erzählungen und Gedichte sowie Textauszüge zum Themenfeld »Zeit«.

Ilse E. Plattner: Zeit haben. Für einen anderen Umgang mit der Zeit. München (Droemersche Verlagsanstalt) 1993.

Deutscher Erwachsenenkatechismus, Band 2: Gedenke, dass du den Sabbat heiligst (S. 207–227)

Zur Einführung

Die Zeit ist uns heute zum Problem geworden. Viele Menschen leiden unter einer regelrechten Zeitnot. Sie macht sich vor allem und am bekanntesten in der Erfahrung der Zeitknappheit bemerkbar. Weltweiter Konkurrenzdruck führt in immer mehr Betrieben dazu, dass in immer weniger Zeit immer mehr und immer schneller bewältigt, geschafft, bearbeitet werden muss. Die Folge ist oft Überforderung, die sich in chronischem Stress niederschlägt und in den Teufelskreis der Hektik führt. Doch auch im privaten Bereich und in der Freizeit machen sich zunehmend Zeitknappheit und Stress bemerkbar.

Doch nicht nur die Zeitknappheit ist es, die die gegenwärtige Not mit der Zeit ausmacht. Es gibt daneben auch die Erfahrung, viel zu viel Zeit zu haben. Menschen, die arbeitslos geworden sind, machen diese Erfahrung ebenso wie Menschen, die in den Ruhestand entlassen werden. Es wird deutlich, dass die Zeit für uns heute ihren Wert vor allem von der Erwerbsarbeit erhält. Doch schon Kinder und Jugendliche leiden unter Langeweile, Wochenenden und Feiertage werden für Familien zum Problem. Die steigenden Angebote einer ganzen Freizeit- und Unterhaltungsindustrie, die Suche nach immer ausgefalleneren Erlebnissen, die noch einen letzten »Kick« geben, weisen auf das Problem vieler Menschen hin, wie sie ihre freie Zeit »herumbringen« können.

Angesichts dieser Zeitnot verspüren viele Menschen heute den Wunsch, mehr Zeit für sich selbst zu haben. Sie sehen sich letztlich um die Möglichkeit betrogen, sich selbst in der Zeit ihres Lebens verwirklichen zu können. Sie sehen sich um das kostbarste Gut ihres Lebens betrogen: die Lebenszeit selbst. Die heute oft nur halbernst und eher beiläufig dahingesagte Rede vom neuen Versuch im nächsten Leben, die Sympathie vieler Zeitgenossen für die Vorstellung von der Wiedergeburt verrät das sehr ernst zu nehmende Leiden vieler an der »ungelebten« Zeit ihres Lebens und die Sehnsucht nach erfüllter, selbst gelebter, eigener Zeit, so genannter »Eigenzeit«.

Wie können wir der Zeitnot begegnen? Wie können wir den Umgang mit der Zeit so gestalten, dass die Zeit sich wahrhaft als Gut des Menschen, als Geschenk, erweist und nicht als unerträglicher Druck? Woran liegt es, dass wir die Zeit heute so erfahren, dass sie uns Not bereitet? Welche Perspektiven ergeben sich aus dem christlichen Glauben für den rechten Umgang mit der Zeit? All diesen Fragen soll im folgenden Kapitel nachgegangen werden.

Erfahrungen

- die Zeit heilt Wunden
- alles hat seine Zeit
- Zeit ist Geld
- die Zeit totschlagen
- die gute, alte Zeit
- mit der Zeit gehen
- die Zeit läuft davon
- sich die Zeit vertreiben
- sich Zeit lassen
- mit der Zeit gewöhnt man sich an alles
- der verlorenen Zeit nachtrauern
- jemandem die Zeit stehlen
- seine Zeit ist gekommen
- man muss die Zeit nutzen
- es braucht seine Zeit
- dem Zeitgeist widerstehen
- es ist höchste Zeit
- die Zeit vergeuden
- wer nicht kommt zur rechten Zeit
- ach du liebe Zeit
- kommt Zeit, kommt Rat
- Zeit verschenken ...

Aufgaben:

- Sammeln Sie weitere Aussagen.
- Ordnen Sie die gefundenen Aussagen und Sprichwörter in Gruppen ein (z.B.: Zeit als Subjekt / Zeit als Objekt).

Die Menschen
sind in hektischer Bewegung,
aber wohin die Reise führt,
bedenken sie kaum.
Pablo Casals

Nichts ist länger
als die Zeit,
denn sie ist das Maß
der Ewigkeit.
Nichts ist kürzer,
denn sie fehlt uns bei
all unseren Unternehmungen.
Nichts vergeht langsamer
für den, der wartet,
nichts schneller für denjenigen,
der genießt ...

Voltaire

Es gibt ein großes und doch ganz alltägliches Geheimnis. Die meisten Leute nehmen es einfach so hin und wundern sich kein bisschen darüber. Dieses Geheimnis ist die Zeit.

Michael Ende

Zeit für Ruhe, Zeit für Stille

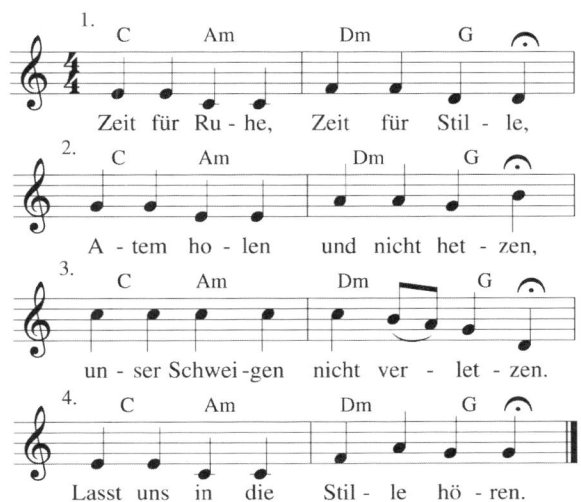

1. Zeit für Ru- he, Zeit für Stil - le,
2. A - tem ho - len und nicht het - zen,
3. un - ser Schwei -gen nicht ver - let - zen.
4. Lasst uns in die Stil - le hö - ren.

2 Viele Laute sind ganz leise,
singen alle ihre Weise.
Leise Laute sind so schön,
dürfen nicht verloren gehen.

3 Zeit für Ruhe, Zeit für Stille,
Atem holen und nicht hetzen,
unser Schweigen nicht verletzen.
Lasst uns in die Stille hören.

Impuls:

● Decken Sie zunächst die rechte
Bildhälfte zu und stellen Sie sich die
Sonne ohne Zifferblatt vor.
● Nehmen Sie dann die rechte Bild-
hälfte hinzu.
● Beachten Sie schließlich auch das
Zifferblatt in der Sonne.
● Wie verändert sich jeweils die Aus-
sage des Bildes?

Tipp: Fertigen Sie drei Projektorfolien an
(1. Linke Bildhälfte ohne Zifferblatt, 2.
Rechte Bildhälfte, 3. Zifferblatt.) Legen
Sie die Folien nacheinander auf.

Ein Zen-Mönch

Ein in Meditation erfahrener
Mann wurde einmal gefragt,
warum er trotz seiner vielen Be-
schäftigungen immer so gesam-
melt sein könnte.
Er sagte:
Wenn ich stehe, dann stehe ich.
Wenn ich gehe, dann gehe ich.
Wenn ich sitze, dann sitze ich.
Wenn ich esse, dann esse ich.
Wenn ich spreche,
	dann spreche ich.

Da fielen ihm die Fragesteller
ins Wort und sagten:
Das tun wir auch, aber was machst du
noch darüber hinaus?
Er sagte wiederum:
Wenn ich stehe, dann stehe ich.
Wenn ich gehe, dann gehe ich.
Wenn ich sitze, dann sitze ich.
Wenn ich esse, dann esse ich.
Wenn ich spreche, dann spreche ich.

Wieder sagten die Leute:
Das tun wir doch auch.
Er aber sagte zu ihnen: Nein,
Wenn ihr sitzt, dann steht ihr schon.
Wenn ihr steht, dann lauft ihr schon.
Wenn ihr lauft,
	dann seid ihr schon am Ziel.

POSITIV	NEGATIV
➤ Die Zeit macht unser Handeln überhaupt erst möglich. Ohne Zeit gäbe es keine Veränderung, alles wäre starr und leblos.	➤ Die Zeit vergeht viel zu schnell. Jeder noch so schöne Augenblick in unserem Leben verfließt und wird von der Zeit weggenommen.
➤ Die Zeit lässt mich eine Vergangenheit und damit auch eine Herkunft haben. Sie eröffnet mir zugleich eine Zukunft, die von der Vergangenheit her vorgezeichnet ist, die ich aber auch gestalten kann.	➤ Wir können nichts festhalten von all unseren schönen und prägenden Erfahrungen. Wenn sie vergangen sind, sind sie unwiderruflich vorbei. Nichts davon lässt sich wiederholen.
➤ Die Zeit lässt manche Wunden heilen, sie lässt manchen Streit vergessen und macht Versöhnung und Frieden möglich.	➤ Wenn wir etwas erwarten, kann die Zeit nicht schnell genug vorübergehen. Wir wünschen uns, die Zeit wäre schon vorbei. Wenn sie aber vorbei ist, merken wir, dass auch unser Leben damit ein Stück vergangen ist.
➤ Die Zeit schafft Veränderung und macht Wandel möglich. Ohne Veränderung und Wandel aber gibt es keinen Fortschritt.	
➤ Die Zeit ist das kostbarste Gut unseres Lebens. Sie ist unser Leben selbst. Wir müssen sie deshalb nutzen, so gut es geht.	➤ Die Zeit des Lebens ist viel zu kurz. Es gibt viel zu viele Möglichkeiten, als dass wir sie alle in unserem Leben durchleben könnten.
➤ Jeder Moment in unserem Leben kann zur Vorahnung der Ewigkeit werden, wenn wir die Zeit vergessen, wenn wir nicht mehr auf die Uhr sehen und Zeit keine Rolle spielt, wenn wir Erfüllung in unserem Leben erfahren.	➤ Die Zeit unseres Lebens läuft unaufhaltsam auf den Tod zu. Zunächst erscheint uns die Lebenszeit im Überfluss vorhanden zu sein. Wir denken nicht an das Ende. Dann aber kommt das Ende in Sicht, und die Zeit verfliegt und lässt sich nicht mehr aufhalten.
➤ Nur weil es Zeit gibt, können wir uns selbst entwickeln. Nur weil es Zeit gibt, können wir uns selbst verändern, uns selbst verwirklichen und so uns selbst finden.	➤ Nichts bleibt von uns und all dem, was wir durchlebt haben, übrig. Nicht einmal die Erinnerung.

Aufgaben:

● Führen Sie die beiden Spalten weiter.

● Finden Sie konkrete Beispiele zu den einzelnen Aussagen.

● Eröffnen Sie eine Debatte zum Thema »Fast-Food«.

Sehnsucht nach Eigenzeit

In unserer Gegenwart machen wir zunehmend die Erfahrung der Zeitnot. Zum einen bestimmt immer stärker Zeitknappheit, Stress und Hektik unser Leben, zum anderen aber verbreitet sich auch immer mehr die Erfahrung von leerer Zeit, von Langeweile, die künstlich durch eigens dazu geschaffene Unterhaltungsmittel vertrieben werden muss. Aus dieser Erfahrung der Zeitnot wird die Sehnsucht und der Wunsch nach *eigener* Zeit, nach »Eigenzeit« immer lauter. Doch was meinen wir damit? Was ist wirklich eigene Zeit? Was ist Zeit, die uns selbst gehört? Denken wir dazu an unsere eigenen Erfahrungen mit der Zeit.

Zeit, in der immer Gleiches geschieht, in der wir die gleichen alltäglichen Abläufe ausführen, schrumpft in der Erinnerung zu nichts zusammen. Die Zeit scheint verflossen zu sein, ohne dass wir wissen, wo sie geblieben ist, ohne dass sie Spuren hinterlassen hätte. Die Jahre scheinen rasch und schnell vergangen zu sein.

Zeiten hingegen, die uns im Gedächtnis bleiben und uns erfüllen, sind zumeist solche Zeiten, in denen für uns Besonderes, Wichtiges, Entscheidendes passiert. Es sind Zeiten, in denen wir die Annahme durch andere Menschen erfahren, in denen wir unsere eigene Freiheit spüren und verwirklichen. Es sind Ereignisse, die uns in unserer Existenz betreffen und uns verändern, Ereignisse zumeist der Begegnung mit anderen.

Solche Ereignisse sind es, die gerade nicht im alltäglichen Zeitkontinuum aufgehen und verschwinden, sie sind es, die vielmehr die individuelle Lebensgeschichte zu einer Lebens*geschichte* machen. Sie geben der persönlichen Biografie Kontinuität und Einheit, bilden einen roten Faden durch das eigene Leben. Durch sie bildet sich das heraus, was wir die Identität eines Menschen nennen. Denn solche Ereignisse sind es, die wir im Gedächtnis behalten, an die wir uns immer wieder erinnern. Sie bestimmen so unser Denken und Handeln mit. Aber sie bestimmen zugleich auch mit über unsere Zukunft. Wege, wie sich unser Leben entwickelt, werden durch sie vorgezeichnet, konkrete Möglichkeiten eröffnet.

Ein Beispiel dafür kann die Geschichte Israels sein, die durch das Ereignis des Exodus, das Zukunft eröffnet und immer wieder erinnert wird, erst zur Geschichte wird und so die Identität des Volkes Israel begründet. Hier wird anschaulich, was aber in jeder individuellen Lebensgeschichte wirksam ist: Auch hier sind es einzelne Ereignisse und Begegnungen im Leben, die bleiben, die zu uns gehören und unsere Grundlage bilden, die unsere individuelle Zeit ausmachen und die uns zugleich auch Zukunft geben.

Identität und Einheit der Lebensgeschichte bedeutet dabei nicht eine glatte »Bilderbuch-Biographie« ohne Brüche und Krisen im konkreten Ablauf der Lebenszeit. Aber es bedeutet doch, dass auch die Brüche und Krisen nicht einfach vergessen und abgeschüttelt werden, sondern als das, was zu uns gehört, angenommen und integriert werden. Erst so bildet sich unsere Eigenzeit heraus.

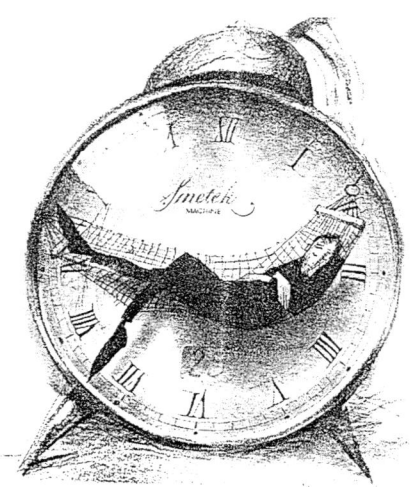

Qualitatives Zeitverständnis

Die eine Weise, die Zeit zu erleben, beruht darauf, dass man sich an den vorgegebenen Rhythmen der äußeren oder inneren Natur orientiert: am Aufgang und Untergang der Sonne, an den Jahreszeiten und den entsprechenden Tätigkeiten, am Biorhythmus des eigenen Körpers, an Gesundheit und Krankheit. Meist sind es dabei zyklische, sich immer wiederholende Vorgänge, die aber nicht in langweiliger Gleichförmigkeit, sondern je neu und in Variationen wiederkehren.

In dieser Sicht ist die Zeit nicht eine leere, abstrakte Form. Die Zeit wird vielmehr grundsätzlich als inhaltlich bestimmte, mit konkreten Erfahrungen und Situationen gefüllte und qualifizierte Zeit erlebt: als Zeit des Leids oder als Zeit des Glücks, als Zeit der Freude oder als Zeit der Trauer. Zeit ist in dieser Sicht dann auch keine unendliche, gleichförmige Strecke, die wir beliebig einteilen und so beherrschen können, vielmehr ist es die Zeit selbst, die uns durch die jeweiligen Ereignisse,

die in unser Leben eintreten, bestimmt. Die Zeit wird als etwas Unverfügbares erfahren. Nicht wir sind es, die die Zeit nutzen, verplanen, verwerten und so über sie bestimmen können, sondern die Zeit selbst schickt sich uns zu. Der Umgang mit der Zeit besteht dann darin, sich ihrem Maß anzugleichen, einzusehen, dass alles seine Zeit hat, die Zeichen der Zeit zu beachten, die Gunst der Stunde zu nutzen.

Diese Zeiterfahrung und der entsprechende Umgang mit der Zeit ist uns heute weitestgehend abhanden gekommen. Sie war bestimmend für die Menschen etwa des Mittelalters, die ohne Uhren lebten und sich stattdessen an den Zyklen der Natur orientierten. Exakte Uhren wurden erst im späten Mittelalter erfunden und finden ihre Verbreitung erst im Zuge des aufblühenden Handels und Wirtschaftslebens zu Beginn der Neuzeit. Seitdem sind sie grundlegender Bestandteil des ganzen ökonomischen Lebens und Produktionsprozesses.

Aufgaben:

● Benennen Sie konkrete Situationen, in denen Sie die beschriebene Erfahrung der Zeit gemacht haben.
● Worin sehen Sie positive und problematische Seiten dieser Erfahrung von Zeit?
● Wie lassen sich im alltäglichen Leben die Bedingungen für eine solche Erfahrung der Zeit schaffen?

Zeit zu leben

Quantitatives Zeitverständnis

Die andere Weise, die Zeit zu leben, beruht darauf, dass man die Zeit mit der Uhr misst. Die Folge davon ist, dass die Dauer der Zeit und die verschiedenen Zeitabschnitte nicht mehr an konkreten, subjektiven Erlebnisinhalten oder anschaulichen Erfahrungen etwa von natürlichen Rhythmen gemessen werden, sondern nach einem abstrakten, künstlich gesetzten, für alle Menschen gemeinsamen Maßstab. Die Zeit verläuft für alle im gleichen Takt und mit der gleichen Geschwindigkeit.

Mit der Uhr erscheint die Zeit als eine unendlich lange, gleichförmig ablaufende Strecke, die wir selbst beliebig in Stücke und Abschnitte einteilen können. Damit aber wird die Zeit für uns quantifizierbar, planbar und beherrschbar. Wir können die Zeit ordnen, nutzen, sparen, gebrauchen. Wir können die Zeit – etwa die Arbeitszeit – kontrollieren und verwalten.

Diese Sichtweise der Zeit hat unbestreitbar ihre Vorteile. Erst durch ein abstraktes, allgemeines Maß der Zeit nämlich wird es möglich, das Zusammenwirken aller Menschen in einer Gesellschaft – oder auch durch die Weltzeit weltweit – zu koordinieren und effektiv zu gestalten. Die Zukunft lässt sich planen und berechnen, die Unsicherheit und Ungewissheit der Zukunft lässt sich bannen.

Zum anderen aber zeigen sich heute immer mehr auch die Schattenseiten dieses Umgangs mit der Zeit. Unter diesem Gesichtspunkt nämlich wird die Zeit auch knapp. Wir geraten unter den drängenden Anspruch, die Zeit nutzen und verwerten zu müssen, wir dürfen die Zeit nicht vergeuden, verlieren, vertun oder verbummeln, sondern müssen »verantwortlich« mit ihr umgehen. Der Nutzen jedoch bemisst sich dabei meist an der Steigerung der wirtschaftlichen Produktivität, denn: »Zeit ist Geld!« Umgekehrt bemisst sich dann auch die Wichtigkeit und die Bedeutung einer Person immer mehr daran, dass er keine Zeit hat. Diese Einstellung zur Zeit, dieser Umgang mit ihr führt in der Gegenwart zu einer ungeheuren Beschleunigung der Zeit und unseres Lebens bis in die Gestaltung der Freizeit hinein.

Aufgaben:

● Benennen Sie weitere konkrete positive und negative Erfahrungen mit diesem Zeitverständnis.
● Wie lässt sich Ihrer Erfahrung nach der Zeitknappheit entgegensteuern?

Die Geschichte mit der Säge

Ein Spaziergänger geht durch einen Wald und begegnet einem Waldarbeiter, der hastig und mühselig in großer Eile damit beschäftigt ist, einen bereits gefällten Baum in kleine Teile zu zersägen. Der Spaziergänger tritt näher heran, um zu sehen, warum der Holzfäller sich so abmüht und sagt dann: »Entschuldigen Sie, aber mir ist da etwas aufgefallen: Ihre Säge ist ja total stumpf! Wollen Sie diese nicht einmal schärfen?« Worauf der Waldarbeiter müde aufschaut und sagt: »Dafür habe ich keine Zeit, lieber Mann – ich muss sägen!«

Wenn ich 53 Minuten übrig hätte

»Guten Tag«, sagte der kleine Prinz. »Guten Tag«, sagte der Händler. Er handelte mit höchst wirksamen, durststillenden Pillen. Man schluckt jede Woche eine und spürt überhaupt kein Bedürfnis mehr zu trinken.
»Warum verkaufst du das?«, sagte der kleine Prinz. »Das ist eine große Zeitersparnis«, sagte der Händler. »Die Sachverständigen haben Berechnungen angestellt. Man spart dreiundfünfzig Minuten in der Woche.« »Und was macht man mit diesen dreiundfünfzig Minuten?« »Man macht damit was man will ...«
»Wenn ich dreiundfünfzig Minuten übrig hätte«, sagte der kleine Prinz, »würde ich gemächlich zu einem Brunnen laufen ...«

Fragen: →

- ● Wo haben Sie die gleiche Erfahrung gemacht wie Kohelet?
- ● Gibt es Situationen in Ihrem Leben, wo Sie sich wie die Eingeladenen im Evanglium verhalten haben (»sich für entschuldigt halten«)?

Kohelet 3,1–8

Alles hat seine Stunde, und eine Zeit (ist bestimmt) für jedes Vorhaben unter dem Himmel:

Eine Zeit fürs Geborenwerden und eine Zeit fürs Sterben;

eine Zeit fürs Pflanzen und eine Zeit das Gepflanzte auszureißen.

Eine Zeit zu töten und eine zu heilen;

eine Zeit einzureißen und eine Zeit aufzubauen.

Eine Zeit zu weinen und eine Zeit zu lachen;

eine Zeit zu klagen und eine Zeit zu tanzen.

Eine Zeit Steine zu werfen und eine Zeit Steine zu sammeln.

Eine Zeit zu umarmen und eine Zeit der Umarmung sich zu enthalten.

Eine Zeit zu suchen und eine Zeit zu verlieren;

eine Zeit aufzubewahren und eine Zeit wegzuwerfen.

Eine Zeit zu zerreißen und eine Zeit zu nähen;

eine Zeit zu schweigen und eine Zeit zu reden.

Eine Zeit zu lieben und eine Zeit zu hassen;

eine Zeit für den Krieg und eine Zeit für den Frieden.

Zeugnisse der Bibel

Lukas 14,16–24

Das Gleichnis vom großen Gastmahl

Jesus sagte: Ein Mann veranstaltete ein großes Gastmahl und lud viele ein. Und zur Stunde des Gastmahls sandte er seinen Knecht aus, den Eingeladenen zu sagen: »Kommt, denn nun ist es bereit.« Da fingen auf einmal alle an, sich zu entschuldigen. Der Erste sprach zu ihm: »Ich habe einen Acker gekauft und muss unbedingt hingehen, ihn anzusehen; ich bitte dich, halte mich für entschuldigt.« Und ein anderer sagte: »Ich habe fünf Joch Ochsen gekauft und gehe gerade hin, sie zu erproben; ich bitte dich, halte mich für entschuldigt.« Und ein anderer sagte: »Ich habe eine Frau genommen und kann daher nicht kommen.« Der Knecht kam zurück und berichtet dies seinem Herrn. Da wurde der Hausherr zornig und sprach zu seinem Knechte: »Geh schnell hinaus auf die Straßen und Gassen der Stadt und führe die Armen und Krüppel und Blinden und Lahmen hier herein.« Und es sagte der Knecht: »Herr, es ist geschehen, wie du befohlen hast, und es ist immer noch Platz da.« Da sprach der Herr zum Knecht: »Geh hinaus an die Landstraßen und die Zäune und nötige sie hereinzukommen, damit mein Haus voll werde!« Ich sage euch nämlich: Keiner von jenen Männern, die eingeladen waren, wird von meinem Mahl kosten.

Gelassener Umgang mit der Zeit

1. Zeit empfangen

Ein erster Aspekt der Gelassenheit gegenüber der Zeit besteht darin, die Zeit zu empfangen, sie entgegenzunehmen, statt zu versuchen, sie zu unterwerfen und sich gefügig zu machen. Dazu gehört:

- Dass wir uns der Zeit als des Lebens selbst immer wieder bewusst werden. Es ist wichtig, den alltäglichen Gang der Zeit zu »unterbrechen«, um die Zeit selbst zu erfahren, ihren Rhythmus zu spüren. Sie ist Ermöglichung unseres Handelns, unserer Freiheit, unserer Selbstverwirklichung.
- Dass wir die Zeit als »handelndes Subjekt« zulassen. Nicht nur wir tun etwas mit der Zeit; die Zeit tut auch etwas mit uns. Die Zeit ist nicht nur Objekt unserer Einteilung, sondern Subjekt. Zeiten von Glück und Leid, Freude und Trauer lassen sich nicht einfach herstellen oder planen. Alles hat *seine* Zeit, die es zu bejahen und auszukosten gilt.
- Dass wir uns selbst und anderen Zeit lassen. Jeder Mensch braucht seine eigene Zeit, um das zu werden, was er sein kann. Entwicklungsprozesse lassen sich nicht beliebig beschleunigen oder terminieren. Dies erfordert von uns Geduld. Es erfordert,

dass wir warten können, dass wir unseren Anspruch aufgeben, alles jetzt sofort haben zu müssen. Es erfordert die Bereitschaft, auch lange Wege zu gehen.

2. Den Augenblick ergreifen

Ein zweiter Aspekt der Gelassenheit gegenüber der Zeit besteht in der Fähigkeit, den Augenblick zu ergreifen und damit das Kontinuum der alltäglichen, verplanten Zeit zu unterbrechen. Dazu gehört:

● Jeden Augenblick unseres Lebens als wichtig und entscheidend zu nehmen. Jeder Augenblick ist eine unwiederbringliche Möglichkeit zur eigenen Verwirklichung. Jeder Augenblick bietet die Chance, selbst zu handeln, Neues zu beginnen und die eigene Freiheit zu erfahren. Dies erfordert Entschlossenheit und Engagement und kann zu immer stärkerer Intensität und Präsenz des Lebens führen, in der man in jedem Augenblick ganz und gar das tut, was man tut, und nicht immer schon beim Nächsten ist.

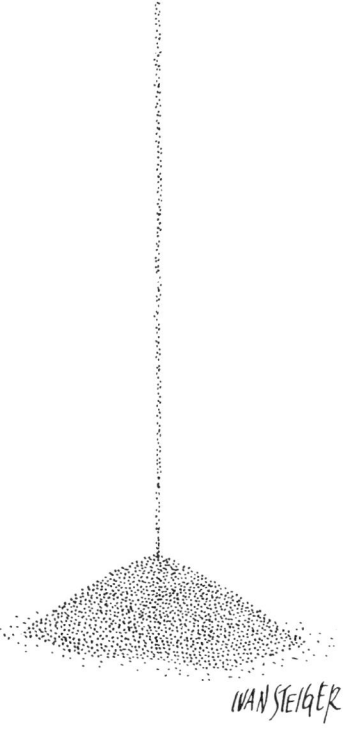

● Offenheit für den Kairos, für den rechten und entscheidenden Augenblick. Die rechte Zeit ist nicht einfach machbar und berechenbar. Es gibt den angemessenen und rechten Zeitpunkt etwas zu tun, der von uns ergriffen werden muss; sonst ist er vertan. Dazu gehört weiter die Offenheit für die Begegnung mit dem Unerwarteten, mit dem Fremden und Neuen und die Bereitschaft, sich in seiner Freiheit ansprechen, betreffen und herausfordern zu lassen.

● Die Fähigkeit, den Augenblick, in dem die Zeit stehen bleibt, ganz und gar hingegeben genießen zu können.

3. Zeit sammeln

Der dritte Aspekt der Gelassenheit besteht darin, die Zeit zu sammeln. Zeit verschwindet, wenn sie lediglich als Aneinanderreihung von einzelnen Momenten erlebt wird, die nichts miteinander zu tun haben. Die Zeit des Lebens muss aktiv gesammelt und zur Einheit gebracht werden, damit die Lebenszeit zu Lebensgeschichte und Zeit zu Eigenzeit wird. Bewusste Identitätsarbeit (»biografische Einheitsarbeit«) muss geleistet werden. Dazu gehört:

● Die eigene Vergangenheit nicht zu vergessen, sondern zu erinnern und – etwa im Fest oder in der Erzählung – zu wiederholen. Dabei gilt es, gerade auch die Brüche und Krisen des Lebens nicht abzustoßen und zu übersehen, sondern zu integrieren und bewusst zu halten.

- Die Gegenwart in Treue zu sich selbst und der eigenen Lebensgeschichte zu gestalten. Dies erfordert heute angesichts der unendlichen Fülle von gleichzeitigen Lebensmöglichkeiten – neben aller Offenheit für den Augenblick – auch Mut zur Entscheidung und Selbstbegrenzung. Es erfordert Festlegung auf einen Lebensstil, Engagement für eine Sache. Nur so wird die Zeit nicht hoffnungslos zu kurz.
- Die Gestaltung der Gegenwart in Treue zur eigenen Geschichte eröffnet so schließlich auch Zukunft. Gerade die Begrenzung ermöglicht Überschaubarkeit und schenkt Zeit statt sie zu entziehen. Sie eröffnet weitere Ziele im Leben, sie lässt uns unser Leben zielgerichtet planen.

4. Abschied nehmen

Ein letzter Aspekt der Gelassenheit gegenüber der Zeit besteht in dem Vermögen, Abschied nehmen zu können. Ohne dieses Vermögen gelingen auch die anderen Aspekte nicht.

- Zum wirklichen Empfangen der Zeit gehört auch, dass wir sie verschenken können. Empfangen geschieht nämlich so, dass wir das Empfangene nicht als Besitz festhalten wollen.

- Zum Ergreifen und Genießen des Augenblicks gehört, dass wir auch sein Vergehen annehmen und ihn nicht ängstlich an uns reißen wollen. Sonst ist gerade kein Genuss möglich.
- Das Sammeln der Zeit gelingt nur, wenn wir annehmen können, dass die Einheit unseres Lebens Fragment bleibt. Bei allem Planen müssen wir lernen, Abschied zu nehmen von eigenen Träumen und Wünschen, wenn sie denn durchkreuzt werden und unerfüllt bleiben.
- Es gilt schließlich auch, Abschied nehmen zu können von der Zeit selbst. Wir müssen lernen, angesichts des unausweichlichen Todes unser Leben selbst loslassen zu können. Wir müssen lernen, die Trauer über den unvermeidlichen Abschied und den Schmerz über das Vergehen der Zeit zulassen. Wir dürfen am Vergehen leiden und das Enden alles Wichtigen und Schönen betrauern. Denn all das, worüber wir echte Trauer empfunden haben, wenn es von uns geht, bleibt bei uns, weil es unser Herz erfüllt.

»Ich muss tun, was ich will –
für zehn Minuten.«

Ruth Cohn

Wie wir mit unserer Zeit besser umgehen können

Zeit genießen

Zwischenzeit

Welche Zeit ist eigentlich wirklicher?

Die Stunden,
in denen wir
arbeiten,
in Bewegung sind,
etwas bewegen,
zu etwas kommen,
etwas zu Stande bringen

oder

die Minuten,
in denen wir
zur Ruhe kommen,
zuschauen,
Zeit verstreichen lassen,
Menschen vorübergehen
sehen,
gedankenverloren –
alleine –
zu zweit,
nur so.

Vielleicht

bin ich
in diesen Momenten
viel wirklicher
als sonst –

> Zeit
> ist nicht
> die
> Hauptsache,
> sie ist
> das Einzige.
>
> **Miles Davis**

wirklich
bei dir –
bei mir,
lebe statt gelebt zu werden.

Wahrscheinlich

sind diese Augenblicke,
in denen ich alles vergesse –
mit dir
oder allein –
viel wirklicher
als alles andere.

Ulrich Sassenberg

Fragen:

- Was bedeutet Freizeit für Sie?
- Welche Vorstellungen haben Sie, wie Freizeit sinnvoll gestaltet werden kann?
- Wie verbringen Sie selbst Ihre Freizeit?

Ich würde gern ...

Ich würde lieber ...

Ich möchte mit meiner Familie, meinem Freund, meiner Freundin zusammen ...

Ich möchte weniger ...

Ich möchte eigentlich nicht mehr ...

Ich wünschte mir eher ...

Zeit nutzen

Zeitmanagement

ist ein Versuch, mit der Not der Zeitknappheit fertig zu werden. Inzwischen gibt es auch auf dem Markt eine Fülle von Büchern, die Anleitungen dazu geben, wie man seine Zeit besser nutzen kann.

Grundelemente des Zeitmanagements

Ziele setzen und einhalten

- Werden Sie sich über Ihre eigenen Ziele klar.
- Fixieren Sie Ihre Ziele schriftlich.
- Formulieren Sie konkret, positiv.
- Sind die Ziele realistisch?
- Terminieren Sie die Erreichung des Ziels.
- Kontrollieren Sie die Erreichung des Ziels.

Zeitplanung

- Fertigen Sie langfristige Zeitpläne an (Jahresplanung, Monatsplanung): Was will ich in dieser Zeit im Blick auf meine Ziele erreichen?
- Überlegen Sie sich eine Tagesplanung.
- Vermeiden Sie Störungen der Planung.
- Planen Sie Zeit für sich selbst und für Unvorhergesehenes ein.
- Kontrollieren Sie die Einhaltung Ihrer Zeitpläne.

Prioritäten setzen

- Bewerten Sie Ihre einzelnen Aufgaben für einen Tag nach Dringlichkeit und Wichtigkeit.
- Arbeiten Sie das Dringliche und Wichtige zuerst ab.
- Delegieren Sie das weniger Wichtige und Dringliche.
- Was weder dringlich noch wichtig ist, gehört in den Papierkorb.

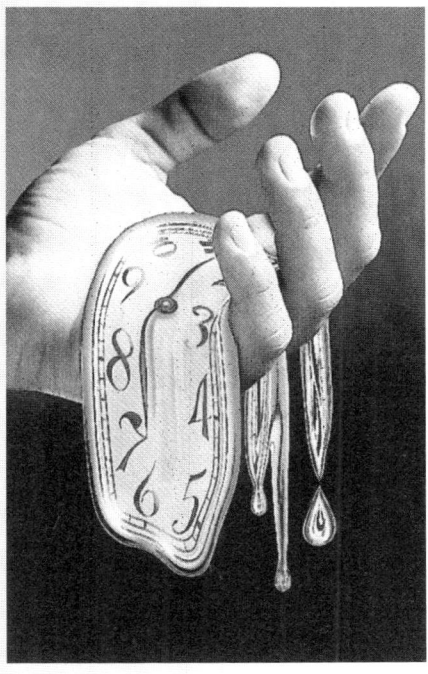

Aufgaben:

● Entwickeln Sie eine Checkliste der »Zeitfresser« und Zeitblockaden:

Bewertung mit Prozentangaben

Zeitfresser	häufig	selten	nie
1. Keine Ziele -------------------------			
2. Vielzuvielitis-----------------------			
3. Schlechte Koordination-------------			
4. Zu lange Besprechungen------------			
5. Alles muss man selbst machen------			
6. Ablenkung durch Lärm-------------			
7. Warten----------------------------			
etc. .. ---------------------------------			

● Entwickeln Sie danach Strategien, wie Sie diese Zeitfresser in Zukunft vermeiden können. Beziehen Sie diese Ergebnisse in Ihre Zeitplanung mit ein.

**Zeit fließt weg
wie Wasser.
Zeit vernichtet
den Körper
und erneuert
die Hoffnung.
Das Auge der Zeit
ist blind.**

7. Kapitel

Umgang
mit dem Geld

Medientipp:

Kurzspielfilm »Rund um die Uhr«, 30 Min (F), BRD 1992, Erich Neureuther [Reg.], SWF [Prod.]; Reihe »Alles Alltag ...« I, Teil 4 (VIDEO-Film).

Die Verpackungsfabrik Halsig & Söhne, bei der Vater und Sohn Tilkowsky arbeiten, plant eine neue Schichteinteilung: zukünftig sollen rund um die Uhr drei Schichten arbeiten. Während der Sohn die Vorteile im Blick hat (mehr Geld und Freizeit), lehnt der Vater aus religiöser Überzeugung die neue Regelung ab. Im Betrieb und in der Familie kommt es zu Spannungen ...

Literaturhinweis:

Wolfgang Krüger: Die Faszination des Geldes. Begierde, Sehnsucht, Leidenschaft. München (Kösel-Verlag) 1998.

Mit vielen Beispielen aus dem Alltag, der Literatur und High Society zeigt der Autor, welche Gefühle mit Geld verbunden werden. Eine lesenswerte Psychologie des Geldes, von der Sehnsucht nach Reichtum über die Beziehung zwischen Glück und Geld, bis zu den Lebensträumen, die mit Geld verwirklicht werden können.

Deutscher Erwachsenenkatechismus, Band 2: Sinn und Ordnung des Eigentums (S. 415–418); Sittliche Einzelaufgaben wirtschaftlichen Verhaltens (S. 419–426); Christlich verantwortete Wirtschaftsordnung (S. 426–429).

Zur Einführung

Geld gehört zu den Dingen, die für unser individuelles und gesellschaftliches Leben grundlegende Bedeutung haben. Erst Geld macht einen ausgedehnten Handel und Austausch von Waren, macht Wirtschaft, Entwicklung, Fortschritt und damit ein gesichertes und angenehmes Leben für viele möglich. Geld ist notwendig, um am Leben zu bleiben, aber auch, um am gesellschaftlichen und kulturellen Leben teilzuhaben. Eigentum macht frei und unabhängig vom Einfluss und von der Macht anderer; Geld stellt die Grundlage dar, um selbst handeln und in das gesellschaftliche Geschehen eingreifen zu können. Geld verleiht Ansehen und Macht.

Deshalb übt Geld eine große Faszination auf uns aus. Nicht nur, dass man finanziell mit dem allgemeinen Status der eigenen sozialen Schicht mithalten möchte; es ist einfach chic, wirklich viel Geld zu haben, sich alles leisten zu können, einen Hauch von Luxus um sich zu verbreiten, zu zeigen, dass man Geld hat. Es steigert das Selbstwertgefühl gegenüber anderen enorm. Doch, die Faszination, die vom Geld ausgeht, kennt keine Grenze: Je mehr man hat, umso größer wird der Wunsch, noch mehr zu haben. Das merkt jeder, der schon einmal mit noch so kleinem Einsatz durch Aktienspekulationen Gewinne gemacht hat. Das lässt sich aber auch am Verhalten der wirklich Reichen ablesen.

Weil der Wunsch nach Geld aber keine Grenze kennt, lässt es uns auch unbefriedigt, macht abhängig und setzt unter Druck. Um noch mehr Geld zu haben, um sich noch mehr leisten zu können, muss man Überstunden schinden, muss Karriere machen und viel Zeit investieren. Beziehungen bleiben dabei oft auf der Strecke. Schulden werden gemacht, um mit den anderen mitziehen zu können – bis hin zu hoffnungsloser Verschuldung (ca. 1 Mio Menschen in Deutschland). Konsum bis zum Umfallen – oft eine Ersatzbefriedigung für mangelnde menschliche Anerkennung und Zuwendung –, Neid, Betrugsdelikte (Steuern!) sind weitere Folgen, die zeigen, wie leicht sich beim Geld die Besitzverhältnisse umkehren können: Vom Besitzer des Geldes werden wir ganz schnell zu einem vom Geld Besessenen.

Wie können wir demgegenüber mit dem Geld so umgehen, dass es sich in unserem Leben wirklich positiv auswirkt? Wie können wir nicht nur sagen, dass Geld nicht alles ist, sondern auch so leben? Spüren wir nicht doch den Wunsch nach dem großen Geld in uns? Ist die »Bescheidenheit« unserer Lebensverhältnisse wirklich echt? Und: Verpflichtet Geld und Besitz nicht auch, zur Solidarität nämlich mit denen, die wenig oder gar nichts haben? All diesen Fragen wollen wir im folgenden Kapitel nachgehen.

Erfahrungen

Ich glaube, die Macht, Geld zu verdienen, ist eine Gabe Gottes ..., die weiterentwickelt und nach unseren besten Möglichkeiten zum Wohl der Menschheit gebraucht werden soll. Ausgestattet mit der Gabe, die ich nun einmal habe, glaube ich, dass es meine Pflicht ist, Geld zu verdienen und immer mehr Geld, um dieses Geld, das ich verdiene, zum Besten meiner Mitmenschen zu gebrauchen, entsprechend den Vorschriften, die mir mein Gewissen auferlegt.

David Rockefeller

Ratespiel:

Wie schwer ist eine Mark?

Geld regiert die Welt.
Über Geld redet man nicht, das hat man!
Geld ist Macht.
Geld oder Leben!?
Wer den Pfennig nicht ehrt,
...
Mach Geld – mach mehr Geld!
Geld stinkt (nicht).
Zeit ist Geld.

Aufgaben:

- Sammeln Sie weitere Aussagen zum Themenfeld »Geld«.
- Bilden Sie mit den oben genannten Sätzen eine Rangfolge. Wie begründen Sie ihre Entscheidung?
- Diskutieren Sie die folgende Aussage:
  »Die Kirche hat das angeborene Recht, von den Gläubigen zu fordern, was für die ihr eigenen Zwecke notwendig ist.« (Codex Iuris Canonici Nr. 1260)

Wir sind arm

Kanon für 4 Stimmen

Wir sind arm und ma-chen doch reich.

Wir ha - ben nichts und doch al - les.

Wer bei seinem Tode das meiste besitzt, hat gewonnen.

Ivan Boesky

Frage:

Ein altes Sprichwort sagt:
»Spare in der Zeit, so hast du in der Not.«

● Hat es Ihrer Meinung nach Sinn, für Notzeiten zu sparen?

Leihst du einem aus meinem Volk, einem Armen, der neben dir wohnt, Geld, dann sollst du dich gegen ihn nicht wie ein Wucherer benehmen. Ihr sollt von ihm keinen Wucherzins fordern. Nimmst du von einem Mitbürger den Mantel zum Pfand, dann sollst du ihn bis Sonnenuntergang zurückgeben; denn es ist seine einzige Decke, der Mantel, mit dem er seinen bloßen Leib bedeckt. Worin soll er sonst schlafen? Wenn er zu mir schreit, höre ich es, denn ich habe Mitleid.

(Ex 22,24–26)

Club der Reichen

20 % der Weltbevölkerung

besitzen 83 % des Reichtums (BSP)

verbrauchen 70 % der Energie

kontrollieren 81 % des Welthandels

verbrauchen 85 % des Holzes

erhalten 81% der Investitionen

verbrauchen 60 % der Nahrungsmittel

Einkommensgefälle

die reichsten 20 % der Weltbevölkerung

die ärmsten 20 % der Weltbevölkerung

60 : 1

© Dritte Welt Haus Bielefeld

127

Geld als Lebens-aufgabe

Wir sprechen zwar ständig über Geld, aber immer nur auf der Ebene der Technik. Unser Verhalten ähnelt hier dem gehemmter Jugendlicher, die hinsichtlich der Sexualität vorwiegend über die »Technik« reden. Insofern ist unsere Einstellung zum Geld pubertär. Wir lernen zwar, wie wir mit dem Geld umgehen können. Beispielsweise erfahren wir, wo man die meisten Zinsen bekommt und welche Aktien man kaufen soll. Doch die eigentlich spannenden und wichtigen Fragen bleiben ausgespart:

- Warum sind wir vom Geld so fasziniert?
- Macht Geld glücklich?
- Warum haben viele Menschen kein vernünftiges Verhältnis zum Geld?
- Welche gefühlsmäßige Bedeutung hat das Geld in unserem Leben?

Über solche Fragen wird viel zu wenig gesprochen. Wir sind auch nicht bereit, uns bei diesen Fragen emotional zu öffnen. Kaum jemand gibt öffentlich zu, dass er gern reich wäre und Geld für ihn eine enorme Ich-Stabilisierung darstellte. Und niemand wird erzählen, wie gern er immer wieder seinen Vermögensstand errechnet, nachdem die Aktienkurse gestiegen sind. Doch auch jene Menschen, deren Einkommen gesunken ist, werden nicht berichten, wie sehr sie das deprimiert. Ihre inneren Spannungen und Schwierigkeiten in der Partnerschaft behalten sie für sich. Und so erfahren wir nicht, dass es mit der Lohnkürzung auch zu sexuellen Problemen gekommen ist. Diese Sprachlosigkeit hinsichtlich des Geldes ist verhängnisvoll, denn sie führt letztlich dazu, dass wir die Bedeutung des Geldes enorm überschätzen.

> Da sagte Jesus zu ihnen:
> So gebt dem Kaiser,
> was dem Kaiser gehört,
> und Gott, was Gott gehört!
> Und sie waren sehr erstaunt
> über ihn.
> *Mk 12,17*

Es ist also eine radikale Enttabuisierung des Geldes erforderlich. Sie müsste bewirken, dass wir im privaten Kreis und auch in der Öffentlichkeit viel mehr über die Rolle des Geldes in unserem Leben sprechen. Wir sollten beginnen zu reflektieren, welche Erwartungen und Glücksgefühle wir mit dem Geld verbinden und eine vernünftige Einstellung gegenüber dem Geld gewinnen. Dazu ist es erforderlich, eine intensive Beziehung zum Geld einzugehen, es ernst zu nehmen und innerlich zu bejahen. Sonst wird unser Leben auf Dauer nicht nur finanziell gefährdet, sondern wir werden insgesamt zu wenig bodenständig leben. Schließlich ist das Geld ein Element der materiellen Erdverbundenheit, die unserem Leben die notwendige Bodenhaftung verleiht.

Zeichnung: Tomaschoff

Andererseits: Wenn wir das Geld zu ernst nehmen, wenn wir nur noch an das Geld denken, werden wir zu fantasielosen Materialisten. Denn die ausschließliche Beschäftigung mit dem Geld kann auch gefühlsabtötend wirken und uns den Zugang zur Welt der Ideale und Hoffnungen versperren. Wir müssen uns deshalb jene inneren Kräfte bewusst machen, die unser Verhältnis zum Geld steuern. Doch diese Auseinandersetzung mit dem Geld – und letztlich unserer verborgenen »Seelenmechanik« – ist nicht einfach und so aufregend, als würden wir eine dunkle Höhle betreten, in der ein Feuer speiender Drache wohnt. Tatsächlich ist das Geld eine faszinierende, aber auch teuflische Kraft, und es ist von entscheidender Bedeutung, ob wir sie bändigen können, indem wir eine vernünftige, vitale Einstellung zu ihr bekommen.

Wolfgang Krüger

Das Prinzip Haben

Unsere gesamte Kultur gründet sich auf die Lust am Kaufen, auf die Idee des für beide Seiten günstigen Tauschgeschäfts. Schaufenster ansehen und sich alles, was man sich leisten kann, gegen bares Geld oder auf Raten kaufen zu können – in diesem Nervenkitzel liegt das Glück des modernen Menschen. Er (oder sie) sieht sich die Mitmenschen auf ähnliche Weise an. Der Mann ist hinter einem attraktiven jungen Mädchen und die Frau hinter einem attraktiven Mann her. Dabei wird unter »attraktiv« ein Bündel netter Eigenschaften verstanden, die gerade beliebt sind ... Man will ein Geschäft machen; der erwünschte Gegenstand sollte vom Standpunkt seines gesellschaftlichen Wertes aus begehrenswert sein und gleichzeitig auch mich aufgrund meiner offenen und verborgenen Pluspunkte und Möglichkeiten begehrenswert finden. So verlieben sich zwei Menschen ineinander, wenn sie das Gefühl haben, das beste Objekt gefunden zu haben, das für sie in Anbetracht des eigenen Tauschwerts auf dem Markt erschwinglich ist. Genau wie beim Erwerb eines Grundstücks spielen auch bei diesem Geschäft oft noch entwicklungsfähige, verborgene Möglichkeiten eine beträchtliche Rolle. In einer Kultur, in der die Marketing-Orientierung vorherrscht, in welcher der materielle Erfolg der höchste Wert ist, darf man sich kaum darüber wundern, dass sich auch die menschlichen Liebesbeziehungen nach den gleichen Tauschmethoden vollziehen, wie sie auf dem Waren- und Arbeitsmarkt herrschen.

Trotz unserer tiefen Sehnsucht nach Liebe halten wir doch fast alles andere für wichtiger als diese: Erfolg, Prestige, Geld und Macht. Unsere gesamte Energie verwenden wir darauf zu lernen, wie wir diese Ziele erreichen, und wir bemühen uns so gut wie überhaupt nicht darum, die Kunst des Liebens zu erlernen. Halten wir vielleicht nur das für der Mühe wert, womit wir Geld verdienen oder was unser Prestige erhöht, und ist die Liebe, die »nur« unserer Seele nützt und die im modernen Sinne keinen Gewinn abwirft, ein Luxus, für den wir nicht viel Energie aufbringen dürfen?

Erich Fromm

Der Konsument
Von Ernesto Clusellas

ben ihre Freude hingegeben um Geld, ihr Lachen, ihre Ehre, ihr Gewissen, ihr Glück, ja Weib und Kind. Fast alle geben ihre Gesundheit dafür hin. ... Das Geld allein ist der wahre Gott des Papalagi, so dies Gott ist, was wir am höchsten verehren.«

Aus einer Rede des Südseehäuptlings Tuiavii

»Sprich einem Europäer vom Gott der Liebe – er verzieht sein Gesicht und lächelt. Lächelt über die Einfalt deines Denkens. Reich ihm aber ein blankes, rundes Stück Metall oder ein großes, schweres Papier – also – gleich leuchten seine Augen, und viel Speichel tritt auf seine Lippen. Geld ist seine Liebe, Geld ist seine Gottheit. Sie alle die Weißen denken daran, auch wenn sie schlafen. Es gibt viele, deren Hände sind krumm geworden und gleichen in ihrer Haltung den Beinen der großen Waldameise vom vielen Greifen nach dem Metall und Papier. Es gibt viele, deren Augen sind blind geworden vom Zählen des Geldes. Es gibt viele, die ha-

Schulden

sentieren. Außerdem musste ich ja Kosten schaffen – wegen der Steuern. Und dann die wunderbare Erfindung der Kreditkarten: Ich selber musste nie bezahlen. Das taten die Jungs von der Kreditkartenfirma – zumindest zunächst einmal ...

Und dann hatte ich gehört: »Der Gewinner fährt 1. Klasse durchs Leben.« Also fuhr ich 1. Klasse: Es gab keinen Sekt – nur Champagner. Es gab keine Steaks – nur Filetsteaks.

Ich wollte bereits in der Zukunft leben – wie ein vermögender Mensch. Bald meldete sich die Vergangenheit immer häufiger in Form von Rechnungen, Mahnungen und steigenden Kreditraten. Als guter Verkäufer mit gutem Einkommen gelang es mir immer wieder, einen neuen Kredit zu beschaffen. Ich fing an, Geld umzuschichten, das heißt, ich besorgte mir neue Kredite, um die Raten der alten Kredite bezahlen zu können. So verfing ich mich langsam aber sicher in einer Abwärtsspirale.

Bodo Schäfer

Schulden zu haben, ist heute für viele selbstverständlich. Drei von vier Haushalten in Deutschland haben Konsumschulden. Warum auch nicht? Wer will schließlich als Geizhals durchs Leben gehen?

Nach meinem Studium dauerte es ungefähr ein Jahr, bis ich mich mit 75.000 DM verschuldet hatte. Denn ich wollte auf keinen Fall so sein wie mein Vater. Immer, wenn der etwas kaufte, nahm er ein Notizbüchlein heraus und trug mit spitzem Bleistift ein: »Bodo, Eis, 0,40 DM, 3.8.1968«, sodass es jeder sehen konnte. Peinlich!

Nein, bei mir war von Geiz nichts zu spüren. Meine Freunde konnte ich im Restaurant meistens einladen. Ich brauchte ein großes Auto, ich musste schließlich reprä-

Überschuldung

Immer mehr private Haushalte geraten in Deutschland in Zahlungsnot. 1998 wurden gegen 1,26 Millionen Privatpersonen Zwangsmaßnahmen wegen Überschuldung eingeleitet. Das waren 3,5 Prozent mehr als im Vorjahr, geht aus der Frühjahrsstudie der Bürgel Wirtschaftsinformationen hervor. 1997 wurde im Vergleich zu 1996 eine Steigerung von 13,7 Prozent registriert. Die meisten Verfahren wurden in Nordrhein-Westfalen (328.102) eingeleitet.

Westfalenblatt, 23.3.1999

Wozu in aller Welt machen wir das eigentlich?

1985 galt Ivan Boesky als der »König der Arbitrageure«; die Arbitrage ist eine bestimmte Form der Geldanlage in Anteilen von Firmen, die Gegenstand eines Übernahmeangebotes sind. 1981 verdiente er 40 Millionen Dollar, als Conoco von du Pont aufgekauft wurde, 1984 verdiente er 80 Millionen Dollar, als Gulf Oil von Chevron aufgekauft wurde, und im gleichen Jahr 100 Millionen Dollar, als Getty Oil von Texaco erworben wurde. Er erlitt auch einige bedeutende Verluste, blieb aber im Magazin *Forbes* auf der Liste der 400 reichsten Amerikaner. Sein persönliches Vermögen wurde auf 150 bis 200 Millionen Dollar geschätzt. ...

Heute steht die Frage, wie wir leben sollen, deutlicher vor uns denn je. Wir haben die 80er-Jahre hinter uns – man hat sie das »Jahrzehnt der Habgier« genannt –, aber wir wissen noch nicht, wie die 90er werden sollen. Boesky selbst trug zur Bestimmung der 80er-Jahre bei mit seiner Antrittsrede an der betriebswirtschaftlichen Fakultät der University of California in Berkeley, in der er seinen Zuhörerinnen und Zuhörern sagte: »Habgier ist in Ordnung ... Habgier ist gesund. Man kann habgierig sein und sich dabei ganz wohl fühlen.« Zwanzig Jahre, nachdem die Bewegung der Redefreiheit diese Universität zum Zentrum des progressiven Denkens in Amerika gemacht hatte, applaudierten die Betriebswirtschaftsstudenten von Berkeley diesem Lob der Habgier. Sie waren darauf aus, Geld zu verdienen, möglichst viel Geld, und möglichst bald. Michael Lewis nannte das ... einen »seltenen und erstaunlichen Defekt« in »der weitgehend berechenbaren Maschinerie des Gebens und Nehmens«. Smarte Aktienhändler wie Lewis verdienten jährlich eine Million Dollar als Gehalt und an Prämien, noch bevor sie fünfundzwanzig waren. ... Doch auch das war Kleingeld im Vergleich mit den Summen, die die älteren Schwergewichte verdienten: Absahner wie Carl Icahn, T. Boone Pickens oder Henry Kravis, Baulöwen wie Donald Trump, der Junk-Bond-Finanzier Michael Milken oder Wall-Street-Könige wie John Gutfreund von Salomon Brothers.

In der geldorientierten Treibhausatmosphäre der Vereinigten Staaten der 80er-Jahre waren das Helden, über die in den Zeitschriften geschrieben und über die endlos gesprochen wurde. Doch am Ende fragten sich viele, wozu das alles eigentlich gut war. ...

In den 80er-Jahren arbeitete Peter Lynch 14 Stunden am Tag und machte den Fidelity-Magellan-Fonds auf Gegenseitigkeit zu einem 13-Milliarden-Dollar-Riesen. Doch mit 46 Jahren, in einem Alter, in dem die meisten Manager immer noch weiter aufsteigen wollen, stieg Lynch überraschend für seine Kollegen aus. Warum? Weil er sich gefragt hatte: »Wozu in aller Welt machen wir das eigentlich?«

Peter Singer

Jesus über den Reichtum

Einer aus der Volksmenge bat Jesus: Meister, sag meinem Bruder, er soll das Erbe mit mir teilen.

Er erwiderte ihm: Mensch, wer hat mich zum Richter oder Schlichter bei euch gemacht? Dann sagte er zu den Leuten: Gebt acht, hütet euch vor jeder Art von Habgier. Denn der Sinn des Lebens besteht nicht darin, dass ein Mensch aufgrund seines großen Vermögens im Überfluss lebt.

Und er erzählte ihnen folgendes Beispiel:

Auf den Feldern eines reichen Mannes stand eine gute Ernte. Da überlegte er hin und her: Was soll ich tun? Ich weiß nicht, wo ich meine Ernte unterbringen soll. Schließlich sagte er: So will ich es machen: Ich werde meine Scheunen abreißen und größere bauen; dort werde ich mein ganzes Getreide und meine Vorräte unterbringen. Dann kann ich zu mir selber sagen: Nun hast du einen großen Vorrat, der für viele Jahre reicht. Ruh dich aus, iss und trink, und freu dich des Lebens! Da sprach Gott zu ihm: Du Narr! Noch in dieser Nacht wird man dein Leben von dir zurückfordern. Wem wird dann all das gehören, was du angehäuft hast? So geht es jedem, der nur für sich selbst Schätze sammelt, aber vor Gott nicht reich ist. ...

Verkauft eure Habe, und gebt den Erlös den Armen! Macht euch Geldbeutel, die nicht zerreißen. Verschafft euch einen Schatz, der nicht abnimmt, droben im Himmel, wo kein Dieb ihn findet und keine Motte ihn frisst. Denn wo euer Schatz ist, da ist auch euer Herz.

(Lk 12,13–21.33f.)

Die Finanzierung religiöser Dienste wird bereits im Alten Testament erwähnt (Num 18,21–32; Dtn 14,22–29). Der so genannte »Zehnt« – eine Abgabe für Gott – diente zum Unterhalt der Priester am Tempel. Heute ist in Deutschland die Kirchensteuer – neben Spenden und Kollekten, Erbschaften und Stiftungen – das tragende Fundament der Kirchenfinanzierung. Doch die Paarung »Geld und Kirche« war schon immer spannungsvoll.

Historisch geht die Kirchensteuer auf die Enteignung der Kirchengüter zu Beginn des letzten Jahrhunderts zurück (Säkularisation/Reichsdeputationshauptschluss). Ländereien, Gebäude, Bibliotheken und Kunstgegenstände der Kirchen wurden enteignet, dafür übernahmen die Landesfürsten die wirtschaftliche Grundversorgung, so z.B. die Besoldung der Priester. Die deutschen Staaten befreiten sich später von der Pflicht, die Kirchen zu unterstützen, indem sie der Kirche das Recht zugestanden, eine eigene Steuer zu erheben. Artikel 137 der Weimarer Reichsverfassung von 1919 schaffte eine für das Deutsche Reich einheitliche Kirchensteuerregelung, die 1949 mit dem Artikel 140 des Grundgesetzes der BRD übernommen wurde. Lediglich bei der Einziehung der Steuer leistet der Staat noch Hilfe, für die die Kirchen den Staat bezahlen.

Kirchensteuer

Wofür geben die Bistümer Kirchensteuer aus?

Rund 40 bis 50 Prozent ihres Haushaltes setzen die Diözesen für den Bereich **Allgemeine Seelsorge** und damit direkt für die **Gemeinden** ein. Aus diesem Etatposten finanzieren die Bistümer die Gehälter der pastoralen Mitarbeiter, der Küster, Organisten, Pfarrsekretärinnen usw. Außerdem ist der Unterhalt von Kirchen, Pfarrzentren und anderen Gemeinderäumen in diesem Posten enthalten.

Weitere 5 bis 10 Prozent wenden die Diözesen für den Bereich »**Besondere Seelsorge**« auf. Dazu gehören Ausgaben im Bereich Jugendseelsorge, Männer- und Frauenseelsorge sowie Ausgaben für Krankenhaus-, Hochschul- oder Gefängnisseelsorge und für die Seelsorge an ausländischen Katholiken.

Mit rund 10 bis 20 Prozent engagieren sich die Bistümer im Bereich **Soziale Dienste**. Allein die Hälfte machen hier die Kosten zur Finanzierung der kirchlichen **Kindergärten** aus. ➤

Zwischen 10 und 15 Prozent sehen die Bistumshaushalte für den Bereich **Bildung, Schule, Kultur** vor: für den Betrieb der Schulen in kirchlicher Trägerschaft, für Bildungswerke, Bildungshäuser und Familienbildungsstätten, für Lehrerfortbildung und die Ausbildungsstätten für kirchliche Berufe. Mit den Ausgaben für Kultur tragen die Bistümer Einrichtungen wie Diözesanmuseen oder Pfarrbüchereien.

Mit 5 bis 8 Prozent ihres Haushaltes finanzieren die Bistümer **gemeinsame Ausgaben** der Kirche in Deutschland und unterstützen die Missions- und Sozialarbeit in der Weltkirche.

5 bis 10 Prozent der Haushalte entfallen schließlich auf den Bereich **Diözesanleitung**. Dieser umfasst die Bistumsverwaltung von der Personalverwaltung bis zur Öffentlichkeitsarbeit.

Immer mehr Menschen fallen in unserem Land unter die Armutsgrenze. Besonders betroffen sind alte Menschen, Teile der Landbevölkerung und Langzeitarbeitslose. Was sind die Folgen der Armut?

Wohnungsnot

Die meisten Haushalte, deren Einkommen unter der Armutsgrenze liegt, erleiden Wohnungsnot. Im Verhältnis zur Zahl der Familienmitglieder sind die Wohnungen viel zu klein. Nicht immer sind die Räume beheizbar. Die Notunterkünfte liegen in der Regel in Gegenden, in denen Grünflächen und Kinderspielplätze fehlen. Die Wohnverhältnisse haben Auswirkungen auf die seelische Verfassung der Betroffenen. Gereiztheit, Gewaltbereitschaft und Teilnahmslosigkeit bestimmen die Beziehungen zu den Mitmenschen.

Krankheit

Die miserablen Wohnverhältnisse erlauben nur mangelhafte Hygiene. Deshalb treten besonders bei Kindern bestimmte Krankheiten häufig auf: Hauterkrankungen, Erkrankung der Atmungsorgane, Frühasthma und Darmstörungen. Erschreckend hoch ist die Säuglingssterblichkeit. Erwachsene scheuen sich im Krankheitsfall oftmals, zum Arzt zu gehen. Sie heilen Krankheiten nicht aus, sondern schleppen sich dahin. Dadurch gefährden sie ihren allgemeinen Gesundheitszustand.

Teufelskreis der Armut

Verelendung

Die finanzielle Not hat seelische Folgen. Sie zeigt sich an der Teilnahmslosigkeit am Leben. Die Betroffenen sind nicht in der Lage, sich mit den Problemen des Alltags auseinander zu setzen und an der Verbesserung ihrer Situation zu arbeiten. Die eigene seelische Not führt nicht selten zu gewalttätiger Entladung gegenüber Schwächeren. Kinder sind besonders häufig die Opfer. ➤

Wie sich die Leute in so einem Saustall wohl fühlen können, werde ich nie begreifen.

Erziehungssituation

Aufgrund der seelischen Belastung sind viele Eltern unfähig, ihren Kindern die notwendige Pflege und Zuwendung zukommen zu lassen. Dies hat große Nachteile für die Entwicklung der Kinder. Das Erziehungsverhalten ist oftmals durch Gleichgültigkeit und Strenge gekennzeichnet.

Schulbildung

Von Anfang an sind die Kinder verarmter Familien schulisch benachteiligt, weil sie nicht die gleichen Voraussetzungen wie andere Kinder mitbringen: Ihre sprachlichen Möglichkeiten sind begrenzt, die Kinder fühlen sich gegenüber anderen ausgegrenzt. Leistungsversagen stellt sich ein. Die Schule wird für sie zur Qual, der sie durch Schwänzen zu entgehen versuchen.

Viele verarmte Kinder gelangen nicht zu einem Schulabschluss. Damit ist das Schicksal vorprogrammiert, das ihre Eltern erleiden: der Weg in die Verarmung.

Wie denken Sie über Geld, Reichtum und Wohlstand?

Bitte überprüfen Sie, was Sie über Geld denken. Kreuzen Sie die Sätze an, die auf Sie zutreffen. Schreiben Sie die Sätze so um, dass sie auf Sie zutreffen.

- Geld stinkt.
- Wenn ich reich bin, lieben Frauen/Männer nur mein Geld.
- Geld zerrinnt mir zwischen den Fingern.
- Schuster, bleib bei deinen Leisten.
- Wer den Pfennig nicht ehrt, ist des Talers nicht wert.
- Geld verdirbt den Charakter.
- Geld schafft Gutes.
- Geld ist nicht alles.
- Immer wenn ich Geld bekomme, hat es ein anderer verloren.
- Viel Geld kann man nur durch Rücksichtslosigkeit und Härte bekommen.
- Eher geht ein Kamel durch ein Nadelöhr, als dass ein Reicher in den Himmel käme.
- Geld macht hochnäsig und arrogant.
- Nur wer spart, wird reich.
- Gott liebt die Armen.
- Geld ist die Messlatte für meinen Erfolg.

- Wenn ich viel Geld habe, kann ich mich nicht mehr an den Kleinigkeiten freuen.
- Geld macht bequem.
- Geld ist schön und gut.
- Geld ist reine Energie.
- Reichtum macht einsam.
- Ich liebe Geld.
- Wer reich ist, hat keine wahren Freunde mehr.
- Reichtum schafft Neider.
- Reiche können nicht mehr schlafen.
- Das letzte Hemd hat keine Taschen.
- Viel Geld schafft Sorgen und Probleme.
- Reichtum geht auf Kosten meiner Gesundheit.
- Ich bin auch in Zukunft zufrieden mit dem, was ich habe.
- Wenn ich wollte und alles geben würde, könnte ich reich werden – aber ich will nicht.
- Reichtum geht auf Kosten meiner Familie.
- Geld bewirkt viel Gutes.
- Fast alles, was wir haben, ist dem edlen und guten Streben nach Geld zu verdanken.
- Geld macht glücklich.
- Wer denkt, Geld kann kein Glück kaufen, der weiß nur nicht, wo man einkaufen muss.
- Geld ist nicht alles, aber ohne Geld ist alles nichts.
- Ohne Geld bin ich ein kompletter Versager.
- Alles ist vorherbestimmt.
- Armut ist schlecht, erbärmlich und mies.
- Sparen ist nur für Penner und Untalentierte.
- Sei zufrieden mit dem, was du hast.
- Mit viel Geld würde ich faul und träge.
- Mehr, als ich habe, verdiene ich auch nicht.
- Wenn ich viel Geld haben wollte, müsste ich mich derart ändern, dass mein Partner mich nicht mehr so lieben würde.
- Gute und intelligente Menschen sollten immer vermögend sein.
- Es steht in den Sternen geschrieben, ob ich reich werde.
- Bescheidenheit ist eine Zier.
- Ein großer Überfluss an Geld ist obszön.
- Ich hätte niemals die Disziplin, um zu sparen.
- Ich habe kein Glück.
- Mit viel Geld würde ich dekadent.
- Wenn meine Kinder im Reichtum aufwachsen, werden sie verweichlicht und drogensüchtig.
- Reichtum ist ungerecht. So viele Menschen leiden Hunger.
- Es gibt Wichtigeres als Geld.
- Wenn ich mehr verdiene, muss ich nur mehr Steuern zahlen.
- Ich ziehe Geld an wie ein Magnet.

Frauen und Geld – Ein gestörtes Verhältnis?

● Für die gleiche Arbeit verdienen Frauen rund ein Drittel weniger als Männer.
● Ehefrauen gehen in die Steuerklasse V mit hohen Abzügen, sodass der Mann alle Steuervorteile hat.
● Frauen verzichten bei einer Scheidung im Vorfeld häufig auf den eigenen Unterhalt.
● Töchter werden mit einem geringeren Erbe abgespeist.
● Existenzgründerinnen vergessen bei der Kalkulation ihr eigenes Einkommen.

»Im Umgang mit Geld unterscheiden sich die Geschlechter: Männer sehen eine Risikosituation als etwas Zweiseitiges, das Gefahren und Möglichkeiten bietet: Man kann etwas verlieren, aber man kann auch gewinnen. Frauen sehen im Risiko ausschließlich etwas Schlechtes! Sie fürchten, alles bisher Erreichte wieder zu verlieren. Deshalb verfolgen Frauen beim Sparen und Geldanlegen andere Ziele als Männer: Frauen schaffen sich Rücklagen für Notfälle, sparen für größere Anschaffungen und scheuen davor zurück, ihr Geld profitabel und riskant anzulegen. Männer dagegen setzen bei Geldanlagen auf Rendite, Steuervorteile und Wertzuwachs. Sie haben generell besser für das Alter vorgesorgt als Frauen. Das hat Folgen: Drei Viertel aller Rentnerinnen haben heute nach einem arbeitsreichen Leben weniger als 1000 Mark im Monat zur Verfügung.

Warum nehmen Frauen ihre Absicherung und ihr Auskommen auf die leichte Schulter, warum begeistern sie sich für Projekte, von deren Lohn sie gerade mal die Miete und die Brötchen bezahlen können? Warum streiten sie nicht für ein gerechtes Gehalt, ein angemessenes Honorar, bessere Bankkonditionen oder ihr Erbteil? Warum entscheiden sie sich nicht für sichere und Gewinn bringende Anlagen? Warum suchen sie sich nicht das beste Angebot am Markt heraus? Beim Kauf von Windeln, Wohnungseinrichtungen und Waschmaschinen tun sie das doch schließlich auch.

Frauen haben ein höchst ambivalentes Verhältnis gegenüber finanzieller Unabhängigkeit. Viele Frauen sabotieren geradezu ihre eigene materielle Unabhängigkeit, weil sie Angst haben, dass sie sich durch ihre finanzielle Eigenständigkeit von ihrer Umwelt isolieren und allein und ungeliebt auf der Strecke bleiben könnten. Das Streben nach Macht und Einfluss, Erfolg und Geld ist für Frauen immer noch ein zentrales Tabu. »Nach wie vor kostet es Frauen Überwindung, Wünsche zu hegen und zu äußern und zu Bedürfnissen zu stehen, die außerhalb des klassischen Rollenverhaltens liegen. Es bereitet Mühe, für sich selbst zu fordern, klare Ziele zu formulieren«, stellt eine Gruppe von Autorinnen um die Wiener Sozialwissenschaftlerin Roswita Königswieser fest. Offenbar wirkt immer noch Aschenputtels Botschaft: Gut ist eine Frau nur dann, wenn sie lieb, fleißig, geduldig und bescheiden ist. Dann bekommt sie den reichen Prinzen zur Belohnung.«

Gerlinde Unverzagt

Paula

Paula, oh Paula,
mir fanga jeden Tag von vorne o,
und des Oanzige, was zählt auf dera Welt,
is a Geld.

Paula, Paula,
es ist zwar traurig, aber es is wahr,
des Oanzige, was wirklich zählt auf dera Welt für di, is Geld.

Es muss zwar no was anders geben auf dera Welt,
irgendwas, was no vui schöner is als ganz vui Geld.
Doch wenn ma jemand fragt: »Was wuist, Glück oder Geld?« –
dann gibt's für ihn nur oans – nur oans, was wirklich zählt.

Paula, oh Paula,
mir fanga jeden Tag von vorne o,
und des Oanzige, was zählt auf dera Welt, is a Geld.

Paula, Paula,
es ist zwar traurig, aber es ist wahr:
des Oanzige, was wirklich zählt auf
dera Welt für di, is a Geld.

Gruppe »Haindling«

8. Kapitel

Umgang mit Sexualität

Medientipp:

Diaserie: »Die Vision von der Liebe«, 30 Dias (F)., Text, München (DKV) 1994.

Die Reihe – nach einem Gemälde von Eric Wijnands – regt zur meditativen Betrachtung an. Das ausführliche Werkheft bietet Gesprächsimpulse, ein Gottesdienstmodell und weitere Anregungen für den Einsatz in Eheseminaren, RU und Gottesdienst.

Animationsfilm: »Das Hemd«, CSSR 1988, [7 Min. f.], Satrapova, Marie [Reg.] (VIDEO-Film).

Ein jung verliebtes Paar stolpert über seinen Wunsch nach ständiger Nähe. Mann und Frau können sich keine Sekunde aus den Augen lassen. Sie putzen zusammen, kochen zusammen, und nachts stecken sie sogar in einem Hemd, das die Frau genäht hat. Erst als sich beide in der symbiotischen Beziehung gegenseitig die Luft abschnüren und sich trennen, die leidenschaftliche Liebe in leidenschaftlichen Hass umgeschlagen ist, finden beide neue Wege zueinander.

Literaturhinweise:

Wolfgang Bartholomäus: Unterwegs zum Lieben. Erfahrungsfelder der Sexualität. München 1988.

Deutscher Erwachsenenkatechismus, Band 2: Du sollst nicht ehebrechen (S. 339–389).

»Scheint wieder eine jugendgefährdende Sendung zu sein«

Die Sexualmoral der Kirche wird heute in unserer Gesellschaft sehr kritisch gesehen. Die Vorstellung, volle Sexualität sei allein auf die Ehe begrenzt, erscheint für den überwiegenden Anteil der Bevölkerung und auch für viele Christen nicht mehr plausibel. Kaum jemand hält sich in der konkreten Praxis an kirchliche Vorschriften, wie etwa das Verbot des vorehelichen Verkehrs oder künstlicher Empfängnisverhütungsmittel. In der öffentlichen Meinung freilich bestimmen gerade die Normen der kirchlichen Sexualmoral das Image der Kirche erheblich mit und führen dazu, dass die Kirche auch in allen anderen Fragen der gesellschaftlichen Verantwortung ihre Autorität, die sie aufgrund ihrer Aussagen durchaus haben könnte, verliert. Viele Menschen fühlen sich zudem durch die Kirche und ihre Vorschriften der Sexualmoral diskriminiert – etwa Homosexuelle oder wiederverheiratete Geschiedene.

Auf der anderen Seite machen wir heute in unserer Gesellschaft auch die Erfahrung, dass Sexualität vielfach aus dem Zusammenhang der personalen Begegnung von Menschen in gegenseitiger Liebe herausgelöst wird. Die Gefahr besteht, dass Sexualität isoliert, versachlicht, technisiert und auf bloße Funktionalität reduziert wird. Ein Leistungsdenken macht sich breit, das für viele zu Überforderung und Enttäuschung führt.

Zur Einführung

Sexualität ist eine Grundgegebenheit menschlicher Existenz, die von sich her die Erfahrung von Lust, Glück, Liebe eröffnet und zugleich die Selbstfindung und die Gemeinschaftsbezogenheit des Menschen möglich macht. Dazu aber muss Sexualität bewusst gestaltet und kulturell integriert werden. Wie aber ist Sexualität zu gestalten, damit sie wirklich zur Erfüllung des Menschen wird und ihn nicht frustriert oder seine Würde und die des anderen vergessen lässt? Diese Frage müsste leitend sein in der Auffindung von Normen und Empfehlungen im Bereich der Sexualethik. Von hier müssten sie ihre Begründung erhalten.

Im folgenden Kapitel sollen einige Hinweise im Blick auf diese Frage gegeben werden. Zugleich sollen Aussagen der Kirche zur Sexualethik auf ihre Intention und ihren Begründungsansatz hin befragt werden.

Erfahrungen

M it der Hand auf dem nackten Bauch einer Frau warb die holländische Kirche im Advent 1998. Die Poster und Karten, mit denen besonders Jugendliche angesprochen werden sollten, waren schon nach kurzer Zeit vergriffen, sodass eine zweite Auflage notwendig wurde, die das Erzbistum Utrecht in Auftrag gab, gegen den Protest empörter Christen.

Etwa 100000 Pädophile treffen sich jede Nacht in Internet-»Gesprächsrunden«, um per Telefonleitung kinderpornographische Fotos auszutauschen. Das berichtete Kriminaloberkommissar Rainer Richard bei einem Besuch im Paderborner Heinz Nixdorf-Museumsforum. Richard arbeitet als Fahnder im Internet-Kommissariat des Polizeipräsidiums München, das als europaweit führende Dienststelle für die Aufdeckung von Internet-Straftaten gilt. Allein in Sachen Kinderpornographie wurden im vergangenen Jahr 136 Fälle aufgeklärt. *Westfalenblatt Nr. 281, 2.12.1998*

Keuschheit
Das Beste wird sein, man vermeidet das Wort »unkeusch« in Zukunft überhaupt und spricht statt dessen von: verletzend, roh, rücksichtslos, machohaft, »demütigend«(!), prosaisch, gefühllos, mechanisch, seelenlos, einfallslos, rein leistungsbetont, nur um die Pflicht zu erledigen ...

Eugen Drewermann

Aufgabe:

● Führen Sie ein Brainstorming zu Liebe und Sexualität durch. (Lust, Treue, Einsamkeit, Verliebtsein, Empfängnisregelung, Sextourismus, Vergewaltigung, Homosexualität, Perversion, Trennung, Pornographie, AIDS, Enthaltsamkeit, Bisexualität, Trieb, Petting, Ekstase, Verhütung, Prostitution, Voyeurismus, Telefonsex, Eifersucht etc.)
● Ermitteln Sie über eine Punktabfrage die »gefragtesten« Themen.

Von 1000 Ehen gehen zehn Paare auseinander

Noch nie wurden so viele Ehen geschieden wie 1997

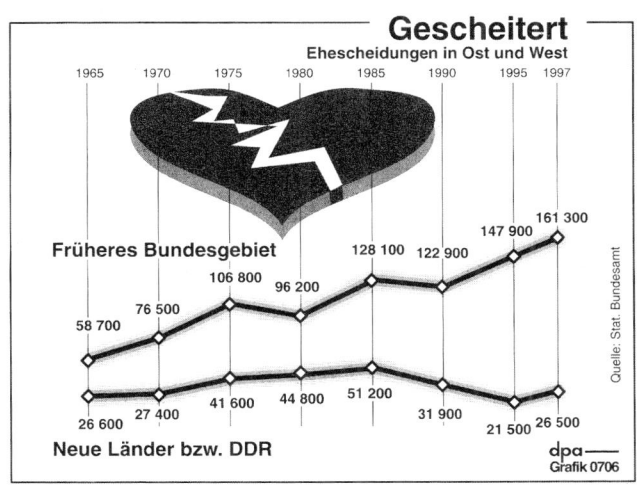

Gescheitert
Ehescheidungen in Ost und West

1965 1970 1975 1980 1985 1990 1995 1997

Früheres Bundesgebiet

58 700   76 500   106 800   96 200   128 100   122 900   147 900   161 300

26 600   27 400   41 600   44 800   51 200   31 900   21 500   26 500

Neue Länder bzw. DDR

Quelle: Stat. Bundesamt

dpa—
Grafik 0706

Wiesbaden (KNA).
Noch nie sind in Deutschland in einem Jahr so viele Ehen geschieden worden wie 1997. Wie das Statistische Bundesamt in Wiesbaden berichtete, wurden im vergangenen Jahr 187.802 Ehen geschieden, 12.252 beziehungsweise sieben Prozent mehr als 1996. Damit seien von 1000 Ehen zehn Paare auseinander gegangen, so das Bundesamt. Nach seinen Angaben waren vergangenes Jahr 163.112 minderjährige Kinder von der Scheidung ihrer Eltern betroffen, 9,6 Prozent mehr als 1996. Die Zahl der geschiedenen Ehen mit minderjährigen Kindern sei 1997 im Vergleich zum Jahr davor um 8,7 Prozent auf 105.000 gestiegen und habe damit deutlich stärker zugenommen als die Zahl der geschiedenen Ehen ohne Kinder. Sie sei um 4,8 Prozent auf 82.800 angewachsen, so die Statistiker. Nach ihren Angaben sind Familien mit zwei oder mehr Kindern von der Zunahme der Scheidungen stärker betroffen als Ehen mit einem Kind.

Nach wie vor stellten überwiegend Ehefrauen den Antrag auf Ehescheidung, teilte das Statistikamt mit. 1997 sei dies in 61 Prozent der Fälle so gewesen, in 87,5 Prozent dieser Fälle mit Zustimmung des Mannes. Mit fast 70 Prozent sei der größte Teil der Ehescheidungen einvernehmlich nach einjähriger Trennung vorgenommen worden. Wie die Statistik ausweist, bestanden 52,9 Prozent der vergangenes Jahr geschiedener Ehen länger als neun Jahre.

Wende dich, Schulammit!

Wie schön sind deine Schritte in den Sandalen, du Edelgeborene.

Deiner Hüften Rund ist wie Geschmeide, gefertigt von Künstlerhand.

Dein Schoß ist ein rundes Becken, Würzwein mangle ihm nicht.

Dein Leib ist ein Weizenhügel, mit Lilien umstellt.

Deine Brüste sind wie zwei Kitzlein, wie die Zwillinge einer Gazelle.

Dein Hals ist ein Turm aus Elfenbein. Deine Augen sind wie die Teiche zu Heschbon beim Tor von Bat-Rabbim.

Deine Nase ist wie der Libanonturm, der gegen Damaskus schaut.

Dein Haupt gleicht oben dem Karmel; wie Purpur sind deine Haare; ein König liegt in den Ringeln gefangen.

Wie schön bist du und wie reizend, du Liebe voller Wonnen!

Wie eine Palme ist dein Wuchs; deine Brüste sind wie Trauben.

Ich sage: Ersteigen will ich die Palme; ich greife nach den Rispen.

Trauben am Weinstock seien mir deine Brüste, Apfelduft sei der Duft deines Atems,

dein Mund köstlicher Wein, der glatt in mich eingeht, der Lippen und Zähne mir netzt.

Ich gehöre meinem Geliebten, und ihn verlangt nach mir.

Komm, mein Geliebter, wandern wir auf das Land, schlafen wir in den Dörfern.

Früh wollen wir dann zu den Weinbergen gehen und sehen, ob der Weinstock schon treibt,

ob die Rebenblüte sich öffnet, ob die Granatbäume blühen.

Dort schenke ich dir meine Liebe.

Die Liebesäpfel duften; an unserer Tür warten alle köstlichen Früchte,

frische und solche vom Vorjahr; für dich hab' ich sie aufgehoben, Geliebter.

Hohes Lied 7,2–14

Die Geschlechtlichkeit ist ein Weg, sich dem anderen zu nähern und zu öffnen, und somit ist ihr eigentliches Ziel die Liebe, genauer gesagt, die Liebe als Geschenk und Annahme, als Geben und Nehmen. Das Verhältnis zwischen einem Mann und einer Frau ist seinem Wesen nach ein Verhältnis der Liebe: »Die Geschlechtlichkeit, welche Ausrichtung, Überhöhung und Ergänzung von der Liebe erfährt, wird zu etwas wahrhaft Menschlichem«. Wenn eine solche Liebe sich in der Ehe erfüllt, bringt die leibliche Selbsthingabe die Wechselseitigkeit und Ganzheit der Hingabe zum Ausdruck; die eheliche Liebe wird also zu einer Kraft, die die Personen bereichert und weiterentwickelt, und zugleich trägt sie dazu bei, die Zivilisation der Liebe zu fördern; wenn dagegen Sinn und Bedeutung der Geschlechtlichkeit verloren gehen, tritt an ihre Stelle »eine Zivilisation der ›Dinge‹ und nicht der ›Personen‹; eine Zivilisation, in der von ›Personen‹ wie von ›Dingen‹ Gebrauch gemacht wird. Im Zusammenhang mit der Zivilisation des Genusses kann die Frau für den Mann zu einem Objekt werden, die Kinder zu einem Hindernis für die Eltern.

Päpstlicher Rat für die Familie: Menschliche Sexualität. Wahrheit und Bedeutung

Die Grundposition der kirchlichen Moral

Fragen:

- Wie bestimmt der Text das Verhältnis von Sexualität und Liebe?
- Warum ist Sexualität auf personale Liebe hingeordnet?
- Worin besteht nach dem Text der verfehlte Umgang mit der Sexualität?

Es ist nicht gut, wenn die Fliegen allein sind. (Nach Gen 1)

149

Sexualität ist mehr als Sex

Sexualität ist nicht nur ein Teil von uns. Sie prägt unser ganzes Wesen, wir sind sexuelle Wesen. Sexualität drückt sich in der ganzen Bandbreite unserer Möglichkeiten aus: in Worten und Gesten, durch die Sinne, die Hände, durch die Haut und die Geschlechtsorgane.

Manche sehen in der Sexualität das bloß Vitale und Animalische; andererseits erkennen wir, dass menschliche Sexualität in allen Kulturen und Religionen durch Erziehung, Riten, Bräuche, Moral und religiöse Tabus Regelungen erfährt.

Anders als beim Tier ist Sexualität beim Menschen nur begrenzt durch Instinkte gesteuert und biologisch festgelegt. Der Mensch kann und muss seine Sexualität wahrnehmen, annehmen und gestalten. Anders als beim Tier ist menschliche Sexualität nicht nach dem Modell »Hunger und Durst« zu verstehen, die befriedigt werden müssen. Zur menschlichen Sexualität passt das Modell »Begegnung und sprechen«.

Wo sexuelle Ausdrucksformen einem anderen gegenüber wahrhaftig gebraucht werden, machen sie Nähe und Vertrauen, Lust und Liebe sichtbar. Wo sie ohne innere Beteiligung ausgetauscht werden, sind sie eine Technik und die Partner reduzieren sich gegenseitig auf ihre sexuellen Funktionen.

Bei sexuellen Kontakten ist immer der ganze Mensch im Spiel. Sexualität ist also mehr als Sex. Ist der Mensch vielleicht deshalb nirgendwo sonst so verletzlich wie hier? ➤ vgl. S. 98 f.

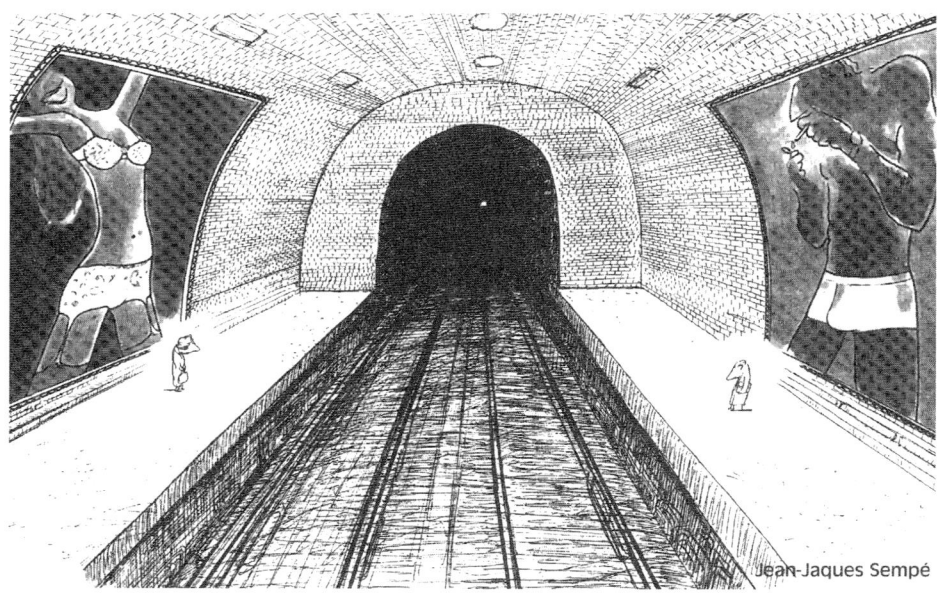

Jean-Jaques Sempé

Totfotografiert

Keine andere Generation ist mit so viel Nacktbildern groß geworden: Wann immer sie Sex haben, muss es ihnen vorkommen, als laufe ein Film ab. Sie haben den Akt tausendfach reproduziert gesehen, im Kino, auf Werbeplakaten, in Musikvideos. Jeder Zentimeter Haut ist abgelichtet, ihre Idole kennen sie längst nackt ...

Eine andere Sorge hat sich dafür ausgebreitet: die, sich zu blamieren. Jugendliche heute haben keine Angst vorm Sex, aber sie haben Angst, dabei schlechter auszusehen als die Männer und Frauen, denen sie auf Fotos, im Fernsehen und auf der Leinwand beim Akt zugeschaut haben. Was mache ich bloß, wenn ich es nicht hinbekomme, was im Film so mühelos und leidenschaftlich aussieht? 24 Prozent haben Angst, sich im entscheidenden Moment blöd anzustellen; die Briefe an »Dr. Sommer« sind voll mit Zweifeln, nicht normal, nicht hübsch und nicht erfahren genug zu sein. ...

Der pure Sex ist bis zum Gipfel der Erregungskurve analysiert; jedes Sekret, das dabei fließt, jede Sekunde des Höhepunkts ist untersucht. So wie PR-Fachleute davon sprechen, dass Claudia Schiffer nach einigen hundert Shootings »totfotografiert« sei, ist auch der Sex totfotografiert und totgeforscht.

Wer aufgeklärt ist, wird schnell abgeklärt. Sex ist kein Synonym mehr für die höchste Intimität zwischen zwei Menschen – er ist um sein Geheimnis gebracht. Der Blick der Kamera durchs Schlüsselloch gilt nicht länger als Verletzung der Privatsphäre, das Geschehen hinter der Tür schockiert nicht; stattdessen wird das Bild eines hungernden Kindes in Somalia als intim empfunden.

(Der Spiegel 50/1998)

Sinndimensionen menschlicher Sexualität

enschliche Sexualität hat verschiedene Sinnbestimmungen, die als Einheit gesehen werden müssen. Vereinseitigungen tun nicht gut – einem selbst und der Beziehung nicht. Das Synodenpapier »Sinn und Gestaltung menschlicher Sexualität« von 1973 formuliert die Sinnvielfalt der Sexualität so:
»Die Sexualität vermittelt dem Menschen existenzielle Erfahrungen:

● in der Selbstbestätigung und in der Bestätigung durch den Partner, durch die Zuweisung von sozialen Rollen und durch die Förderung der personalen Entwicklung;
● im Erlebnis der Lust;
● in der Liebe zum Partner, im Angenommensein durch den Partner und in den sexuellen Ausdrucksformen dieser Liebe;
● in Zeugung und Erziehung des Kindes, im Geprägtwerden durch das Kind und durch die Selbsterfahrung im Vater- und Muttersein.«

→ Vgl. auch: Die Deutschen Bischöfe, Zur Sexualerziehung in Elternhaus und Schule, hg. v. Sekretariat der Deutschen Bischofskonferenz, Bonn 1979, 8.

Identität
Durch seine Sexualität erfährt der Mensch, dass er lieben kann und selbst liebenswert ist. Der Mensch lernt, sich selbst zu mögen.

Beziehung
Der Mensch drückt auch durch seine Sexualität aus, dass er andere achtet und annimmt.

Lust
Durch seine Sexualität kann der Mensch Lust und Glück erfahren. Er wird zufrieden mit sich und kann andere glücklich machen.

Fruchtbarkeit
Durch seine Sexualität erfährt der Mensch seine schöpferische Kraft, die sich in der Zeugung von Kindern, aber auch in Energie oder im Einsatz für andere zeigen kann.

Haben wir das nötig, ein unwürdiges Spiel
Das laute Schweigen, die Freundschaft im Exil
Jegliche Versuche durch Sturheit abgeblockt
Ich hab es satt, bin müde, du und dein falscher Stolz

Ich hoffe auf ein Zeichen
Du bist dran, es liegt an dir
Dein Riesenbonus ist demnächst aufgebraucht

Jenseits jeder Logik
Die Gefühle strapaziert
Niemand hat doch wohl dein Herz ausgetauscht

Spring über deinen Schatten, spring!
Oh, bitte spring, sag es, sag es

Dass es dir Leid tut, sag es mir
Dass es dir Leid tut, zeig es mir
Lass uns Aug in Auge reden
In die Seele sehn
Uns ne Chance geben
Und wir werden uns wieder verstehn

Das Herz auf meiner Zunge spricht schneller als ich denk
Und das kann ziemlich wehtun, nicht immer ein Geschenk
Manchmal überreich ich des besten Freundes Mist
Weil bequemes Wohlergehen der geliebte Nächste ist

Wenn ich dich verletzt hab
Dann hoff ich, dass es heilt
Es dauert, bis man die eigne Schuld begreift

Wenn jeder nur die eigne Sicht vertritt
Wer fühlt dann mit, wer macht den ersten Schritt

Dass es mir Leid tut, ich sag es dir
Dass es mir Leid tut, ich zeig es dir
Lass uns Aug in Auge reden
In die Seele sehn
Uns ne Chance geben
Und wir werden uns wieder verstehn
Dass es dir Leid tut …

Gruppe »Pur«

153

Treue –
Pro und Contra

Die Wertschätzung der Treue ist offenkundig. ... Selbst wo ein Treuebruch nicht erheblichen äußeren Schaden anrichtet, erschüttert er doch das Vertrauen und führt zu einer Belastung, wenn nicht zur Zerstörung der Beziehung. In alldem zeigt sich die unverzichtbare Bedeutung, die der Treue sowohl für das Gelingen der zwischenmenschlichen und sozialen Beziehungen als auch für die Entwicklung der Persönlichkeit zukommt. So sind die verschiedenen Sozialsysteme vom Kleinbetrieb bis hinauf zum Staat auf verlässliche Kooperation angewiesen, ohne welche die hauptsächlichen Aufgaben nicht wahrzunehmen und

> Wenn wir untreu sind, bleibt er doch treu, denn er kann sich nicht selbst verleugnen.
> *2 Tim 2,13*

längerfristige Unternehmungen nicht durchführbar wären. Auch im engeren zwischenmenschlichen Bereich, und hier vor allem in der Lebensgemeinschaft der Ehe, schafft Treue eine Vertrauensbasis, die dem Partner Geborgenheit vermittelt und die Sicherheit und Freiheit bietet, um sich seinerseits ganz auf die Beziehung einzulassen. ... Nicht zuletzt ist es zur Persönlich-

keitsentwicklung unerlässlich, jenseits von Zufall und Vorläufigkeit ... zielbezogene Entscheidungen zu treffen und in einen bestimmten Lebensentwurf zu integrieren, um darauf die Energien zu konzentrieren. Diese zunehmend die eigene Lebenswahrheit herausbildende Verbindlichkeit, in deren Perspektive auch eine spätere Lebenswahl liegt, erweist sich als Gewinn an Identität, Sicherheit und Freiheit und damit auch an Beziehungs- und Bindungsfähigkeit.

Gleichwohl ist heute der Stellenwert der Treue nicht unumstritten. Sie erscheint vielfach als Unabänderlichkeit und kompromisslose Ergebenheit, die als Mittel zu fragwürdigen und unvertretbaren Zielen missbraucht werden und schwere Gewissenskonflikte hervorrufen kann, wobei die Gefährlichkeit oder Ungerechtigkeit der verlangten Pflichterfüllung nicht immer sogleich zutage tritt. Zurückhaltung erweckt auch die Erfahrung, dass Treue immer wieder gebrochen oder in vielen Fällen als Belastung und Einengung erlebt wird, was die Frage aufwirft, ob dadurch der Mensch nicht überfordert wird und somit nicht besser daran täte, solche Treuebindungen erst gar nicht einzugehen bzw. dabei klare Bedingungen zu setzen. Damit hängt zusammen, dass zum Wert der Treue heute andere Werte wie Kreativität, Offenheit, Flexibilität, Entfaltung oder Fortschritt in Konkurrenz treten. All das macht eine Besinnung auf das Wesen und die Bedeutung der Treue notwendig.

Neues Lexikon der christlichen Moral

Fragen:

- Welche Argumente werden für die Treue angeführt? Nennen Sie Lebenssituationen, die diese Argumente bestätigen.
- Welche Situationen lassen sich benennen, in denen Treue zu unverantwortlichem Tun wird?
- Wo liegen für Sie Grenzen der Treue? Wo wird Treue zu rasch aufgegeben?
- Wie würden Sie »Treue« definieren?

Homosexualität

6,9f.; 1 Tim 1,10). Die Verurteilung in Röm 1,26f. als widernatürliche Verkehrung des Gottesverhältnisses bezieht sich auf entehrende homosexuelle Praxis.

Die theologische Tradition (Augustinus, Thomas von Aquin) greift die in der stoischen Philosophie verbreitete Beurteilung der Homose-

Im AT wird homosexuelles Handeln uneingeschränkt verworfen (Gen 19,1–19; Lev 18,22; 20,13), während die personale Integration homoerotischer Zuwendung etwa in der Freundschaft von David und Jonathan (1 Sam 18,1–4; 2 Sam 1,26) zustimmend gewertet wird. Im NT wird sie im Rahmen der mit spätantiken Moralvorstellungen übereinstimmenden Tugend- und Lasterkatalogen verworfen (1 Kor

xualität als Handeln gegen die Natur (»contra naturam«) und ihre durch die Schöpfung eingestifteten Zwecke auf. Sie verstärkt diese Sicht durch eine primär auf Fortpflanzung ausgerichtete Beurteilung der Sexualität. In der Kirche setzt sich heute erst langsam eine verstehende gegenüber einer rein verurteilenden Einstellung durch.

MORD?

VIEL SCHLIMMER

SCHWUL ISSER

(4)

Aufgrund sozial- und humanwissenschaftlicher Erkenntnisse ist es heute zu unterschiedlichen Beurteilungen der Homosexualität gekommen. Wie kontrovers die anthropologische und normative Beurteilung aber auch sein mag, unstrittig sind die Gestaltungskriterien: Homosexuelle Beziehungen unterliegen wie andere Geschlechtsbeziehungen dem Prinzip der Personalität, der Nichtinstrumentalisierung des Partners, des Intimitätsschutzes, der größtmöglichen Verbindlichkeit, der Pflicht zur Ausgestaltung emotionaler und personaler Qualitäten. Entscheidend ist vor allem die Frage nach der Identitätsfindung des homosexuellen Menschen. Diese setzt nicht nur das Annehmen der eigenen sexuellen Orientierung voraus, sondern erfordert auch ein zureichendes Maß an Akzeptanz durch die Umwelt. Andernfalls bleibt hier vielen nicht selten nur die Flucht in die Verdrängung oder in die Anonymität. Gesellschaftliche Diskriminierungen und Stigmatisierungen sind deshalb prinzipiell nicht zu rechtfertigen.

Fragen:

- Ergibt sich daraus nicht gerechterweise die Forderung, gleichgeschlechtlichen Paaren, die in ihrer Lebensführung vor den gleichen Problemen stehen wie verschiedengeschlechtliche Paare (z.B. Steuer-, Miet- und Erbrecht), die gleichen rechtlichen Absicherungen zu gewähren?
- Verliert damit die Ehe ihre vorrangige Bedeutung für die Ausbildung menschlicher Sozialität?
- Halten Sie eine trauungsähnliche Amtshandlung an homosexuellen Paaren für legitim?
- Halten Sie eine offen gelebte Homosexualität mit einer kirchlichen Amtsträgerschaft für verträglich?

Kirchliche Positionen

Die tägliche Erfahrung zeigt leider, dass derjenige, der sich scheiden lässt, meist an eine neue Verbindung denkt, natürlich ohne katholische Trauung. Da es sich auch hier um eine weit verbreitete Fehlentwicklung handelt, die mehr und mehr auch katholische Bereiche erfasst, muss dieses Problem unverzüglich aufgegriffen werden ... Die Kirche, die dazu gesandt ist, um alle Menschen ... zum Heil zu führen, kann diejenigen nicht sich selbst überlassen, die eine neue Verbindung gesucht haben, obwohl sie durch das sakramentale Eheband schon mit einem Partner verbunden sind. Darum wird sie unablässig bemüht sein, solchen Menschen ihre Heilsmittel anzubieten. Die Hirten mögen beherzigen, dass sie um der Liebe willen zur Wahrheit verpflichtet sind, die verschiedenen Situationen gut zu unterscheiden. Es ist ein Unterschied, ob jemand trotz aufrichtigen Bemühens, die frühere Ehe zu retten, völlig zu Unrecht verlassen wurde oder ob jemand eine kirchlich gültige Ehe durch eigene schwere Schuld zerstört hat. Wieder andere sind eine neue Verbindung eingegangen im Hinblick auf die Erziehung der Kinder und haben manchmal die subjektive Gewissensüberzeugung, dass die frühere, unheilbar zerstörte Ehe niemals gültig war. Zusammen mit der Synode möchte ich die Hirten und die ganze Gemeinschaft der Gläubigen herzlich ermahnen, den Geschiedenen in fürsorglicher Liebe beizustehen, damit sie sich nicht als von der Kirche getrennt betrachten, da sie als Getaufte an ihrem Leben teilnehmen können, ja dazu verpflichtet sind. ... Die Kirche soll für sie beten, ihnen Mut machen, sich ihnen als barmherzige Mutter erweisen und sie so im Glauben und in der Hoffnung stärken. Die Kirche bekräftigt jedoch ihre auf die Heilige Schrift gestützte Praxis, wieder verheiratete Geschiedene nicht zum eucharistischen Mahl zuzulassen. Sie können nicht zugelassen werden; denn ihr Lebensstand und ihre Lebensverhältnisse stehen in objektivem Widerspruch zu jenem Bund der Liebe zwischen Christus und der Kirche, den die Eucharistie sichtbar und gegenwärtig macht. *Enzyklika »Familiaris consortio«*

In diesem Zusammenhang fällt auch die Entscheidung über die Frage der Teilnahme an der Feier der Sakramente. Es kann ... keine allgemeine und förmliche, amtliche Zulassung geben, weil damit die Treue der Kirche zur Unauflöslichkeit der Ehe verdunkelt würde. Ebenso wenig kann hier eine einseitige, vom Amt allein her verantwortete Zulassung im Einzelfall ausgesprochen werden. Aber in dem klärenden seelsorglichen Gespräch der Partner einer zweiten ehelichen Bindung mit einem Priester, in

wieder verheiratet

dem die ganze Situation gründlich, aufrichtig und objektiv aufgehellt wird, kann sich im Einzelfall herausstellen, dass die Ehepartner (oder auch ein Ehepartner für sich allein) sich in ihrem (bzw. seinem) Gewissen ermächtigt sehen, an den Tisch des Herrn zu treten. Dies ist ganz besonders dann der Fall, wenn die Gewissensüberzeugung vorherrscht, dass die frühere, unheilbar zerbrochene Ehe niemals gültig war. Eine ähnliche Situation liegt wohl nahe, wenn die Betroffenen schon einen längeren Weg der Besinnung und der Buße zurückgelegt haben; hinzu kommt das Vorliegen einer unlösbaren Pflichtenkollision, wo das Verlassen der neuen Familie schweres Unrecht heraufbeschwören würde.

Die Bischöfe der Oberrheinischen Kirchenprovinz, Zur seelsorglichen Begleitung von Menschen aus zerbrochenen Ehen, Geschiedenen und Wiederverheirateten Geschiedenen

Moraltheologische Anfragen

Ehe als eine personale Lebensgemeinschaft trägt wesentlich »Prozesscharakter«, d.h. das Zustandekommen und der Bestand der Ehe sind – so wie das gesamte Leben eines Menschen – von einem Entwicklungsprozess bestimmt. Das Zustandekommen der Ehe als einem personalen Bund hängt also entschieden mit ab von der unbedingten ganzheitlichen Liebe der beiden Partner. Dies ist ein anspruchsvolles Ziel, das nicht jeder Christ, der heiraten möchte, ohne weiteres erreicht. Diese ganzheitliche Liebe als ein verbindliches Hochziel und als Voraussetzung für den sakramentalen Ehewillen bedarf immer wieder einer Stärkung und Auffrischung. Von ihr als der »Materie der Ehe« hängt wesentlich auch der Weiterbestand der sakramentalen Ehe ab. Die vor der Gemeinschaft vorgenommene öffentliche Bekundung des Ehewillens bildet die Form des Sakraments; sie wurde im Verlauf der Geschichte durch die kirchliche Autorität festgelegt und wird auch immer wieder Änderungen erfahren.

Das sakramentale Geschehen aber setzt als menschliche Basis voraus: personale Liebe und Treue. Bildet aber die Liebe wirklich die materiale Basis der sakramentalen Ehe, so muss gefragt werden, ob denn Ehe als Sakrament noch besteht, wenn diese Materie wesentlich verderbt, d.h. die personale Liebe und Treue unwiderbringlich zerstört ist. Mit einem solchen »Tod« der Ehe wäre die Möglichkeit für einen echten Neuanfang gegeben, der sich allerdings genauso unter die verpflichtende Weisung Jesu stellen müsste, soll die Ehe Sakrament sein.

Johannes Gründel

Biblische Thesen zur Sexualität

1. »Gott schuf den Menschen in seinem Bilde als Mann und Frau« (1 Mose 1,27).

Deine Fähigkeit, Liebe zu geben und Liebe zu empfangen (=Sexualität) ist dir von Gott in der Schöpfung gegeben und ist »sehr gut« (1. Mose 1,31).

Lobe den, der dich glücksfähig geschaffen hat und dich an der Ekstase des Lebens beteiligt.

2. »Sie waren beide nackt, der Mensch und sein Weib, und sie schämten sich nicht« (1 Mose 2,25).

Wenn du Liebe machst, bist du ohne Waffen und verletzlich (»nackt«). Du machst dich verwundbar, aber dieses Risiko lässt sich nicht umgehen.

Du sollst in deinen sexuellen Beziehungen niemanden verletzen, demütigen, beschämen oder missbrauchen, auch dich selber nicht.

3. »Die Liebe kennt keine Angst. Wahre Liebe vertreibt die Angst. Wer sich aber fürchtet, der ist nicht in der Liebe« (1 Joh 4,13).

Lieben lernen bedeutet, immer weniger Angst zu haben.

Sei ohne Furcht vor deiner eigenen Sexualität, nimm sie als dein Geschaffensein an und lerne sie zu feiern. Dazu gehört Bewusstheit.

Du sollst wissen, was du tust, deine Wünsche kennen lernen und sagen, du sollst nichts halbbewusst oder bloß einem anderen zuliebe tun.

Du sollst nicht ungewollt Leben schaffen, und du sollst die Verantwortung für die Verhütung teilen.

4. »Stark wie der Tod ist die Liebe« (Hohes Lied 8,6).

Die Stärke der Liebe ist, dass sie uns ganzheitlich, in allen Dimensionen unseres Lebens betrifft und verändert. In Wegwerfbeziehungen zerstörst du den sakramentalen Charakter erfüllter Sexualität. Du sollst an die Ganzheit der

Beziehung glauben und an ihr arbeiten. Du sollst niemanden instrumentalisieren, auch dann nicht, wenn dein Lustobjekt sich damit einverstanden erklärt.

5. »Die Liebe verträgt alles, sie glaubt alles, sie hofft alles, sie duldet alles« (1 Kor 13,7).

Es ist falsch, die christliche Liebe (agape; caritas) von der irdischen (eros, sexus) abzuspalten, statt die Einheit beider zu suchen.

Du sollst, wo du Lust gibst und empfängst, auch Leid teilen können. Du sollst die Ekstase des Glücks nicht trennen von dem Trost, den Menschen füreinander bedeuten können.

6. »Die Liebe freut sich nicht der Ungerechtigkeit, sie freut sich aber über die Wahrheit« (1 Kor 13,6).

Deine intime persönliche Beziehung ist erfüllt nur, wenn sie dich mit allen Menschen, ihren Kämpfen, ihren Leiden verbindet. (»The more I make love the more I want to make the revolution.«)

Du sollst nicht von einer Insel träumen und die Liebe wie ein Privateigentum konsumieren wollen.

7. »Wir wissen, dass wir aus dem Tode ins Leben gekommen sind; denn wir lieben die Brüder. Wer den anderen nicht liebt, der bleibt im Tode« (1 Joh 3,14).

Glück ist die Gewissheit, gebraucht zu werden, ein Bedürfnis für andere zu sein, nicht nur Bedürfnisse zu haben. Wenn wir ersetzbar sind und nicht gebraucht werden, so sind wir tot.

Gott braucht deine wachsende Liebesfähigkeit für sein Reich. Du sollst Liebe nicht von Gerechtigkeit trennen und die sexuellen Beziehungen nicht vom politischen Handeln isolieren. Du sollst gegen den Tod, der in Ausbeutung, Hunger und Krieg herrscht, kämpfen mit der Leidenschaft deiner ungeteilten Liebe zum Leben.

Dorothee Sölle

9. Kapitel
Umgang mit der Wahrheit

Medientipp:

Kurzspielfilm »Der Knüller: Wahrhaftigkeit im menschlichen Miteinander«, 30 Min (F), BRD 1992, Neureuther, Erich (Reg.), SWF (Prod.), Reihe: alles Alltag … I, Teil 12 (VIDEO-Film).

Die Schülerzeitung hat einen Knüller: Studienrat Hoppe soll ein Verhältnis zu Angela, einer Schülerin haben, die als Babysitter bei ihm engagiert ist. Obwohl der Skandal durch die Aussage Angelas, sie habe alles nur erfunden, entkräftet wird, lässt sich der Verdacht nicht aus der Welt schaffen.

Literaturhinweise:

Irmtraud Tarr Krüger: Von der Unmöglichkeit, ohne Lügen zu leben. Zürich (Kreuz-Verlag) 1997.

In vierzig unkonventionell geschriebenen Betrachtungen weist die Autorin, eine promovierte Psychotherapeutin, auf die Notwendigkeit von Lügen und Täuschungen hin. Menschliche Kommunikation lebt von Ausschmückung und Geschichtenerzählen, Übertreibung, Verschweigen und Prahlen. Aufschlussreich und erfrischend wird das Thema Wahrheit und Lüge vermittelt. (Für die Hand der Teilnehmer/innen.)

Deutscher Erwachsenenkatechismus, Band 2: Du sollst kein falsches Zeugnis geben wider deinen Nächsten (S. 431–467).

Zur Einführung

Wahrheit ist die Übereinstimmung von Aussage und Sachverhalt, so hat bereits Aristoteles die Wahrheit definiert. Die Wahrheit sagen bedeutet entsprechend: Sagen, dass ist, was ist, und dass nicht ist, was nicht ist. – Diese Erklärung, was »Wahrheit« meint, leuchtet sicher unmittelbar ein. Sie repräsentiert ein Verständnis von Wahrheit, das heute insbesondere die naturwissenschaftliche Erkenntnis prägt. Dabei erfasst sie sicher einen ganz wichtigen Aspekt dessen, was Wahrheit ist. Und doch sagt sie – so scheint es – zu wenig. Sie reduziert »Wahrheit« auf die bloße Richtigkeit einer Aussage und die Unwahrheit auf deren Falschheit.

Dass Wahrheit aber mehr als nur Richtigkeit bedeutet, wird klar, wenn wir daran denken, dass vieles, was wir sagen, nicht nur den sachlichen Aspekt »richtig oder falsch«, sondern auch eine zwischenmenschliche Dimension besitzt. Das Stichwort »Wahrheit am Krankenbett« etwa kann darauf aufmerksam machen. Hier geht es nämlich nicht nur darum, genau zu sagen, was der Fall ist. Es geht nicht nur darum, eine möglichst exakte und zutreffende Diagnose zu stellen. Sondern es geht darüber hinaus vor allem darum, es dem Kranken so zu sagen, dass es ihm gerecht wird, dass er es akzeptieren und verarbeiten kann. Die Wahrheit dessen, was im Gespräch mit dem Kranken gesagt wird, besteht dann darin, dass es hilft, die Krankheit anzunehmen. Die Wahrheit des Gesagten besteht darin, dass es der menschlichen Situation des Kranken entspricht.

Ausgehend von dieser Einsicht erschließen sich dann aber noch mehr Dimensionen und Bedeutungen von Wahrheit. So sprechen wir auch davon, dass wir der Wahrheit unseres Lebens nicht ausweichen sollen. Wir sprechen von einem »wahren« Leben. Und wir sprechen im gegenteiligen Fall von »Lebenslüge«. Wahres Leben, die Wahrheit unseres Lebensstils, besteht hier darin, dass wir mit uns selbst übereinstimmen, dass wir den Anforderungen, die an unsere Verantwortung gestellt sind, nicht ausweichen.

Wahrheit – so wird in diesen Überlegungen deutlich – ist nicht nur eine Frage wissenschaftlicher Erkenntnis, sondern eine Frage des Umgangs mit uns selbst und mit anderen Menschen. Welche Anforderungen das Bemühen um Wahrhaftigkeit deshalb an uns stellt, darum soll es im folgenden Kapitel gehen.

Erfahrungen

Ohne die Tugend der Wahrheit ist keine Tugend wahr oder wahrhaft tugendhaft.

(André Comte-Sponville)

Sage die Wahrheit, und man wird dir den Kopf einschlagen.

(Aus Ungarn)

Mit Lügen kommt man durch die ganze Welt, aber nicht zurück.

(Polnisches Sprichwort)

Die Lüge ist wie ein Schneeball: Je länger man ihn wälzt,
desto größer wird er.

(Martin Luther)

Wer einmal lügt, dem glaubt man nicht,
und wenn er auch die Wahrheit spricht.

(Deutsche Redensart)

Wer die Wahrheit wollte begraben, müsste viele Schaufeln haben.

(Aus Russland)

Ich bin der Weg und die Wahrheit und das Leben.

(Jesus, nach Joh 14,6)

Die Wahrheit des Denkens

besteht darin, einen Gedanken nach seiner ganzen Tiefe, Höhe und Breite durchzuführen und vor keiner Konsequenz zurückzuscheuen.

Die Wahrheit des Tuns

ist anders. Sie besteht darin, die schmale Stelle der Möglichkeit zu suchen und die eigene Kraft in das rechte Maß zu bescheiden, wissend, dass der vollzogene Ansatz durch die innere Logik des Lebens weitergeführt wird.

Romano Guardini

Sende dein Licht
und deine Wahrheit,
damit sie mich leiten;
sie sollen mich führen
zu deinem heiligen Berg
und zu deiner
Wohnung.

Psalm 43

Man sollte dem anderen die Wahrheit wie einen Mantel hinhalten, damit er hineinschlüpfen kann, und sie ihm nicht wie einen nassen Lappen um die Ohren schlagen.

Max Frisch

Mein Verhältnis zur Wahrheit

● Bemühe ich mich, die Wahrheit zu erkennen, den Irrtum zu vermeiden und mich und andere vor irrigen Wegen zu bewahren oder zur Wahrheit zurückzuführen?

● Oder mache ich mir selbst etwas vor?

● Will ich mehr scheinen als ich bin?

● Kann man sich auf mich verlassen, auf mein Wort, auf meinen Rat?

● Oder habe ich gelogen, andere in die Irre geführt?

● Versuche ich, mich mit Winkelzügen, durch Verdrehen der Tatsachen oder durch Leugnung früherer Äußerungen und Taten der Verantwortung zu entziehen?

● Habe ich dadurch anderen vielleicht schweren Schaden zugefügt?

● Weigere ich mich, diesen Schaden wieder gutzumachen?

● Achte ich die Ehre des andern?

● Oder habe ich ihm geschadet durch unwahre oder unnötige Beschuldigungen, vielleicht sogar vor Gericht, durch Meineid?

● Habe ich den Schaden am Ruf und der Ehre anderer nach Möglichkeit wieder gutgemacht?

GOTTESLOB, Allgemeiner Gewissensspiegel

Wahrheit um jeden Preis?

Pro

➤Freilich ist jede Lüge parasitär. Sie lebt von dem Vertrauen in die Wahrhaftigkeit. Deshalb trifft in jeder Moral die Lüge das besonders strenge Verdikt, das sich gegen parasitäre Verhaltensweisen richtet. Aber diese Begründung trifft nicht den eigentlichen Kern der Verwerflichkeit der Lüge. Es ist eine sozialtechnische Begründung. Lüge ist sozusagen ein Fall von Unfairness im kollektiven Austausch von Mitteilungen. Dagegen lässt sich geltend machen, dass es doch Lügen gibt, die dem Besten des anderen dienen, die ihn schonen, ihm eine Hoffnung erhalten, ihm einen Schmerz ersparen wollten; oder auch Lügen, mit denen wir uns selbst aus einer unverhältnismäßig großen Verlegenheit befreien können.

➤Hier kommt es nun darauf an, sich den Zusammenhang von Wahrheit und Menschenwürde zu vergegenwärtigen. Um »zum Besten des anderen« zu lügen, müsste ich ja wissen, dass etwas anderes als die Wahrheit für den anderen das Beste ist. Das aber heißt, ihn als Objekt einer bevormundenden Fürsorge behandeln, die seine Menschenwürde gerade nicht respektiert. Natürlich muss ein Mensch nicht alles sagen, was er weiß. Und natürlich schuldet er seinem Nächsten Behutsamkeit und Hilfe beim Bestehen einer schmerzlichen Wahrheit. Niemandem aber schuldet er die Unwahrheit.

Robert Spaemann

Contra

➤Wir sollen in jedem Falle bei der moralischen Bewertung des Lügens den Bezug zum Mitmenschen als entscheidend ansehen. Sogar der nach einem Tatbestand Fragende hat dies zu berücksichtigen. Nur wo er ein Frage-Recht hat, besteht eine Antwort-Pflicht im Sinne der Wahrhaftigkeit. Erst recht fällt in anderen Situationen des Redens ins Gewicht, ob einem anderen Menschen in irgendeiner Hinsicht geschadet wird. Solche Schadenslügen sind entscheidend schwerer als »Notlügen«, durch die man von andern und von sich ungerechten Schaden fern halten möchte ...

➤Weil ... bei jeglichem Reden die Ehre des Nächsten immer zuerst auf der Waagschale liegt, fordert der Geist des Wahrhaftigkeitsgebotes, das zutiefst ein Treue-Gebot ist, auch dies, dass man über den Nächsten ohne Not nicht einfach hin alles sagen (und veröffentlichen!) darf, wovon man sichere Kenntnis hat. Der viel zitierte Grundsatz: »Was wahr ist, darf man (weiter)sagen«, widerspricht radikal dem biblischen Ethos, wenn man damit verborgene Verfehlungen des Mitmenschen ohne zwingenden Grund unbarmherzig andern Menschen oder der Öffentlichkeit preisgibt.

Alfons Deissler

Lügen –
auf jeden Fall!

Täglich ertappt man sich und andere dabei, es mit der Wahrheit nicht so genau zu nehmen. Einige sagen: Lügen sind unvermeidlich. Andere: Sie sind unentbehrlich. Der Mensch hat ein Recht auf die Lüge. Wieder andere: Lüge zerstört Gemeinschaft.

Wenn's zu meinem Schaden ist, wenn ich die Wahrheit sag, dann lüge ich auf jeden Fall. Da gibt's so viele Möglichkeiten im Leben, wo man lügen muss.

Ein Sechzehnjähriger

Der vernünftige Mensch kann in unserem Zivilisationsklima nur gedeihen, wenn er die Lüge nutzt, um das Dasein zu bewältigen, Unheil für sich und andere zu verhindern und sein Verhältnis zur Umwelt halbwegs erträglich zu gestalten.

Ein Journalist

Die Lüge ist nur dann ein Laster, wenn sie Böses stiftet; sie ist eine sehr große Tugend, wenn sie Gutes stiftet. Seien Sie also tugendhafter denn je! Man muss lügen wie der Teufel, nicht furchtsam, nicht nur zeitweilig, sondern herzhaft und immer. Lüget, meine Freunde, lüget!

Voltaire (1694–1778)

Mit der Wahrheit kommen Sie nicht weit! Damit machen Sie sich nur unbeliebt. Wo kämen wir denn hin, wenn alle Leute plötzlich die Wahrheit sagen wollten! Wer will denn heute etwas von der Wahrheit wissen?

Wolfgang Borchert (1921–1947)

Eine Gesellschaft, in der alle Wahrheiten schonungslos ausgesprochen werden, würde eher eine Hölle als ein Paradies sein.

Ein Psychiater

»Eine großartige Predigt, Pastor!«
»Wie schön, Sie zu sehen, Bruder Walter!«

Wahrhaftigkeit

Wahrhaftigkeit meint zunächst das Vermeiden der Lüge als einer bewussten und auf Täuschung angelegten Falschaussage bzw. als »Verweigerung der geschuldeten Wahrheit« (H. Grotius). Dabei geht es nicht darum, jeden Mangel an Richtigkeit in einer Aussage als Lüge zu umschreiben. Märchen, Fabeln und Mythen haben ihre eigene Wahrheit. Sie täuschen nicht, während eine vernachlässigte Zusage, ein ungehaltenes Versprechen, Verleumdungen oder Rufmord ebenso Lügen sind wie jede Verletzung von »Treu und Glauben« bei Abmachungen und Verträgen, und zwar auch dann, wenn äußerlich der Buchstabe von Gesetz oder Vertrag eingehalten wird. Eine solche scheinbare Ehrlichkeit wäre als »Doppelte Moral« der Wahrhaftigkeit abträglicher als ihre direkte Verletzung, weil sie die Sicherheit der Kommunikation und damit das zwischenmenschliche Vertrauen von innen her aushöhlt.

Umgekehrt ist aber nicht jede Verweigerung von wahrer Auskunft schon eine Verletzung der Wahrhaftigkeit. Zum Schutz einer vertraulich erhaltenen Information, insbesondere wo diese in den Bereich des Amts- oder Berufsgeheimnisses fällt, oder auch dort, wo es nur um die Wahrung der Diskretion vor ungehöriger Neugier geht, besteht um der Wahrhaftigkeit willen ein sittlicher Anspruch auf Wahrheitsverweigerung. Diese kann sogar zur eigentlichen ethischen Pflicht werden, etwa wenn der Verrat eines von totalitären Machtträgern Verfolgten dessen Verderben bedeuten würde. Dies trifft aber auch zu, wenn der Fragende eine Auskunft missbrauchen würde, oder wenn sie ihn nichts anginge. Es gilt auch, wenn etwa Eltern eine Information über ihre Kinder verweigert wird, weil die Integrität ihrer Persönlichkeit oder das besondere Vertrauensverhältnis zu einer Person (Arzt, Priester, Sozialarbeiter) die Wahrung des Geheimnisses sogar gegen das Sorgerecht der Eltern gebietet.

In solchen Fällen sieht die Tradition der Moraltheologie die Möglichkeiten der »Aussage mit geistigem Vorbehalt« (etwa wenn man auf eine Frage sagt, »Ich weiß es nicht« und denkt: »für dich nicht«) oder der »mehrdeutigen Rede« vor. Da solche »Tricks« jedoch die Gefahr eines opportunistischen Umgangs mit der Wahrheit enthalten, erscheint es sauberer, solche ungehörigen Fragen – wo immer es möglich ist – mit dem Stichwort »no comment« klar und damit ehrlich zurückzuweisen.

Harmloser, aber wirklicher Wahrhaftigkeit dennoch abträglicher als diese Fälle gestörter Kommunikation ist schließlich die Notlüge, hinter der aber kaum je eine wirkliche Notlage steht, sondern eher die Angst vor Verletzung einer Form. Anstatt berechtigterweise gegen die Konvention zu verstoßen, flieht man aus Bequemlichkeit oder Mangel an Zivilcourage in die Ausrede. Wirklicher Schaden entsteht dabei kaum, aber das Klima der Offenheit und der zuverlässigen Kommunikation leidet trotzdem.

Zerstörerische Folgen für die Wahrhaftigkeit sind dagegen dort zu fürchten, wo sich die Offenheit zum Schaden der Ehrlichen auswirkt. Im Kleinen kann solche Unterdrückung schon im Familienkreis beginnen, wo Kinder aus Angst vor elterlichen Vorwürfen oder Strafen und Ehegatten wegen befürchteter Zornausbrüche des Partners den Mut zum offenen Wort nicht mehr finden. Im Großen kennzeichnet sie politisch totalitäre Systeme, wo Wahrhaftigkeit im Einzelnen wie in den Medien der öffentlichen Meinung mit Zensur- oder Strafmaßnahmen systematisch ausgeschaltet wird und so die politische Meinungsbildung in Angst erstickt wird bzw. Wahrhaftigkeit nur unter dem Risiko des Martyriums möglich ist.

Trotz dieser Hinweise kann es im Sinne einer feinfühlig empfundenen Wahrhaftigkeit jedoch nicht genügen, die ethischen Überlegungen auf die Lüge zu beschränken. Das menschliche Kommunikationsspektrum ist viel breiter als die sprachliche Vermittlung in exakten Begriffen. Darüber hinaus spielen im persönlichen Gespräch auch Nuancen wie Tonfall, Stil, Gesten, aber auch geschichtlich kultureller oder schichtenspezifischer Sprachgebrauch eine wesentliche Rolle. Wahrhaftigkeit erfordert unter diesen Voraussetzungen deshalb auch sensible Wachheit für die Form der Kommunikation.

Positiv fordert Wahrhaftigkeit ein redliches Bemühen um sachliche Information, weil auch da, wo es um fahrlässig in Kauf genommene Unwahrheiten oder Halbwahrheiten geht, wo Schönfärberei oder selektive Information stattfinden, Zuverlässigkeit und Vertrauen zerstört werden. Dies gilt besonders für diejenigen, die in unserer Gesellschaft Informationsaufgaben wahrnehmen: Lehrer, Journalisten, Verkündiger, Politiker usw. In besonderer Weise gilt dies aber auch für Werbefachleute im wirtschaftlichen Bereich oder in der politischen Propaganda.

Ein eigenes Problem stellt schließlich die Frage dar, ob Wahrhaftigkeit dazu verpflichtet, in allen Fällen die volle Wahrheit mitzuteilen, auch dann wenn vorauszusehen ist, dass der Betroffene damit nicht zurechtkommt oder Missbrauch damit treiben könnte. Wahrhaftigkeit verlangt hier ein vorsichtiges, geduldiges gestuftes Mitteilen, das die Einfühlung in den anderen Menschen und eine feinfühlige Abstimmung erfordert.

Neues Lexikon der christlichen Moral

➤ Vgl. Grundkurs christliche Ethik, S. 56 und 90

Lüge oder Falschaussage

Lüge und Falschaussage sind nicht dasselbe, werden aber sehr oft gleichbedeutend verwendet und auch ohne Unterschied moralisch bewertet. Dies führt oft zu Schwierigkeiten in der Frage, ob man immer und in jedem Fall die Wahrheit sagen müsse oder nicht.

Tatsächlich ist zwischen Lüge und Falschaussage genau zu unterscheiden.

Der Ausdruck »**Falschaussage**« nämlich ist eine bloße Beschreibung. Mit diesem Ausdruck ist lediglich gesagt, dass jemand etwas sagt, was in Wirklichkeit nicht so ist. Über seine Gründe und Motive, etwas Falsches zu sagen, ist damit noch nichts ausgemacht.

Der Ausdruck »**Lüge**« dagegen ist immer schon ein ethisch wertendes Wort. Es meint eine Falschaussage, die – gerade durch die Bezeichnung als Lüge – als moralisch verwerflich beurteilt und charakterisiert wird. Diese Unterscheidung setzt bereits Augustinus voraus, wenn er in seiner berühmten Definition der Lüge sagt: »Lüge ist eine Falschaussage mit der Absicht zu täuschen.« Ausgehend von dieser Unterscheidung wird es deutlich, dass es durchaus Falschaussagen geben kann, die ethisch nicht als Lügen zu werten sind. Es kann Falschaussagen geben, die einen rechtfertigenden Grund haben und die deshalb ethisch legitim, wenn nicht sogar ethisch geboten sind.

Unaufhaltsam

Das eigene Wort,
wer holt es zurück,
das lebendige
eben noch ungesprochene
Wort?

Wo das Wort vorbeifliegt
verdorren die Gräser,
werden die Blätter gelb,
fällt Schnee.
Ein Vogel käme dir wieder.
Nicht dein Wort,
das eben noch ungesagte,
in deinen Mund.
Du schickst andere Worte
hinterdrein,
Worte mit bunten, weichen Federn.
Das Wort ist schneller,
das schwarze Wort.
Es kommt immer an,
es hört nicht auf, an-
zukommen

Besser ein Messer als ein Wort.
Ein Messer kann stumpf sein.
Ein Messer trifft oft
am Herzen vorbei.
Nicht das Wort.

Am Ende ist das Wort,
immer,
am Ende
das Wort.

Hilde Domin

Prost Neujahr, Kollege! Dann wollen wir mal wieder!

Worthandlungen

Es wird heute so viel geredet, dass man das Reden nicht mehr genügend ernst nimmt. Unser Denken hängt eben außerordentlich stark an der Verdinglichung. Realität räumen wir nur den harten Tatsachen ein, den Objekten, an denen man sich das Schienbein stoßen kann. In Bezug auf die Rede sagt man: Der hat es ja bloß gesagt, er hat es nicht getan, das ist doch ein Riesenunterschied. Nun, ich meine: Es ist kein Riesenunterschied. Die Rede ist auch eine Tat, eine Worthandlung. Man kann wohl nicht behaupten, dass Reden wirkungslos seien. Das Wirkungsgefüge unserer technischen Zivilisation ist durch das Informationsnetz bestimmt, fast alle Wirkungen heute gehen von Reden aus. Da wird eine offizielle Verlautbarung bekannt, wie irgendjemand vom Wechselkurs denkt, und sogleich ereignen sich Vermögensverschiebungen, einige Leute werden dadurch reicher und andere ärmer. Worthandlungen sind Handlungen wie andere Handlungen, ja, zum Teil sind es Handlungen, die besonders schwer wiegend und folgenreich sind, und daher müssen sie verantwortet werden.

Hans Sachsse

Aufgabe:

● Versuchen Sie, aus Ihrem Lebensbereich Beispiele für folgenreiche Worthandlungen zu benennen.

Ihr habt gehört, dass zu den Alten gesagt worden ist:
Du sollst keinen Meineid schwören, und:
Du sollst halten, was du dem Herrn geschworen hast.
Ich aber sage euch:
Schwört überhaupt nicht ...
Euer Ja sei ein Ja, euer Nein ein Nein;
alles andere stammt vom Bösen.

Mt 5,33f.37

171

Wir wollten uns immer die Wahrheit sagen

Text: Rolf Krenzer
Musik: Siegfried Fietz
(Die toten Hosen)

Ich sollte euch immer die Wahrheit sagen,
wenn ihr mich nach etwas fragt.
Ich wollte euch immer die Wahrheit sagen,
weil ihr auch die Wahrheit sagt.
Ihr wart doch so groß und ich war so klein,
und was ihr mir sagtet, das sah ich auch ein.
Ich hab euch geglaubt und hab euch vertraut,
dass ihr niemals lügt, darauf hab ich gebaut.

Ich sollte euch immer die Wahrheit sagen,
wenn ihr mich nach etwas fragt.
Ich wollte euch immer die Wahrheit sagen,
weil ihr auch die Wahrheit sagt.
Da wurd' ich so krank, ihr machtet mir Mut
und sagtet, sei tapfer, es wird wieder gut.
Da wusst ich nicht mehr, ob ihr's ehrlich meint,
denn ich habe gesehen, ihr habt heimlich geweint.

Ihr wolltet doch immer die Wahrheit sagen,
wenn man euch nach etwas fragt.
Ihr wolltet doch immer die Wahrheit sagen,
das habt ihr mir selber gesagt.
Ich fühl' mich so schlecht, mir tut alles weh,
und ich weiß nicht, ob ich das weiter durchsteh'.
Werd ich noch gesund, ist noch Hoffnung da?
Und ihr lächelt mich an und nickt und sagt Ja.

Ihr wolltet doch immer die Wahrheit sagen,
wenn man euch nach etwas fragt.
Ihr wolltet doch immer die Wahrheit sagen,
das habt ihr mir selber gesagt.
Was ist, wenn man stirbt, warum gerade ich?
Ihr erzählt mir vom Tod, doch schon tröstet ihr mich.
Ich weiß, dass ihr wisst, dass ich sterben muss,
doch ihr tut so, als wär' nichts und gebt mir einen Kuss.

Wir wollten uns immer die Wahrheit sagen,
auch wenn's noch so weh uns tut.
Wir sollten uns immer die Wahrheit sagen,
denn zu lügen ist jetzt nicht gut.
Ich spüre, wie einsam und schwach ihr seid,
ihr lügt, weil ihr liebt, und das tut mir so Leid,
Ich hab doch nur euch, jetzt lügt nicht zum Schluss.
Sagt mir ehrlich, wie's ist, wenn man sterben muss.

Wir wollten uns immer die Wahrheit sagen,
auch wenn's noch so weh uns tut.
Wir wollten uns immer die Wahrheit sagen,
denn zu lügen ist jetzt nicht gut.

Lebenslüge

Die Grundlage verantwortlichen Handelns ist die Wahrhaftigkeit, die innere Übereinstimmung von Tun und Denken in allen sich bietenden Lebenslagen. Die Wahrhaftigkeit ist wohl die am schwersten zu verwirklichende Lebenshaltung, weil der Mensch allzu gern sich selbst täuscht. Nichts fällt ihm so schwer wie das Eingeständnis seiner Grenzen und Schwächen; er kann sich, wie er wirklich ist, schwer ertragen. – So gibt er sich oft so, wie er sein möchte, und spielt ein Leben lang eine Rolle. Oder er baut sich eine Welt von Gedanken und Gefühlen auf, die mit seinem eigentlichen wirklichen Leben nur so viel gemein hat, dass er bequem ein Doppelleben führen kann, ein Scheinleben der Illusion in einer idealisierten Welt neben dem wirklichen Leben des Versagens. Der Weg der Verantwortung aber führt nur über das Streben nach Wahrhaftigkeit, über das dauernde Bemühen, das eigene Reden, Schweigen, Denken, Fühlen und Handeln in eine wirkliche Einheit zu bringen.

Fragen:

- Wie beurteilen Sie die Sehnsucht nach Ordnung, Ruhe und Frieden?
- Teilen Sie die Position von de Mello, der die Wahrheitsfrage mit der existenziellen Ruhe und Gelassenheit verknüpft?

Der Wahrheitsladen

Ich konnte kaum meinen Augen trauen, als ich den Namen des Ladens sah: Wahrheitsladen. Dort wurde Wahrheit verkauft.

Die Verkäuferin war sehr höflich: Welche Art Wahrheit wollte ich kaufen, Teilwahrheiten oder die ganze Wahrheit? Natürlich die ganze Wahrheit. Nichts da mit Trugbildern, Rechtfertigungen, moralischen Mäntelchen. Ich wollte meine Wahrheit schlicht und klar ungeteilt. Sie winkte mich in eine andere Abteilung des Ladens, wo die ganze Wahrheit verkauft wurde.

Der Verkäufer dort sah mich mitleidig an und zeigte auf das Preisschild. »Der Preis ist sehr hoch, Sir«, sagte er. »Wieviel?«, fragte ich, entschlossen, die ganze Wahrheit zu erwerben, gleichgültig, was sie kostete. »Wenn Sie diese hier nehmen«, sagte er, »bezahlen Sie mit dem Verlust Ihrer Ruhe und Gelassenheit, und zwar für den Rest Ihres Lebens.«

Traurig verließ ich den Laden. Ich hatte gedacht, ich könnte die ganze Wahrheit billig bekommen. Ich bin noch nicht bereit für die Wahrheit. Immer wieder sehne ich mich nach Ruhe und Frieden. Ich habe es noch nötig, mich mit Rechtfertigungen und moralischen Mäntelchen zu täuschen. Ich suche immer noch Schutz bei meinen nicht infrage gestellten Anschauungen.

Anthony de Mello

Pflege des sinnvollen Zweifels

Nächst der Gnade und Kunst des Staunens ist der sinnvolle Zweifel ein unersetzlicher Geselle auf unserem Weg zu mehr Licht, zu vollerer Wahrheit. Es gibt den frivolen Zweifel, der einen Abgrund der Ehrfurchtslosigkeit oder einen schweren Mangel an Feinfühligkeit bloßlegt.

Es gibt den Zweifel, der aus Misstrauen erwächst und Misstrauen weckt und vertieft. Es gibt ein Übermaß an Zweifel als Blickverschiebung. Statt den Blick vor allem auf all das Schöne, Gute, Wahre zu heften, das uns zugänglich ist, bohrt man an seinen und mit seinen Zweifeln unnötig herum.
Doch es gibt das Zweifeln als tugendhafte Haltung, als sinnvoller Ausdruck des klugen Suchens nach mehr Licht. Der sinnvolle Zweifel befreit von Naivität, Leichtgläubigkeit, von kritiklosem Nachsprechen.

Als Eltern, Erzieher, Lehrer und als Verkünder der Frohbotschaft werden wir nicht auf unsere nackte Autorität pochen. Im Gegenteil, wir werden das Nachfragen, auch aus einem Zweifel heraus, schätzen.

Wir selbst müssen uns ehrlich unsere Zweifel eingestehen, auch in Fragen des Glaubens. Der Zweifel ist nicht selten eine radikal ehrliche Haltung in der Suche nach mehr Licht, nach vollerer Wahrheit. Generell den Zweifel im Gespräch und Umgang mit anderen oder auch in unserem eigenen Herzen einfach zu unterdrücken ist krankhaft und macht krank. So ungesund der Zweifel als gestaltgewordene Abwehr gegenüber anspruchsvoller Wahrheit ist, so notwendig ist suchender Zweifel, ganz ehrliche Selbstbefragung und ehrliches Fragen im ernsten Dialog.

Bernhard Häring

Eine Gruppen-
übung

Das Gerücht

Bei größeren Gruppen sollten sich etwa sechs Spieler
zur Verfügung stellen, bei
kleineren Gruppen können alle mit-
spielen. Ein Mitglied der Gruppe übernimmt die Rolle des Spielleiters.

Zu Beginn des Spiels sollten alle Grup-
penmitglieder außer einem und dem
Spielleiter den Raum verlassen. Der
Spielleiter denkt sich einen kurzen Bericht, eine Geschichte o. Ä. aus,
schreibt ihn auf und liest ihn vor, oder
er liest eine Zeitungsnotiz vor.

Der erste Mitspieler, der den Bericht
gehört hat, soll ihn nun an einen zweiten Mitspieler, der hereingebeten wird,

weitersagen. Der Zweite soll den Bericht dann an einen Dritten weiterge-
ben usw.

Der letzte Mitspieler wird noch einmal
gebeten, das vor der Gruppe zu sagen,
was er von dem Bericht noch weiß.
Dieses Ergebnis wird dann mit dem ursprünglichen Bericht verglichen.

Interessant ist es, diesen Prozess mit
Tonband aufzuzeichnen.

Die Übung soll zeigen, wie aufmerksam wir zuhören und wie genau das
Gehörte wiedergegeben wird.

Gerhard Mester

175

Mobbing

Natürlich gibt es manchmal Stunk am Arbeitsplatz. Man ist verschiedener Meinung und kann sich nicht einigen. Oder die Zeit drängt, und im Stress lässt jemand Dampf ab. So etwas ist natürlich und schadet niemandem, solange es die Ausnahme bleibt und man hinterher mit ein paar Worten alles wieder ins Reine bringen kann.

Oder jemand wird unverschämt, wirft einem Kollegen eine Beleidigung an den Kopf oder macht sich über ihn lustig. Auch wenn es ärgerlich ist – so etwas gehört nun einmal zum menschlichen Zusammenleben dazu. Unverschämtheiten. Dumme Scherze, die gar keine Scherze sind. Kommt es eher selten vor, dann gibt es immer die Möglichkeit, sich hinterher auszusprechen, die Chance, den Ärger zu bereinigen. Krank wird man davon kaum.

Krank wird man, wenn die Gehässigkeiten, die dummen »Scherze« oder die Gemeinheiten zur Routine werden. Wenn sie beinahe täglich über die Bühne gehen. Dann spricht man vom Mobbing oder vom Psychoterror am Arbeitsplatz.

Allgemeine Definition:

»Der Begriff Mobbing beschreibt negative kommunikative Handlungen, die gegen eine Person gerichtet sind (von einem oder mehreren anderen) und die sehr oft und über einen längeren Zeitraum hinaus vorkommen und damit die Beziehung zwischen Täter und Opfer kennzeichnen.«

Diese Definition hebt die wesentlichen Merkmale des Mobbing hervor und unterscheidet es von anderen, ähnlichen Formen der Kommunikation. Die Merkmale sind: *Konfrontation, Belästigung, Nichtachtung der Persönlichkeit* und *Häufigkeit* der Angriffe über einen *längeren Zeitraum* hinweg. Also: Eine Unverschämtheit, einmal gesagt, ist und bleibt eine Unverschämtheit. Wiederholt sie sich aber jeden Tag über mehrere Wochen, dann sprechen wir vom Mobbing.

Da, pack mal mit an! Du verstehst doch so viel von Mobbing.

Heinz Leymann

Denn wie der Regen und der Schnee vom Himmel fällt und nicht dorthin zurückkehrt, sondern die Erde tränkt und sie zum Keimen und Sprossen bringt, wie er dem Sämann Samen gibt und Brot zum Essen, so ist es auch mit dem Wort, das meinen Mund verlässt. Es kehrt nicht leer zu mir zurück, sondern bewirkt, was ich will, und erreicht all das, wozu ich es ausgesandt habe. Voll Freude werdet ihr fortziehen, wohlbehalten kehrt ihr zurück. Berge und Hügel brechen bei eurem Anblick in Jubel aus, alle Bäume auf dem Feld klatschen Beifall.

Jesaja 55,10–12

10. Kapitel

Umgang mit der Angst

Medientipp:

Trickfilm »Selina, Pumpernickel und die Katze Flora«, 12 Min (F), BRD 1990, WDR (VIDEO-Film).

Ein Film nach einer Bildergeschichte von Susi Bohdal. Das Mädchen Selina und ihr Freund, der Mäuserich Pumpernickel, werden von der Katze Flora verfolgt. Dabei wächst mit der zunehmenden Angst die räuberische Katze, zuletzt bis ins Gigantische. Von dem Augenblick an, wo das kleine Mädchen aber auf Pumpernickels Rat der Gefahr buchstäblich »ins Auge sieht« und mutig auf die Bedrohung zugeht, wird diese immer kleiner und verschwindet am Ende ganz.

Literaturhinweis:

Rudolf Walter (Hrsg.): Lebenskraft Angst. Wandlung und Befreiung. Freiburg (Verlag Herder) 1987.

Zwölf bekannte Autoren der Gegenwart gehen in ihren Beiträgen konkreten Ängsten auf den Grund. Die gut lesbaren Beiträge machen deutlich, dass wir lernen können, mit unseren Ängsten umzugehen, wenn wir anders mit unserem Leben umgehen. (Für die Hand der Teilnehmer/innen.)

Zur Einführung

Angst gehört zu den neuen Zivilisationskrankheiten. Immer mehr Menschen leiden heute bei uns dauerhaft unter krankhaften Phobien und unter panikartigen Zuständen. In der Folge kommt es oft zu Medikamenten- und Alkoholabhängigkeit, zum Verlust der sozialen Bezüge bis hin zur völligen Vereinsamung, in manchen Fällen sogar zum Suizid. Neben solchen krankhaften Formen aber greifen in unserer Gesellschaft »alltägliche« Ängste immer mehr um sich. Die jüngste Shell-Studie hat noch einmal auf die unter Jugendlichen verbreitete Angst vor der eigenen beruflichen Zukunft aufmerksam gemacht. Die Angst vor dem Verlust des Arbeitsplatzes und vor Arbeitslosigkeit wird heute durch den internationalen Wettbewerb und Konkurrenzkampf immer stärker. Insgesamt machen sich Ängste vor der Zukunft überhaupt und Zweifel am Fortschrittsglauben breit. Dazu kommen weiter die Angst vor der Gewalt, die Angst vor der Anonymität unserer Großstädte, die Angst vor dem Alleinsein, die Angst vor dem Fremden und Unbekannten ... Auf viele Menschen scheinen diese Ängste lähmend zu wirken. Sie ziehen sich in ihren individuellen und privaten Bereich zurück.

Auf der anderen Seite aber lässt sich auch feststellen, dass Ängste verdrängt werden. So ist vor allem der Tod, aber auch Leid und Krankheit, aus dem öffentlichen Bewusstsein fast völlig verschwunden. Man gibt sich »cool« und unangreifbar. Angst und Verletzbarkeit darf man nicht zeigen, nur Stärke ist gefragt und verspricht Erfolg.

Doch Angst ist nicht nur ein unangenehmes Gefühl, das man möglichst schnell loswerden sollte. Angst ist – bereits biologisch gesehen – ursprünglich auch ein wichtiges Warnsignal, das letztlich dem Überleben dient. Angst zeigt uns an, dass wir bedroht sind, und bewegt dazu, die Gefahr zu fliehen oder abzuwenden. Verdrängte Angst bringt uns deshalb immer auch um diese positive und lebenswichtige Seite dieses Gefühls.

Wie gehen wir mit unserer Angst um? Dazu stellen sich eine Fülle von Fragen, die uns ganz persönlich betreffen: Versuchen wir sie möglichst um jeden Preis loszuwerden? Verdrängen wir möglichst all das, was uns Angst macht? Verschließen wir die Augen davor? Oder lassen wir uns von unserer Angst anrühren und in Bewegung setzen? Stellen wir uns unserer Angst oder weichen wir ihr aus? Wie können wir die Angst, die uns zerstört, von solcher Angst unterscheiden, die uns weiterbringt? Wie kann es uns gelingen, die Angst vor der Angst zu überwinden? All diese Fragen sollen im folgenden 10. Kapitel zum Thema werden.

Erfahrungen

Wer sich intensiv genug
davor fürchtet,
zu erröten,
der wird auch schon rot.

Viktor E. Frankl

Angst vor dem Leben
Angst vor dem Tod
Angst vor Streit
Angst vor dem Alleinsein
Angst vor der Langeweile
Angst vor der Monotonie
Angst vor Spinnen
Angst vor AIDS
Angst vor Krankheit
Angst vor dem Erwachsenwerden
Angst vor der Gewalt
Angst vor der Zukunft
Angst vor Strafe
Angst vor dem Aufzugfahren
...

Angst, schwanger zu werden
Angst, enttäuscht zu werden
Angst, jemanden zu verlieren

...

Schul**angst**
Prüfungs**angst**
Existenz**angst**

...

Im Chinesischen wird das
Schriftzeichen für *Krise* aus
Elementen der Schriftzei-
chen für *Chance* und *Gefahr*
gebildet.

Krise

Chance   Gefahr

Aufgaben:

- Setzen Sie die nebenstehende Reihe fort.
- Welches sind die Ängste (3 oder 5
Nennungen), die Sie am meisten
ängstigen?

Zweifle
nicht an dem,
der dir sagt,
er hat Angst,
aber hab Angst
vor dem,
der dir sagt,
er kennt
keinen Zweifel.

Erich Fried

ES IST ALLES IN ORDNUNG !

Du kannst der erste Ton ...

Du kannst der ers-te Ton in
ei - nem Lie-de sein,
das al - le Gren -zen selbst ver-ges-sen
macht, fürch -te dich nicht,
fürch - te dich nicht,
auch wenn der Ton ein Hauch ist,
fürch - te dich nicht.

2. Du kannst der erste Funke in einem
   Feuer sein.
   das alle Waffen für die Pflüge schmilzt.
   Fürchte dich nicht, fürchte dich nicht,
   auch wenn der Gegenwind peitscht,
   fürchte dich nicht.

3. Du kannst das erste Korn in einem
   Felde sein,
   das alle Hände füllen wird mit Brot.
   Fürchte dich nicht, fürchte dich nicht,
   auch wenn der Acker Steine trägt,
   fürchte dich nicht.

Mir stehen die
Haare zu Berge

Das ist mir auf den
Magen geschlagen

Da habe ich kalte
Füße bekommen
...

Aufgaben:

● Wie reagiert ihr Körper auf Angst?
● Setzen Sie die Beispiele fort.

Grundformen der Angst

Jeder Mensch hat seine persönliche, individuelle Form der Angst, die zu ihm und seinem Wesen gehört, wie er seine Form der Liebe hat und seinen Tod sterben muss. Es gibt also Angst nur erlebt und gespiegelt von einem bestimmten Menschen und sie hat darum immer eine persönliche Prägung, bei aller Gemeinsamkeit des Erlebnisses Angst an sich. Diese unsere persönliche Angst hängt mit unserer Umwelt zusammen; sie hat eine Entwicklungsgeschichte, die praktisch mit unserer Geburt beginnt.

So vielfältig ... das Phänomen Angst bei verschiedenen Menschen ist – es gibt praktisch nichts, wovor wir nicht Angst entwickeln können –, geht es bei genauerem Hinsehen doch immer wieder um Varianten ganz bestimmter Ängste, die ich deshalb als »Grundformen der Angst« bezeichnen und beschreiben möchte. Alle überhaupt möglichen Ängste haben mit diesen Grundformen der Angst zu tun.

Alle möglichen Ängste sind letztlich immer Varianten dieser vier Grundängste und hängen mit den vier Grundimpulsen zusammen, die ebenfalls zu unserem Dasein gehören und sich auch paarweise ergänzen und widersprechen: als Streben nach Selbstbewahrung und Absonderung, mit dem Gegenstreben nach Selbsthingabe und Zugehörigkeit; und andererseits als Streben nach Dauer und Sicherheit, mit dem Gegenstreben nach Wandlung und Risiko. Wenn wir Angst einmal »ohne Angst« betrachten, bekommen wir den Eindruck, dass sie einen Doppelaspekt hat: Einerseits kann sie uns aktiv machen, andererseits kann sie uns lähmen. Angst ist immer ein Signal und eine Warnung bei Gefahren, und sie enthält gleichzeitig einen Aufforderungscharakter, nämlich den Impuls, sie zu überwinden. Das Annehmen und das Meistern der Angst bedeutet einen Entwicklungsschritt, lässt uns ein Stück reifen. Das Ausweichen vor ihr und vor der Auseinandersetzung mit ihr, lässt uns dagegen stagnieren; es hemmt unsere Weiterentwicklung und lässt uns dort kindlich bleiben, wo wir die Angstschranke nicht überwinden.

Fritz Riemann

1. Die Angst vor der **Selbsthingabe**, als Ich-Verlust und Abhängigkeit erlebt.
2. Die Angst vor der **Selbstwerdung**, als Ungeborgenheit und Isolierung erlebt.
3. Die Angst vor der **Wandlung**, als Vergänglichkeit und Unsicherheit erlebt.
4. Die Angst vor der **Notwendigkeit**, als Endgültigkeit und Unfreiheit erlebt.

Aufgaben:

● Benennen Sie eigene Ängste.
● Erinnern und benennen Sie eine »Entwicklungsgeschichte« der Angst (z.B. Kindheit, 2. Weltkrieg, Führerschein, Prüfungsangst).
● Wo und wann hat das Bewältigen von Angst Sie ein Stück »reifer« gemacht?

Angst und Gewalt

Grundproblem des menschlichen Lebens und Zusammenlebens ist, dass Menschen immer wieder unmenschlich werden. Dieses den Menschen bedrohende Böse hat die Struktur von Mord und dessen Verschleierung durch Lüge und wiederum des Mordes, damit die Lüge nicht aufgedeckt wird (vgl. Joh 8,44). Die Wurzel egoistischen und verantwortungslosen Verhaltens, in dem man letztlich »über Leichen zu gehen« bereit ist, ist diejenige Angst des Menschen um sich selbst, die in seiner Verwundbarkeit und Vergänglichkeit, in seiner Todesverfallenheit (vgl. Hebr 2,15) begründet ist. Angst hat ursprünglich den positiven Sinn, dass man sich vor Gefahren schützt. Sobald aber die Angst des Menschen um sich selbst das letzte Wort hat, wird sie zur Wurzel seiner Unmenschlichkeit. Sie gewinnt in der Weise Macht über ihn, dass er sich um jeden Preis abzusichern sucht. So gerät er in Rivalität zu anderen Menschen, gegen die er sich erst recht sichern muss. Dies geschieht in »direkter« oder auch in »struktureller« Gewaltanwendung. Strukturelle Gewalt besteht in institutionalisierten Zuständen, welche die einen auf Kosten der anderen einseitig privilegieren. Es handelt sich um Strukturen, welche die Distanz zwischen der an sich möglichen menschlichen Entfaltung und ihrer aktuellen Realisierung für einige Menschen vergrößern oder sich der Verringerung dieser Distanz entgegenstellen. Die Herrschaft der Gewalt wird gewöhnlich mit dem Mittel aufrechterhalten, dass die Mächtigen andere Menschen zu Werkzeugen ihrer Unmenschlichkeit machen, indem sie sie bei ihrer Angst um sich selbst packen. Diktaturen sind Kettenreaktionen der Erpressung. Aus der Gewalt aller gegen alle scheint es im Rahmen dieser Gewalt nur den Ausweg zu geben, dass sich die Aggressionen aller auf irgendein zufälliges Opfer entladen, dem man dann alle Schlechtigkeit zuschreibt. Die Macht der Angst des Menschen um sich, welche die Wurzel aller Unmenschlichkeit ist, kann allerdings solange latent bleiben, als er sich nicht unmittelbar in dem bedroht fühlt, woraus er lebt.

Peter Knauer

Angst als lähmende Macht

Angst ist zwar ein naturgegebenes Gefühl. Sie kann aber zur Gefahr werden und dazu führen, dass ein Lebewesen in seiner Entfaltung gehindert wird. So lässt sich etwa bei Affen beobachten, das einzelne Tiere derart unter den Druck der Hierarchie des Rudels geraten können, dass sie keine Nahrung mehr aufnehmen und schließlich sterben. Bei uns Menschen kann diese lähmende oder gar »tötende« Dimension der Angst noch sehr viel stärker zum Tragen kommen. Zum einen nämlich ist die Bandbreite der Bedrohungen, die wir wahrnehmen können, durch unsere Erinnerung und unser Vorstellungsvermögen größer als bei Tieren – erst wir sind uns unserer Verletzlichkeit bewusst –, zum anderen sind unsere Reaktionen nicht mehr so sehr instinktgeleitet und deshalb unsicher.

Eine Hauptform solcher lähmenden Ängste ist heute die Angst vieler Menschen vor der Zukunft. Die Angst vor den unberechenbaren Folgen der Technik und vor einer zerstörten Umwelt, die Angst, keinen Arbeitsplatz zu finden, und die Angst, den Arbeitsplatz zu verlieren – diese Ängste sind es, die gegenwärtig die Menschen, insbesondere junge Leute, an ihrer Zukunft zweifeln lassen. Es scheint für sie keine Zukunft mehr zu geben, die Erfolg verspricht, die ein Engagement lohnt, die sich gestalten lässt. So wird die Angst zur Macht, die das Leben lähmt.

Die Formen solcher Ängste, die uns lähmen, sind aber noch vielfältiger. Es gibt die Angst vor anderen Menschen, beispielsweise etwas vor anderen sagen zu müssen, und es gibt die Angst, andere Menschen, etwa den Partner oder die Kinder zu verlieren: die Angst vor der Einsamkeit. Es gibt die Angst in der U-Bahn, im Fahrstuhl oder im Flugzeug, die Angst vor bestimmten Dingen oder Tieren, vor Krankheiten, vor dem Tod, die Angst vor sexuellem Versagen und die Angst vor Krieg. Und es gibt Ängste vor angeblichen metaphysischen Wirklichkeiten, bestimmten religiösen Vorstellungen wie etwa Hölle oder Fegefeuer, dem Schicksal u. Ä.

Die Reaktion der Angst kann dabei dem Anlass angemessen sein und dadurch zur Bewältigung der Gefahr führen. Sie kann aber auch unangemessen sein und eine Bewältigung der Gefahr oder Bedrohung nicht mehr zulassen. In diesem Fall spricht man von krankhafter Angst oder Angstkrankheiten. Solche krankhaften Ängste haben meist eine ganze Reihe von Folgen, die die Ängste noch verstärken. Sie führen zu sozialer Isolation, zu Zwangshandlungen, zu Vermeidungsverhalten, zu Depressionen. Solche Ängste können Menschen krank machen, sie niederdrücken und beugen. Viele körperliche Symptome, die keine organische Ursache haben, sind oft psychosomatische Folgen von Ängsten. Die Gefahr, dass es Menschen mit ihren Ängsten nicht mehr aushalten und sich das Leben nehmen wollen, liegt nahe.

Angst als Lebens- kraft

Angst ist aber nicht nur eine lähmende Macht. Sie ist auch – bereits biologisch gesehen – eine lebens- und überlebensnotwendige Reaktion des Organismus. Sie dient dazu, reale oder vorgestellte Bedrohungen und Gefahren zu bewältigen. Wie der Schmerz ist auch die Angst ein »Alarmsystem«. Während jedoch der Schmerz vor Schädigungen des Organismus selbst warnt, richtet sich die Angst auf Bedrohungen durch die Außenwelt. Angst führt dabei unmittelbar zur psycho-physischen Aktivierung eines Lebewesens. Bei uns Menschen etwa kommt es zu Herzklopfen, feuchten Händen, Muskelzittern etc. Diese Reaktionen sind – entwicklungsgeschichtlich gesehen – Verhaltensweisen, die uns mit der Angstreaktion bei Tieren verbinden und hier dazu dienen, durch Sammlung und Anspannung aller Energien des Körpers Flucht- oder Angriffsverhalten zu ermöglichen.

Für uns Menschen aber gibt es außer diesen Reaktionen der Flucht und Aggression noch weitere Verhaltensweisen, die durch die Angst angestoßen werden können. Überlebensnotwendige Reaktion kann die Angst für uns nämlich auch dadurch sein, dass sie unsere Freiheit angesichts einer drohenden Gefahr aufrüttelt, unsere Verantwortung anspricht und uns dazu bewegt, etwas gegen die Gefahr zu unternehmen. Sie kann zum Auslöser für unsere Fantasie werden, nach ungewohnten und unbekannten Lösungen unserer Probleme zu suchen. In diesem Sinne ist etwa für den Philosophen Hans Jonas die Furcht oder die Angst heute in unserer Situation der Bedrohung durch die Risiken der Technik ein ganz entscheidendes Mittel, um eventuell noch rechtzeitig die katastrophalen und unumkehrbaren zerstörerischen Folgen unserer Zivilisation aufzuhalten. ➤ vgl. S. 28

Angst in diesem Sinne darf deshalb nicht unterdrückt oder verdrängt, sondern muss zugelassen und ausgehalten werden. Es gilt, der Angst vor der Angst nicht nachzugeben. Angst muss vielmehr ausgehalten und in eine liebende »Angst *um* ...« verwandelt werden. Erst dies ist die Angst des verantwortlich handelnden Menschen. Daher gilt es, die Grundhaltung einer Angstbereitschaft auszubilden, eine Fähigkeit, der Angst und dem Ängstigenden zu begegnen und sich mit ihm konfrontieren zu lassen.

Aufgaben:

● Überlegen Sie an konkreten Beispielen, wie sich Angst in einen Antrieb für verantwortliches Handeln umwandeln lässt.
● Stellen Sie zusammen, was die Grundhaltung der Angstbereitschaft konkret beinhalten kann.

187

»Wie soll ich mich von Angst befreien?« –

»Wie kannst du dich von etwas befreien,
an das du dich klammerst?« –

»Ihr meint, ich klammerte mich tatsächlich
an meine Ängste? Das finde ich nicht.« –

»Überlege, wovor dich deine Ängste schützen
und du wirst mir zustimmen!
Und du wirst deine Torheit erkennen.«

Anthony de Mello

Gleich darauf forderte er die Jünger auf, ins Boot zu steigen und an das andere Ufer vorauszufahren. Inzwischen wollte er die Leute nach Hause schicken. Nachdem er sie weggeschickt hatte, stieg er auf einen Berg, um in der Einsamkeit zu beten. Spät am Abend war er immer noch allein auf dem Berg. Das Boot aber war schon viele Stadien vom Land entfernt und wurde von den Wellen hin und her geworfen; denn sie hatten Gegenwind. In der vierten Nachtwache kam Jesus zu ihnen; er ging auf dem See. Als ihn die Jünger über den See kommen sahen, erschraken sie, weil sie meinten, es sei ein Gespenst, und sie schrien vor Angst. Doch Jesus begann mit ihnen zu reden und sagte: Habt Vertrauen, ich bin es; fürchtet euch nicht! Darauf erwiderte ihm Petrus: Herr, wenn du es bist, so befiehl, dass ich auf dem Wasser zu dir komme. Jesus sagte: Komm! Da stieg Petrus aus dem Boot und ging über das Wasser auf Jesus zu. Als er aber sah, wie heftig der Wind war, bekam er Angst und begann unterzugehen. Er schrie: Herr, rette mich! Jesus streckte sofort die Hand aus, ergriff ihn und sagte zu ihm: Du Kleingläubiger, warum hast du gezweifelt? Und als sie ins Boot gestiegen waren, legte sich der Wind. Die Jünger im Boot aber fielen vor Jesus nieder und sagten: Wahrhaftig, du bist Gottes Sohn.

(Mt 14,22–33)

Der Gang Jesu auf dem Wasser

Brief eines unbekannten jungen Mannes

Bitte höre, was ich nicht sage! Lass dich nicht von mir narren. Lass dich nicht durch das Gesicht täuschen, das ich mache. Denn ich trage tausend Masken – Masken, die ich fürchte abzulegen. Und keine davon bin ich. So tun als ob ist eine Kunst, die mir zur zweiten Natur wurde. Aber lass dich dadurch nicht täuschen, um Gottes willen, lass dich nicht von mir narren.

Ich mache den Eindruck, als sei ich umgänglich, als sei alles sonnig und heiter in mir, innen wie außen, als sei mein Name Vertrauen und mein Spiel Kühle, als sei ich ein stilles Wasser und als könne ich über alles bestimmen, so als bräuchte ich niemanden.

Aber glaub mir nicht, bitte, glaub mir nicht! Mein Äußeres mag sicher erscheinen, aber es ist eine Maske. Darunter ist nichts Entsprechendes. Darunter bin ich wie ich wirklich bin: verwirrt, in Furcht und alleine. Aber ich verberge das. Ich möchte nicht, dass es irgendjemand merkt. Beim bloßen Gedanken an meine Schwächen bekomme ich Panik und fürchte mich davor, mich anderen überhaupt auszusetzen. Gerade deshalb erfinde ich verzweifelt Masken, hinter denen ich mich verbergen kann: eine lässige kluge Fassade, die mir hilft, etwas vorzutäuschen, die mich vor dem wissenden Blick sichert, der mich erkennen würde. Dabei wäre dieser Blick gerade meine Rettung. Und ich weiß es. Wenn er verbunden wäre mit Angenommenwerden, mit Liebe. Das ist das Einzige, was mir Sicherheit geben würde, die ich mir selbst nicht geben kann: dass ich wirklich etwas wert bin. Aber das sage ich nicht. Ich wage es nicht. Ich habe Angst davor. Ich habe Angst, dass dein Blick nicht von Annahme und Liebe begleitet wird. Ich

fürchte, du wirst gering von mir denken und über mich lachen – und dein Lachen würde mich umbringen. Ich habe Angst, dass ich tief drinnen in mir selbst nichts bin, nichts wert, und dass du das siehst und mich abweisen wirst. So spiele ich mein Spiel, mein verzweifeltes Spiel: eine sichere Fassade außen und ein zitterndes Kind innen.

Ich rede daher im gängigen Ton oberflächlichen Geschwätzes. Ich erzähle dir alles, was wirklich nichts ist, und nichts von alledem, was wirklich ist, was in mir schreit; deshalb lass dich nicht täuschen von dem, was ich aus Gewohnheit rede.

Bitte höre sorgfältig hin und versuche zu hören, was ich nicht sage, was ich gerne sagen möchte, was ich um des Überlebens willen rede und was ich nicht sagen kann.

Ich verabscheue Versteckspiel. Ehrlich! Ich verabscheue dieses oberflächliche Spiel, das ich da aufführe. Es ist ein unechtes Spiel. Ich möchte wirklich echt und spontan sein können, einfach ich selbst, aber du musst mir helfen. Du musst deine Hand ausstrecken, selbst wenn es gerade das Letzte zu sein scheint, was ich mir wünsche. Nur du kannst diesen leeren, toten Glanz von meinen Augen nehmen. Nur du kannst

HABE ANGST

Man wird kaum einer Phobie Herr, wenn man abwartet, bis sich der Kranke durch die Analyse bewegen lässt, sie aufzugeben. Man muss anders vorgehen. Man hat nur dann Erfolg, wenn man sie durch den Einfluss der Analyse bewegen kann, auf die Straße zu gehen und während dieses Versuches mit der Angst zu kämpfen.

Sigmund Freud

mich zum Leben rufen. Jedes Mal, wenn du freundlich und sanft bist und mir Mut machst, jedes Mal, wenn du zu verstehen versuchst, weil du dich wirklich um mich sorgst, bekommt mein Herz Flügel – sehr kleine Flügel, sehr brüchige Schwingen, aber Flügel. Dein Gespür, dein Mitgefühl und die Kraft deines Verstehens hauchen mir Leben ein. Ich möchte, dass du das weißt.

Ich möchte, dass du weißt, wie wichtig du für mich bist, wie sehr du aus mir den Menschen machen kannst, der ich wirklich bin – wenn du willst.

Bitte, ich wünschte, du wolltest es. Du allein kannst die Wand niederreißen, hinter der ich zittere. Du allein kannst mir die Maske abnehmen. Du allein kannst mich aus meiner Schattenwelt, aus Angst und Unsicherheit befreien – aus meiner Einsamkeit. Übersieh mich nicht. Bitte – bitte, übergeh mich nicht! Es wird nicht leicht für dich sein. Die lang andauernde Überzeugung, wertlos zu sein, schafft dicke Mauern. Je näher du mir kommst, desto blinder schlage ich zurück. Ich wehre mich gegen das, wonach ich schreie. Aber man hat mir gesagt, dass Liebe stärker sei als jeder Schutzwall, und darin liegt meine Hoffnung.
Bitte versuche, diese Mauern einzureißen, mit sicheren Händen, aber mit zarten Händen: Ein Kind ist sehr empfindsam.
Wer ich bin, magst du fragen? Ich bin jemand, den du sehr gut kennst. Denn ich bin jedermann, den du triffst, jeder Mann und jede Frau, die dir begegnen.

Oft wissen wir gar nicht genau, was andere für Vorstellungen über uns haben, oder wir schätzen diese Vorstellungen falsch ein. Wenn wir merken, dass die anderen uns ganz anders sehen, als wir gedacht haben, ändern wir meistens unser Verhalten. Wir erfahren zum Beispiel, dass ein bestimmter Mensch uns sehr gern mag – und sofort werden wir auch ihm gegenüber viel aufgeschlossener. Wie können wir mehr darüber erfahren, wie andere uns wirklich sehen, und warum ist das so wichtig für uns?

Betrachten wir die Abbildung. Dort sehen wir, dass sich unsere zwischenmenschlichen Beziehungen in einem Rahmen abspielen, den man als Fenster mit vier Flügeln bezeichnen kann. Flügel A (die öffentliche Person) ist der Teil unseres Selbst, der uns und anderen bekannt ist. Er ist der Bereich unseres freien Handelns, in dem wir nichts vor anderen verbergen. Flügel B ist der »blinde Fleck« in unserem Verhaltens-Fenster. Dieser blinde Fleck bedeutet, dass andere oft mehr über uns wissen, als wir selbst, ihr Fremdbild über uns stimmt also nicht mit unserem Selbstbild überein. Flügel B enthält alle unsere unbewussten Gewohnheiten, Vorurteile und Zuneigungen. Wir sind oft sehr überrascht, wenn andere uns darauf aufmerksam machen – uns »die Augen öffnen« über eine Stelle in unserem Bild, die wir selbst noch nicht entdeckt haben. Flügel C (die private Person) ist der Bereich unseres Denkens und Handelns, den wir bewusst vor anderen verbergen – unsere heimlichen

Selbstbild und Fremdbild

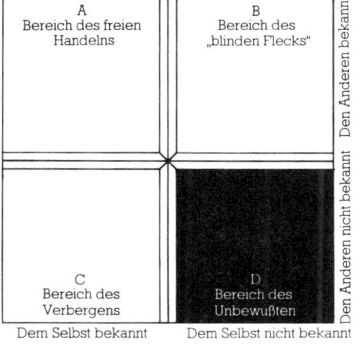

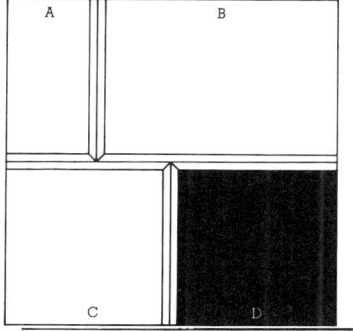

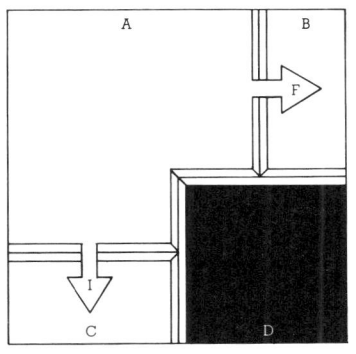

Wünsche vielleicht oder Dinge, die wir verheimlichen, weil hier unsere »empfindlichen Stellen« liegen, oder weil wir glauben, dass sie von anderen abgelehnt werden. Flügel D schließlich ist der Bereich des Unbewussten, der weder uns noch anderen zugänglich ist ... Sehen wir uns nun die Fenster an:

Das Fenster in der Mitte zeigt die typische Situation eines Menschen in einer ihm fremden Gruppe. Der Bereich A ist hier sehr klein. Er weiß noch nicht, was die anderen »von ihm halten«, und er weiß noch nicht, wie viel er von seiner »privaten Person« hier preisgeben darf. Die Frage, »wie kann ich mich in dieser Umgebung verhalten«, muss erst noch gelöst werden. Wegen dieser zunächst ungelösten Frage bedeuten fremde Menschen und Gruppen anfangs immer eine Art Bedrohung für uns, der Bereich unseres freien Handelns (A) ist entsprechend eingeschränkt. Wenn wir davon ausgehen, dass jeder Mensch das Bedürfnis hat, seinen Flügel A auszuweiten, sehen wir sofort, dass wir dafür die Bereiche B und C einschränken müssen. Dies fällt uns oft schwer, weil wir in unserer Industriekultur meist dazu erzogen werden, anderen Menschen zunächst mit Misstrauen zu begegnen. Wir müssen daher bewusst daran arbeiten, die Bereiche B und C zu verkleinern. Wenn wir »Freiheit« und »frei sein« einmal mit »möglichst uneingeschränkt handeln können« übersetzen, wird uns das sofort verständlich.

Rainer E. Kirsten /
Joachim Müller-Schwartz

Ich gebe zu, ich habe Angst

Ich gebe zu, ich habe Angst.
Ich habe versucht, meine Angst zu verstecken.
Ich habe versucht, selbstsicher aufzutreten,
um meiner Umgebung zu zeigen, wer ich bin.
Ich habe mich nicht preisgegeben;
ich habe zwar Informationen weitergegeben,
mich selbst aber aus allen Gesprächen
und jeder Stellungnahme herausgehalten.
Ich habe nie richtig zugehört,
ich habe nur registriert.

Ich gebe zu, ich habe Angst.
Ich habe Angst, die Menschen könnten mein Wort missbrauchen.
Ich habe Angst, mein Vertrauen könnte jemanden
verführen, mich zu erpressen.
Im Grunde vertraue ich niemandem,
auch mir selbst nicht.
Es ist mir zu riskant, auf andere zu bauen.
Ich kenne zu viele,
die für ihr Vertrauen gebüßt haben.

Ich gebe zu, ich habe Angst.
Denn ich habe zu wenig Menschen,
die mich lieben,
dir mir Freundliches sagen.

Ich habe Angst um meinen Arbeitsplatz,
ich habe Angst, meinem Chef unangenehm aufzufallen.
Ich habe Angst vor Menschen
mit einer eigenen Meinung.

Ich habe Angst vor Menschen,
die sich gegen das Unrecht zur Wehr setzen,
weil sie mir meine Freiheit bewusst machen.

Ich habe Angst vor einem Mann
namens Jesus von Nazareth,
denn er hat etwas getan,
was ich an seiner Stelle nie gemacht hätte.

Josef Dirnbeck / Martin Gutl

11. Kapitel

Umgang mit Sucht

Medientipp:

Tonbild: »Bis nichts mehr geht«, 18 Dias (F), Text, Kassette (5 Min), Bielefeld (EZB) 1994.

Das Kurztonbild eignet sich gut als Gesprächs-anstoß zu den Themen Spielsucht, Glücksspiel, Lebens- und Freizeitgestaltung. Ein junger Mann hofft auf die »Goldene Serie«, doch er verliert nicht nur sein Geld, sondern auch Beruf und Freunde.

Literaturhinweis:

Sinn statt Sucht: Woche für das Leben 6.–12. Mai 1995. Eine Initiative der katholischen und evangelischen Kirche, Bonn (KBE) 1995.

Deutscher Erwachsenenkatechismus, Band 2: Medikamente, Alkohol, Drogen (S. 277–280).

Zur Einführung

Wenn von »Sucht« die Rede ist, denken wir meist unwillkürlich an Drogensucht oder Alkoholismus, an Formen der Sucht also, die zu einer offensichtlichen Krankheit geworden sind und die einer speziellen medizinischen und psychologischen Therapie bedürfen. Zugleich schieben wir damit das Thema »Sucht« von uns selbst fort und begrenzen es auf eine gesellschaftliche oder politische Frage. Sucht – das gibt es, selbstverständlich; wir selbst aber sind davon nicht betroffen.

Auf der anderen Seite aber beschränkt sich süchtiges Verhalten nicht nur auf den nicht mehr beherrschbaren Konsum von Drogen und Alkohol. Es gibt eine ganze Fülle von alltäglichen Süchten und Suchtmitteln, die nicht sofort als solche auffallen, weil sie uns physisch nicht schaden und weil sie gesellschaftlich akzeptiert sind. Viele Dinge des normalen Alltags sind es, die Menschen so in ihren Bann ziehen können, dass sie nicht mehr von ihnen lassen können, obwohl sie es eigentlich möchten. Computer-Spiele sind ein aktuelles Beispiel dafür. Aber auch Arbeiten oder Kaufen können über das normale Maß hinaus solche Formen annehmen, dass sie zur Sucht werden.

Wenn Menschen sich in dieser Form an bestimmte Verhaltensweisen oder Dinge hängen, dass sie sie nicht mehr loslassen können, dass sie von ihnen beherrscht werden und unfrei sind, so lässt sich die Ursache dafür sicher nicht nur in dem jeweiligen Suchtmittel suchen. Wir müssen uns vielmehr auch fragen, was Menschen dazu bringt, sich in solchem Übermaß bestimmten Dingen oder Tätigkeiten hinzugeben und zu überlassen, dass sie nachher nicht mehr davon wegkommen. Vielfach stößt man dann auf Einsamkeit, auf mangelnde Anerkennung und Erfolg, auf fehlenden Sinn und Zielausrichtung des Lebens.

Dies aber ist nicht nur ein Problem des Einzelnen. Es ist ebenso ein gesellschaftliches und strukturelles Problem. Dass Menschen süchtig werden, hat immer auch darin seinen Grund, dass die Gesellschaft und ihre Struktur von sich her keinen Sinn und keine Zielausrichtung vermittelt.

Im folgenden Kapitel wollen wir nicht nur die Suchtkrankheiten im eigentlichen Sinne und deren gesellschaftliche Herausforderung in den Blick nehmen, sondern gerade auch die alltäglichen Süchte. Wir wollen danach fragen, was Menschen zu solchem Verhalten bringt und wie man damit umgehen kann. Wir wollen danach fragen, was es möglich macht, solchem Verhalten zu widerstehen oder zu entkommen.

Erfahrungen

Alltagsdrogen:

Fernsehen
Rauchen
Alkoholtrinken
Glücksspiel (Lotto / Toto)
Naschen / Essen
Medikamente
Sammeln
Comic-Lesen
Gameboy / Computer-Spiele
Kaufen

Fragen:

● Welche der hier genannten Tätigkeiten haben Sie bei sich selbst schon einmal als Sucht erfahren?

● Ab welchem Punkt werden Ihrer Meinung nach die genannten Tätigkeiten zur Sucht?

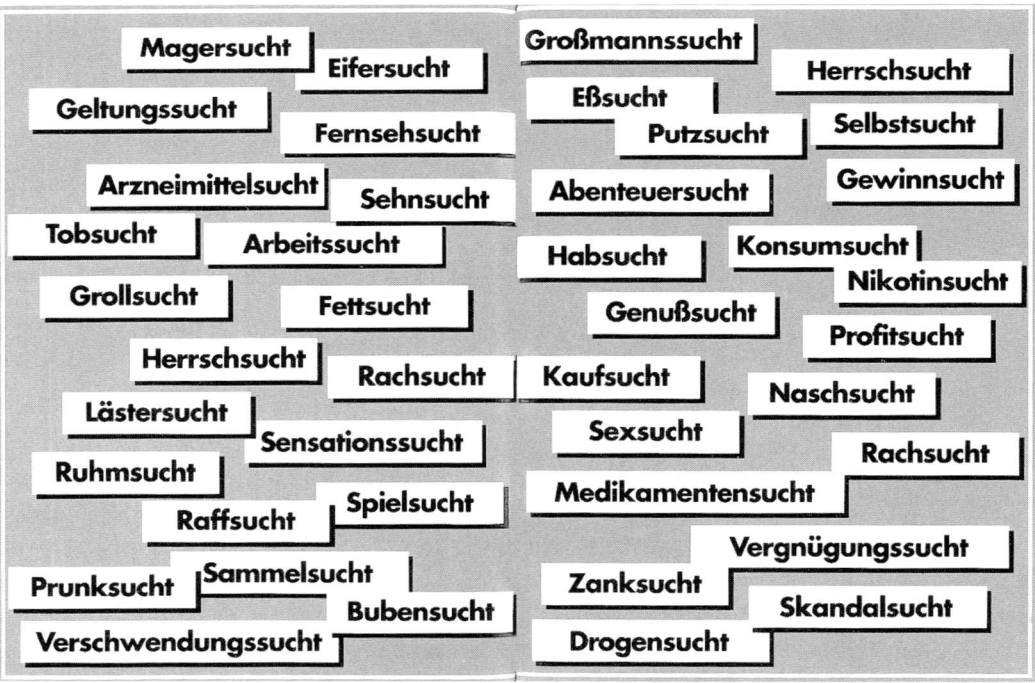

Das Zwanghafte der Sucht, das unfrei macht, lässt sich gut am Glücksspiel oder auch am Computer-Spiel verdeutlichen:

> **Wenn wir vorne sind und gewonnen haben, können wir nicht aufhören, weil wir gewonnen haben. Und wenn wir hinten liegen und verloren haben, können wir erst recht nicht aufhören, weil wir verloren haben.**

Sucht

Suche mit ausbleibender Befriedigung

Der Hamburger Journalist Rolev Heuer hat es ganz schlagend formuliert: Die Sucht kommt vom Entzug! Was gefehlt hat und fehlt, an Lebensfülle und Glück, soll, mit ungeeigneten Mitteln, hereingeholt werden.

Es gibt eine Fresslust aus Liebeskummer, und wir können froh sein, wenn nicht Tabletten gefressen werden, fuderweise. Das Problem, das am Grunde aller Sucht steht, ist der Lebenshunger – aus Mangel geboren. Die manifeste Drogensucht ist nur die Spitze eines Eisbergs aus Süchten – Auswuchs der Kälte.

Ein suchtartiges Verhältnis kann auch zur Politik, zur Arbeit, zur Sexualität, zu den Sensationen der Massenmedien bestehen. Der Bauer-Verlag nennt bezeichnenderweise in einer internen Broschüre die Erzeugnisse seines Hauses »Antispasmatika mit sedativer Wirkung«, also krampflösende Mittel mit beruhigendem Effekt. Sucht ist – mehr psychische oder mehr physische – Abhängigkeit von einem Mittel der Ersatzbefriedigung, das eben keinen Frieden schafft. ...

Sucht ist eine allgemeine psychische Kategorie von großer sozialer Mächtigkeit. Sucht ist Permanenz der Suche bei ausbleibender Befriedigung, womit Sucht und Suche nur gesteigert werden.

Sucht ist das falsch verstandene Prinzip Hoffnung, ein ständiger Anspruch an die Zukunft, der so, wie er gestellt wird, nicht sinnvoll eingelöst werden kann. Jetzt ist kein Leben, sagt sich halb bewusst der latent Süchtige, jetzt nicht, aber nachher, morgen, nächste Woche. In Zukunft wird Leben sein, wenn die vage Unzufriedenheit, der Durst, gelöscht sein wird: nach dem nächsten Bier, nach der nächsten Zigarette, nach der nächsten Fernsehsendung, nach der nächsten Sensation.

Reimar Lenz

Vertraute Süchte

Sucht ist die Unfähigkeit, von bestimmten Stoffen oder Handlungsweisen abzulassen, selbst wenn dem Betroffenen bewusst ist, wie sehr sie ihm schaden. ... Für alle Formen von suchtbedingtem Zwangsverhalten ist typisch, dass der Süchtige eine zunehmende Dosis braucht, um ein und denselben Grad an Befriedigung aufrechterhalten zu können. Daraus folgt, dass auch seine Fähigkeit zu genießen, die Empfänglichkeit seiner Sinne und Gefühle für positive Reize, verödet.

Beim Stichwort »Sucht« denken wir meist an die stoffgebundenen Suchtformen (Alkohol, Nikotin, Drogen). ... Weniger ernst genommen und weniger erforscht sind jene weit verbreiteten Zwangshandlungen, die nicht auf bestimmte Stoffe zielen, sondern auf Tätigkeiten: Essen, Fasten, Spielen, Arbeiten, Fernsehen, Einkauf usw. Die Letzten drei sind die interessantesten, weil sie gesellschaftlich z.T. hoch angesehen sind.

Arbeitssucht:

Eine Umfrage unter den deutschen Top-Managern hat ergeben, dass 45 Prozent von ihnen wöchentlich zwischen 60 und 70 Stunden arbeiten, 15 Prozent sogar noch länger. Viele Menschen mit sozialen Berufen klagen seit Jahren verstärkt über frühzeitiges »Ausgebranntsein«. Und in Japan ist »Karoshi«, der Tod durch Überarbeitung, nach Angabe des Gesundheitsministeriums für zehn Prozent der Todesfälle unter arbeitenden Männern verantwortlich.

Kaufsucht

Eine Studie der Universität Stuttgart-Hohenheim hat ergeben, dass Kaufsüchtige aus einem unwiderstehlichen inneren Drang anfallweise im Abstand von mehreren Tagen bis zu zwei Wochen einkaufen, wobei es ihnen nicht auf das erworbene Gut, sondern auf die Gefühle beim Kaufen selbst ankommt. Sobald sie allerdings den Gegenstand gekauft haben, berichten die Befragten von einem unangenehmen Gefühl. Die Forscher unterscheiden zwischen der unkontrollierten, also ausgeprägt krankhaften Variante, die meist mit Überschuldung einhergeht, und einer kontrollierten. Die erste Gruppe wird vorsichtig auf 3 bis 20 Prozent der Erwachsenen geschätzt. Die zweite stellt mehr oder minder die gesellschaftliche Normalität dar.

Fernsehsucht:

Experimente zeigen immer wieder, dass nur die wenigsten Menschen, auch wenn sie es wollen, in der Lage sind, für einige Wochen auf das Fernsehen zu verzichten. Viele Grundschulkinder sitzen länger vor dem Fernseher als in der Schule.

1 Immer
wenn ich trinke...

2 habe ich
das angenehme Gefühl...

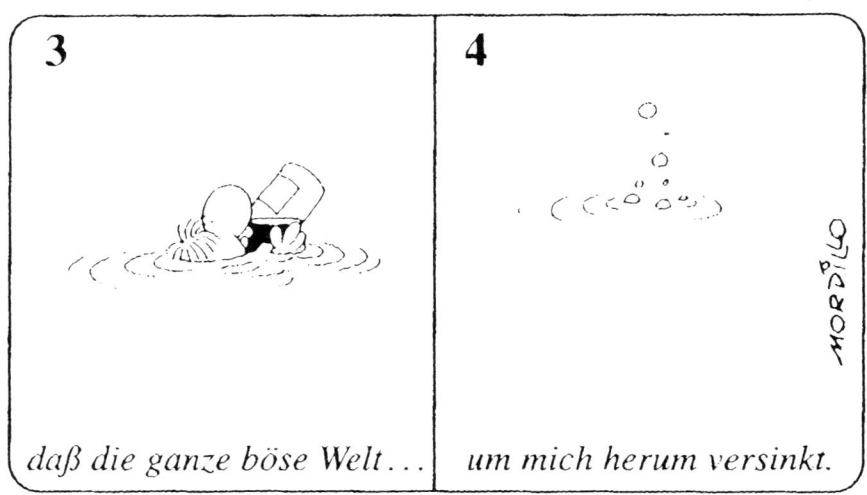

3 daß die ganze böse Welt...

4 um mich herum versinkt.

Der Teufelskreis der Sucht

*Auf seiner Reise durch die Region der Asteroiden kam der kleine Prinz auch zu einem Planeten, der von einem Säufer bewohnt war. Dieser Besuch war sehr kurz, aber er tauchte den kleinen Prinzen in eine tiefe Schwermut. »Was machst du da?«, fragte er den Säufer, den er stumm vor einer Reihe leerer und einer Reihe voller Flaschen sitzend antraf. »Ich trinke«, antwortete der Säufer mit düsterer Miene. »Warum trinkst du?«, fragte ihn der kleine Prinz. »Um zu vergessen«, antwortete der Säufer. »Um was zu vergessen?«, erkundigte sich der kleine Prinz, der ihn schon bedauerte. »Um zu vergessen, dass ich mich schäme«, gestand der Säufer und senkte den Kopf. »Weshalb schämst du dich?«, fragte der kleine Prinz, der den Wunsch hatte, ihm zu helfen. »Weil ich trinke!«, endete der Säufer und verschloss sich endgültig ins Schweigen.
Und der kleine Prinz verschwand bestürzt. Die großen Leute sind entschieden sehr, sehr wunderlich, sagte er zu sich auf seiner Reise.*

Mit wenigen Strichen macht Antoine de Saint-Exupéry in dieser kurzen Episode aus dem »Kleinen Prinzen« die ganze Abgründigkeit und Ausweglosigkeit deutlich, in die die Sucht hineinführen kann. Die Sucht – so wird hier anschaulich – kann sich zum Teufelskreis schließen, in dem man immer tiefer in die Abhängigkeit hineingetrieben wird, bis sich das süchtige Verhalten schließlich in sich selbst begründet.

Wie sich aber der Kreis der Begründung schließt, so verschließt sich der Süchtige selbst immer mehr in sich selbst. Er gerät in eine Flucht vor der Wirklichkeit, damit in eine Flucht vor den anderen und damit schließlich in eine hoffnungslose Isolation hinein, der er allein nicht mehr entkommen kann. Der Teufelskreis, der in dem kurzen Gespräch des kleinen Prinzen mit dem Säufer deutlich wird, bildet sich aus einer Kette von drei Ursachen, die sich als Weg in die Sucht lesen lassen.

1. Vergessen und verdrängen

»Ich trinke, um zu vergessen«, sagt der Säufer dem kleinen Prinzen. Darin besteht der erste Schritt auf dem Weg in die Sucht. Die Zuwendung zum Suchtmittel hat ihren Grund meist darin, dass es einem hilft, Sorgen, Kon-

All die genannten Konflikte aber können, wenn sie übermächtig werden – und der Mangel an Sinnerfahrung setzt die Schwelle der Unerträglichkeit immer mehr herab –, dazu führen, dass man sich nicht mehr produktiv mit seinen jeweiligen Problemen auseinander setzt und nach Lösungen sucht. Sie können dazu führen, dass man sich stattdessen vielmehr einem Mittel zuwendet, das von all dem ablenkt, was einen hier und jetzt als unerträgliche Last beansprucht, einem Mittel, das die Wirklichkeit und das eigene Versagen vergessen lässt. Der Konflikt wird verdrängt.

Diese Funktion erfüllen dabei nicht nur Alkohol, Medikamente oder Drogen. Der Verdrängung dient ebenso die heute immer stärker werdende Suche nach dem besonderen Erlebnis, das den Alltag vergessen lässt und den Hauch des Extremen hat: Okkultismus ebenso wie Bungee-Springen, Geländewagen-Fahren ebenso wie Extrem-Klettern, Joggen und Fahrradfahren bis zum Zusammenbruch ebenso wie Techno-Music-Nächte oder Ähnliches. Vor allem aber erfüllen diese Funktion auch die »kleinen« akzeptierten Süchte, die unseren Alltag bestimmen und uns krank machen wie Fernsehen, Rauchen, Glücksspiel, Essen, Sammeln, Spielen mit dem Gameboy oder Computer, Putzsucht, Arbeitssucht, Sucht nach Luxus. All dies dient dazu, sich von Konflikten, denen man sich eigentlich stellen müsste, abzulenken und sie zu verdrängen.

flikte, Probleme für eine gewisse Zeit zu vergessen. Dies kann Überforderung im Beruf sein, aber ebenso die Unerreichbarkeit persönlicher Ziele, die man sich gesteckt hat. Es kann Arbeitslosigkeit oder Armut sein. Es können Konflikte in der Partnerschaft dahinterstehen. Oder es kann sein, dass man ungewollt allein ist und es mit sich allein nicht mehr aushält. Es kann – wie für viele Jugendliche – der Verlust von Zukunftsperspektiven infolge unerfüllbar erscheinender Leistungsanforderungen sein. Für viele sind aufgrund der undurchschaubar hohen Differenzierung und Arbeitsteiligkeit unserer Gesellschaft der größere Zusammenhang, der Sinn der eigenen Tätigkeit und die Wichtigkeit des eigenen Engagements nicht mehr erkennbar. Als Folge stellen sich das Gefühl der eigenen Bedeutungslosigkeit, damit aber Langeweile, Überdruss, innere Leere ein.

2. Vergessen, dass man sich schämt

»Ich trinke, um zu vergessen, dass ich mich schäme.« Dieser zweite Schritt im Gespräch zwischen dem kleinen Prinzen und dem Säufer offenbart aber noch etwas mehr über die Gründe, aus denen es zur Sucht kommt. Es wird deutlich: Das Eigentliche, was man vergessen will, wenn man Sorgen und Konflikte verdrängt, ist die Scham gegenüber anderen Menschen.

Berufliche Überforderung, eigenes Versagen und Unvermögen, Arbeitslosigkeit, Verschuldung, Armut, Krankheit, Altwerden: all dies sind Situationen des persönlichen Lebens, die in unserer hoch industrialisierten Leistungs- und Konsumgesellschaft mit ihren immer höher geschraubten Standards niemand ohne weiteres zugeben kann. Man genügt sonst nicht mehr der Messlatte gesellschaftlicher Normierung. Es droht der Verlust menschlicher und sozialer Anerkennung. Dies gilt nicht nur im Blick auf Arbeitskollegen oder Vorgesetzte, Bekannte und Freunde. Oft ist es nicht einmal möglich, mit dem eigenen Partner das jeweilige Problem offen zu besprechen. Was jemanden dazu bringt, sich nicht mehr produktiv mit seinen Problemen auseinander zu setzen, ist letztlich die Furcht, die Anerkennung der anderen zu verlieren. Die Zuwendung zum Suchtmittel hat ihren Grund nicht einfach in der Überforderung, sondern in mangelnder menschlicher Kommunikation, Anerkennung und Zuwendung. Es ist nicht zufällig, dass all die Menschen, die der kleine Prinz auf seiner Reise durch die Region der Aste-

roiden besucht, je für sich allein auf einem Planeten wohnen. Es ist ein Gleichnis unserer Gesellschaft, der Isolation der Einzelnen und der mangelnden Kommunikation unter ihnen.

Diesen Mangel an Kommunikation, an Zuwendung und Anerkennung aber lässt das Suchtmittel vergessen. Es hilft damit, das Gefühl des eigenen Versagens zu vergessen oder zu überspielen. Es hilft, sich selbst als groß und stark, als anerkannt zu fühlen, auch wenn im Nachhinein – nüchtern besehen – das Verhalten unter der Droge zu noch größerer Scham und Verzweiflung Anlass gibt.

3. Sich verschließen in der Sucht

»Ich schäme mich, weil ich trinke.« Dieser dritte Schritt macht schließlich die abgründige Situation des Trinkers aus der kleinen Episode endgültig offenbar. Der Grund, aus dem man sich dem Suchtmittel zuwendet, schließt sich zum Kreis.

Diese Erfahrung machen diejenigen, die fortschreitend in eine Sucht hineingeraten sind. Sie fürchten nicht mehr nur, aufgrund eigenen Versagens die Anerkennung der anderen zu verlieren. Sie erfahren sich bereits aufgrund dessen ausgeschlossen, dass sie der Sucht verfallen sind. Neben dem ungelösten Konflikt, der ursprünglich in die Sucht geführt hat, tritt nun noch das Problem der Sucht selbst, das nicht gelöst werden kann, sondern verdrängt werden muss. Außer unter der eigenen Unfähigkeit in einem bestimmten Bereich, in einem konkreten Punkt, leidet derjenige, der sich der Sucht überlassen hat, so außerdem an dem eigenen Unvermögen, seine Probleme anders als durch Flucht in den Griff zu bekommen.

Jede Hilfe im Blick auf ein konkretes Problem greift daher zu kurz. Der Wunsch zu helfen, den der kleine Prinz noch beim zweiten Schritt des Gesprächs hatte, erweist sich als aussichtslos. Die Scham über die eigene Situation führt zur völligen Einigelung, in der man sich nicht helfen lassen kann und will. Dies entspricht einer Grunderfahrung in der Suchttherapie. Der Betroffene will sich nicht helfen lassen, weil er dann nicht nur den ganzen Wirklichkeitsverlust zugeben, sondern auch die Sucht als eigene Schwäche und Versagen eingestehen müsste und damit die Illusion, die er sich über sich selbst noch macht, zerstört würde. Sosehr er an der eigenen Situation leidet: Er will sich nicht helfen lassen, um nicht auch noch den letzten Rest eigener Würde zu verlieren. Am Ende steht ein verzweifeltes Schweigen, in dem jede Kommunikation abgebrochen ist, jede Möglichkeit der Hilfe verloren scheint.

Irgendwie habe ich alles satt

Mir ist mulmig zumute. Am liebsten möchte ich mich in Stücke reißen und mich weit von mir wegwerfen. Irgendwie habe ich alles satt. Alles!

Dich, HERR! Die Mitmenschen. Mich selbst.

Das Leben schlechthin! Ich weiß es nicht. Irgendwie, irgendwann kommt jeder Mensch zu der Feststellung: Das Leben ist nicht länger lebenswert. »Dann«, so sagte mir kürzlich jemand am Telefon, »dann möchte ich am liebsten alles in tausend Scherben hauen.« – Was denn, fragte ich zurück. – »Alles, einfach alles!«

HERR, ich weiß, diese Stimmung überkommt mich von Zeit zu Zeit. Ich weiß, sie überkommt auch meine Mitmenschen. Ein Trost für mich? Kaum. Denn dann, wenn sich dieses Seelentief ausbreitet, hilft mir die Vernunft nicht weiter. Dann kribbelt es überall, an Geist und Seele – sogar körperlich meine ich es zu spüren. Ich mag mich nicht mehr, ich komme mir überflüssig vor – so lange, bis plötzlich ein anderer Mensch anruft oder schreibt und mich um Rat angeht. Ich werde gebraucht! Jemand will etwas von mir. Jemand, dem es vielleicht noch viel schlechter geht als mir, meint, ich könnte helfen.

Und ich kann helfen! Eigenartig, wie stark man ist, wenn man gebraucht wird. Wie viel Kraft plötzlich durchbricht, wenn andere einen brauchen! Da verflüchtigt sich die eigene Schwermut. Plötzlich kann man etwas geben, was man – so ist man nach wie vor überzeugt – eigentlich gar nicht hat. Aber vielleicht steckt es in uns, verborgen, noch unentdeckt.

Vielleicht hast du uns, HERR, so geschaffen; vielleicht wolltest du, dass dieses Leben ein stetes Entdecken werde und bleibe. Ein Entdecken des eigenen Ichs wie das des Mitmenschen.

Adalbert L. Balling

Die Versuchung Jesu

Dann wurde Jesus vom Geist in die Wüste geführt;
dort sollte er vom Teufel in Versuchung geführt werden.

Als er vierzig Tage und vierzig Nächte gefastet hatte,
bekam er Hunger.

Da trat der Versucher an ihn heran und sagte: Wenn du Gottes
Sohn bist, so befiehl, dass aus diesen Steinen Brot wird.

Er aber antwortete: In der Schrift heißt es:
Der Mensch lebt nicht nur von Brot, sondern von jedem Wort,
das aus Gottes Mund kommt.

Darauf nahm ihn der Teufel mit sich in die Heilige Stadt,
stellte ihn oben auf den Tempel

und sagte zu ihm: Wenn du Gottes Sohn bist,
so stürz dich hinab; denn es heißt in der Schrift:
Seinen Engeln befiehlt er, dich auf Händen zu tragen,
damit dein Fuß nicht an einen Stein stößt.

Jesus antwortete ihm: In der Schrift heißt es auch:
Du sollst den Herrn, deinen Gott, nicht auf die Probe stellen.

Wieder nahm ihn der Teufel mit sich und führte ihn
auf einen sehr hohen Berg;
er zeigte ihm alle Reiche der Welt mit ihrer Pracht

und sagte zu ihm: Das alles will ich dir geben,
wenn du dich vor mir niederwirfst und mich anbetest.

Da sagte Jesus zu ihm: Weg mit dir, Satan!
Denn in der Schrift steht: Vor dem Herrn, deinem Gott,
sollst du dich niederwerfen und ihm allein dienen.

Darauf ließ der Teufel von ihm ab,
und es kamen Engel und dienten ihm.

(Mt 4,1–11)

Der grenzenlose Konsum hat als anthropologische Grundlage die Überzeugung, jedermann sei ein endlos bedürftiges und seine Bedürfnisse auch befriedigen müssendes Subjekt. Seine Erfüllung, heißt es kurz und knapp, liege in der Füllung. Unter dieser Voraussetzung muss Verzicht als das schlechthin Unsinnige und Widersprüchliche erscheinen. Etwas nicht zu nutzen, zu dem man den Zugriff hat, ergibt erst einen Sinn, wenn man weiß, dass dadurch zwar eine Einbuße an Wohlbefinden oder Chancen in Kauf genommen, nicht aber der Mensch als solcher infrage gestellt wird. Wo Verzicht ernstlich empfohlen und akzeptiert wird, geschieht das unter der Vorstellung, dass nicht alle Bedürfnisse zu befriedigen sinnvoll ist. Gegen das Bild des niemals erfüllten Konsumenten muss sich das Bild dessen platzieren, der durch Verzicht keine Einbuße in seiner Menschlichkeit erleidet, ja sogar nicht ausschließt, im Verzicht seine humane Vollendung zu finden und dabei eine sonst nicht mögliche Veränderung freizusetzen.

Philipp Schmitz

Bereitschaft zum Verzicht?

Fragen:

- Ist Konsumverzicht wirtschaftlich überhaupt vertretbar?
- Worin besteht der Sinn des Verzichts?
- Worauf zu verzichten würde Ihnen wehtun?
- Was müsste »Verzicht« angesichts unserer wirtschaftlichen Verschuldung heute bedeuten?
- Was macht es uns möglich, verzichten zu können?

Versuchen Sie doch mal …

➤ drei Wochen ohne Fernsehen auszukommen
➤ drei Wochen keinen Alkohol zu trinken
➤ drei Wochen keine Schokolade zu essen
➤ drei Wochen lang kein Auto zu fahren
➤ …

Sucht und Familie

Karikatur: Gregor Müller

Die Familie genießt ein zweifelhaftes Privileg: Sie steht im Zentrum der Diskussion um Ursachen des Drogenkonsums. Also wird sie als bester Nährboden dafür angesehen. Dann ist der Sündenbock für alles Drogenböse rasch ausgemacht: die Eltern. Doch so einfach ist es nicht. Von »Schuld« zu sprechen, ist hier heikel. Natürlich beeinflusst die Familie als wichtigste Erziehungsinstanz das Verhalten ihrer Kinder nachhaltig, auch das Suchtverhalten. Hinzu kommen auch mannigfaltige Einflüsse von außen: Die Eltern sind geprägt durch ihre eigene Familienerfahrung und ihre gesellschaftliche Lage. Außerdem beeinflussen Schule, Medien, Gleichaltrige und anderes mehr den Nachwuchs. Auch mangelnde Lebensperspektiven und Sinnkrisen, Außenseitertum, Über- oder Unterforderung, jugendliche Neugier, der Freundeskreis sowie vorgegebene Verhaltensweisen können ein mögliches Suchtverhalten fördern.

Die Familie steht zunehmend im Spannungsfeld gesellschaftlicher Umwälzungen. Neue Lebensformen entstehen. Da werden Einzelkind-Familien und allein erziehende Elternteile immer häufiger und die Zahl der Verwandten kleiner. Immer mehr Kinder bekommen durch erneute Heirat geschiedener Elternteile eine Stiefmutter oder einen Stiefvater. All dies geht nicht spurlos an den Kindern vorbei. Doch selbst »ideale« Eltern sind nicht vor abhängigen Kindern gefeit. Aber existieren überhaupt perfekte Eltern?

Sicherlich gibt es Erziehungsmuster, die das Entstehen von Suchtmittel-Abhängigkeit fördern können: Ob ein Kind ständig auf Leistung und Anpassung getrimmt wird, ob es allzu sehr behütet und »verzärtelt« wird; ob zu weit gesteckten Grenzen Orientie-rungsschwierigkeiten folgen oder zu enge Grenzen Freiräume erdrücken – in all diesen Fällen können Kinder nachgewiesenermaßen ihre Lebensansprüche oft nicht mehr organisieren; sie schwanken zwischen Anlehnung und mangelnder Fähigkeit, ihre Identität zu finden.

Die Gleichaltrigengruppe wird unter diesen Umständen nur zu leicht zum »Treff der Frustrierten«, der Pseudoideale aufbaut und die Einflüsse der Familie unterwandert. Drogenabhängige haben übrigens einen Alltag mit Struktur; sie leben wissentlich für die Droge. Umso mehr brauchen unsere Kinder alternative Sinn- und Erlebnisstrukturen, etwa das Entdecken und Fördern eigener Talente.

Sicher zeigen viele Studien auch die Rolle des elterlichen Vorbilds. Je mehr die Eltern Alkohol, Tabak und andere Drogen konsumieren, umso eher ahmen ihre Kinder ihr Vorbild nach. So simpel funktioniert es allerdings nicht, denn die Familie prägt ganzheitlich. Freilich ist das gute Beispiel wichtig. Das bedeutet aber nicht unbedingt harten Verzicht, sondern mehr einen bewussten und überdachten Umgang mit legalen Drogen – und mit den Kindern darüber offen zu sprechen. Zudem helfen offene Ohren der Eltern für ihre Kinder, ihnen Geborgenheit zu vermitteln und ihr Selbstvertrauen zu fördern.

Drogenpolitik

Zur Diskussion:

Ein wichtiger Baustein unseres Konzepts einer »Humanen Drogenpolitik« ist die Überlebenshilfe für langjährig Heroinabhängige. Das Leben dieser Menschen ist durch unsaubere Spritzen und verunreinigtes Straßenheroin, durch Gewalt in der so genannten »Szene« und Prostitution, durch Folgeerkrankungen und Verzweiflungstaten massiv bedroht. Viele tausend Menschen sind weniger an ihrer Sucht als vielmehr an den Bedingungen, unter denen sie süchtig lebten, gestorben. Die von uns geforderten Rückzugsräume (oft auch Gesundheitsräume oder – in der Schweiz – Fixerstuben genannt) bieten all denjenigen für kurze Zeit eine gewisse Entlastung von Kriminalisierung und Subkultur, die den Ausstieg nicht schaffen. Auch die ärztlich kontrollierte Abgabe von Heroin wäre eine solche effektive Hilfe zum Überleben und zum Einstieg in den Ausstieg aus der Sucht.

Die illegalen chemischen Substanzen, die Ekstase und Glück versprechen, lassen sich offensichtlich nicht verbieten. Hier helfen nur beharrliche Aufklärung über die gesundheitlichen Risiken und die Einführung eines chemischen Drogentests, um das Schlimmste zu verhüten. Das Verbot aufzuheben ist daher ebenso Bestandteil unseres Konzepts wie die Legalisierung von Cannabis als eine Substanz, deren Wirkungen immerhin seit langem erforscht und die als relativ ungefährlich gilt.

Rezzo Schlauch MdB, Bündnis 90/Die Grünen

In der öffentlichen Diskussion wird leider selten deutlich, dass die Politik sich dieser Verantwortung (für ein umfassendes Vorgehen) bewusst ist. Das liegt aber auch an den Medien, die lieber »heiße« Themen wie die Heroinabgabe oder die Freigabe von Cannabis aufgreifen als beispielsweise Verbesserungen der Prophylaxe oder der Nachsorge bei Abhängigen.

Statt über Ausbau und Optimierung vorhandener Hilfen zu sprechen, werden als Allheilmittel immer wieder flächendeckende Methadonprogramme, Fixerstuben etc. gefordert. Dabei wird viel zu häufig vergessen, dass es sich bei diesen Experimenten um Versuche mit Menschen handelt, Menschen, die dabei sogar sterben können.

Angesichts steigender Zahlen von Abhängigen und angesichts des damit verbundenen Elends ist es natürlich richtig, über neue Wege nachzudenken. ... Aber bei einem Versuch müssen auch seine Wirkungen auf lange Sicht bedacht werden. Was wäre, wenn etwa der von Schleswig-Holstein nach seiner bisherigen Antragsablehnung auf anderem Wege weiterverfolgte Modellversuch zur Cannabisabgabe über Apotheken (Mindestalter 16 Jahre) nach einer Einführung scheitern und zu mehr Süchtigen führen würde? Es ist kaum vorstellbar, dass nach Ablauf des fünfjährigen Modells alle Konsumenten aufhören, Cannabis zu sich zu nehmen.

Hubert Hüppe MdB, CDU/CSU-Fraktion

Was man
so sagt

Als sie
lachte,
sagte man ihr, sie sei kindisch.
Also machte sie fortan ein ernstes Gesicht.
Das Kind in ihr blieb,
aber sie durfte nicht mehr lachen.

Als sie liebte,
sagte man ihr, sie sei zu romantisch.
Also lernte sie, sich realistischer zu zeigen.
Und verdrängte
so manche Liebe.

Als sie reden wollte,
sagte man ihr, darüber spreche man nicht.
Also lernte sie zu schweigen.
Die Fragen, die in ihr brannten,
blieben ohne Antwort.

Als sie weinte,
sagte man ihr, sie sei einfach zu weich.
Also lernte sie, die Tränen zu unterdrücken.
Sie weinte zwar nicht mehr,
doch hart wurde sie nicht.

Als sie schrie,
sagte man ihr, sie sei hysterisch.
Also lernte sie nur noch zu schreien,
wenn niemand es hören konnte,
oder sie schrie lautlos in sich hinein.

Als sie zu trinken begann,
sagte man ihr, das löse ihre Probleme nicht.
Sie solle eine Entziehungskur machen.
Es war ihr egal, weil ihr
schon so viel entzogen worden war.

Als sie wieder draußen war,
sagte man, sie könne jetzt von vorn anfangen.
Also tat sie, als begänne sie ein neues Leben.
Aber wirklich leben konnte sie nicht mehr,
sie hatte es verlernt.

Als sie ein Jahr später
sich versteckt zu Tode gefixt hatte,
sagte man gar nichts mehr.
Und jeder für sich versuchte,
leise das Unbehagen mit den Blumen
ins Grab zu werfen.

Kristiane Allert-Wybranietz

12. Kapitel

Umgang mit den Medien

Medientipp:

Trau Schau Wem: Vertrauen im Zeitalter der Digitalisierung, BRD 1995, Dokumentation 44 Min (F), Hoffmann, Kay [Reg.] (VIDEO-Film).

Bilder sind nicht mehr das, was sie einmal waren. Durch Digitalisierung ist es heute möglich, Abbildungen herzustellen, die aussehen wie Fotos, ohne dass die darauf zu sehenden Gegenstände oder Situationen existieren müssten. Sie sind nicht von einer Kamera aufgenommen, sondern werden von einem Computer generiert. Zugleich ist der Einfluss der Bilder auf unser Handeln in Alltag, Politik und Wirtschaft unübersehbar. Die Dokumentation zeigt, kritisch und zugleich differenziert, vergangene, heutige und mögliche zukünftige Bilderwelten.

Literaturhinweis:

Karsten Henning / Rainer Steib: Leitfaden Medienarbeit. Erfahrungsorientierte Medienpraxis für Religionsunterricht und Bildungsarbeit, München (Don Bosco-Verlag) 1997.

Die beiden Autoren, Religions- und Medienpädagogen, weisen anhand von vielen Beispielen aus Fernsehen, Film und Werbung Funktionen des Religiösen in unserer Medienkultur nach. Sie zeigen, wie alltägliche Medienerfahrungen für die religiöse Bildungsarbeit nutzbar gemacht werden können und entwickeln mediendidaktische Perspektiven. (Für die Hand des Kursleiters / der Kursleiterin bzw. des Lehrers / der Lehrerin.)

Deutscher Erwachsenenkatechismus, Band 2: Wahrheit in der Öffentlichkeit (S. 453–467).

Zur Einführung

Wie kaum eine andere technische Erfindung beherrschen heute die Medien immer mehr unser alltägliches Leben. Unterhaltung und Information in Funk und Fernsehen ist überall präsent und nicht mehr aus unserem Alltag wegzudenken. Längst aber beeinflussen die Medien, vor allem das Fernsehen, auch unseren Lebensrhythmus, ja sogar die Weise, wie wir unsere Wohnung einrichten. Die Medien nehmen Einfluss auf unsere sozialen Beziehungen, unseren Tagesablauf und bestimmen unsere Meinungsbildung wesentlich mit. Unser Bild von der Wirklichkeit wird entscheidend durch das geprägt, was uns durch die Medien von dieser Wirklichkeit nahe gebracht wird. Und diese Einflussmöglichkeiten werden durch ein immer differenzierteres und vielfältigeres Programmangebot des Fernsehens systematisch ausgebaut.

Eine weitere Dimension der Medien eröffnet sich mit dem Einzug des Computers in fast alle Arbeitsbereiche und in unseren privaten Bereich. Die Vernetzung der verschiedenen Informations- und Kommunikationssysteme wie Fernsehen, Telefon, Telefax, Internet bieten Chancen und Möglichkeiten auf dem Gebiet des Informationsaustauschs, die heute noch gar nicht absehbar sind. Auf der anderen Seite aber wird auch immer spürbarer, wie uns diese Technik in ihre Macht nimmt. nicht nur durch ihre Faszination, sondern auch durch den Druck, den sie durch die Geschwindigkeit, die ständige Präsenz und die erforderliche Genauigkeit auf uns Menschen ausübt.

Sie leistet nicht mehr nur den Dienst, uns die Wirklichkeit zu vermitteln, sie beginnt bereits, eine virtuelle Wirklichkeit zu konstruieren. Die Entfremdung vom unmittelbar selbst Erfahrenen, die »Ent-Wirklichung«, nimmt damit immer mehr zu.

Diese Ambivalenz der Medien macht deutlich: Der Umgang mit dem Fernsehen, der Umgang mit Computern und Kommunikationssystemen will gelernt sein, damit sie einerseits ihre positiven Seiten im Blick auf Unterhaltung und Information entfalten können, ohne sich zugleich andererseits gegen den Menschen zu kehren und ihn zu manipulieren. Der Umgang mit den Medien muss eingebunden bleiben in eine selbstbestimmte Sinnvorgabe des Einzelnen. Wo Menschen dagegen die Sinnausrichtung von dem bestimmen lassen, was ihnen die Medien vorgeben und an Möglichkeiten anbieten, verlieren sie ihre freie Distanz dazu.

Im folgenden 12. Kapitel soll es um diese Frage gehen, wie ein humaner Gebrauch der Medien aussehen kann, der ihre Möglichkeiten nutzt, ohne dass Menschen dadurch einen Verlust an ihrer Identität erleiden.

Erfahrungen

Medien sind Information vermittelnde Einrichtungen. Höhlenmalereien gehören ebenso dazu wie mit hochleistungsfähigen Prozessoren ausgestattete Datenverarbeitungsmaschinen. Dazwischen liegen Schrift und Buch, Plakate, Zeitung, Film und elektronische Medien wie Radio und Fernsehen sowie die interaktiven und digitalen Medien wie CD-Rom und Internet etc.

Karsten Henning/Rainer Steib

Fernsehkultur

Der Wohnraum, die Küche oder auch die gute Stube waren noch in den Fünfzigerjahren in der Regel in sich selbst zentriert. Zwischen Sitzbank und Herd als der häuslichen Arbeitsstelle stand der Tisch. Wenn man saß, ergab sich der geschlossene Kreis. Auch im Wohnzimmer war die Sitzgruppe in der Ecke nicht bekannt, ganz zu schweigen vom Wohnraum als einer einzigen Sitzgruppenlandschaft. Der Tisch stand in der Mitte, am Rand das Sofa, in einer Ecke womöglich der Sessel.

Das alles hat sich mit der Einführung des Fernsehgeräte rapide geändert. Im bürgerlichen Wohnraum (...) gibt es nun die Essecke, die nach dem Essen in der Regel schnell verlassen wird. Die Sitzgruppe mit dem Couchtisch, nicht zu hoch, um darüber hinwegsehen zu können, steht gut gewichtet im rechten oder linken Zentrum des Raumes. Auf der anderen Seite residiert der Fernsehapparat, entweder auf einem Sockel oder im Fernsehschrank. Als Alternative bietet sich der gewaltige Wohnzimmerschrank an, mit einem speziellen Fach für das Gerät, oder auch ein kleiner Apparat im Regal. Und immer muss von der Sitzgruppe der Blick frei sein auf das Fenster zur Welt. Wichtig ist dabei stets, dass der Winkel zum Bildschirm aus der Perspektive der Sessel und Stühle nicht zu stumpf wird (...). Das transportable Zweitgerät im Schlafzimmer gilt als Luxus der Siebzigerjahre, die Frau (der Mann) schläft bereits, man will noch ein wenig sehen, genießt den späten Film oder die mitternächtliche Sportübertragung.

Wolf-Rüdiger Schmidt

220

Schlagzeilen zum Internet

Virtueller Rundgang durch den Vatikan-Palast

Neues, spektakuläres Projekt der TU-Darmstadt

Manfred Koob, Architektur-Professor an der TU Darmstadt und Computer-Spezialist, sorgt wieder für Aufsehen im Cyberspace. Das neue Projekt: ein 3-D-Modell des Vatikanischen Palasts in seiner Bauform zur Zeit der Hochrenaissance.

(WAZ, 7.12.1998)

Heiligenschein für den Computer

Lobende Worte des Papstes sorgen in Rom für viel Aufsehen

Unerwartetes Papstlob für den technischen Fortschritt: »Der Computer hat die Welt ein wenig verändert und sicherlich mein Leben«.

(WAZ, 28.11.1998)

»Exerzitien im Internet« zur Adventszeit

Zu »Exerzitien im Internet« lädt die Katholische Glaubensinformation (kgi) ein. Durch die ganze Adventszeit werde das Thema »Das göttliche Kind in uns« in einem vierwöchigen Meditationskurs in der »Daten-Autobahnkirche http://www.autobahnkirche.de« angeboten ...

(KNA, 17.11.1998)

Zwei Dutzend Personen aus den unterschiedlichsten universitären und außeruniversitären Arbeitsbereichen haben Anfang des Jahres 1997 bei einem Treffen in München das »Netzwerk Medienethik« gegründet. Das Netzwerk soll medienethische Forschungsprojekte koordinieren, dazu anregen, die Theorie der Medienethik in journalistische Ausbildung und Arbeit umzusetzen sowie medienethische Gesichtspunkte in aktuelle medienpolitische Diskussionen einzubringen. Das Netzwerk hat eine eigene Homepage im Internet http://www.gep.de/medienethik/netzeth1.htm

Dem Computer beichten?

Ist das Bibelwort aus dem Computer noch identisch? Soll man gar dem Computer beichten können? Einen Überblick zum Thema »Kirche im Internet« geben die Internet-Beauftragten der beiden christlichen Kirchen in Deutschland heute ...

(Westfälisches Volksblatt, 24.4.1997)

Medien -

Im Bereich »Wirtschaft und Arbeit«

- Informations- und Kommunikationstechnik vergrößert zwar die Rationalisierung und steigert die Produktivität, führt aber auch zur Beseitigung von Arbeitsplätzen oder zur Verlagerung ins Ausland.
- Teleshopping begünstigt unüberlegte Käufe und die Verschuldung einkommensschwacher Bevölkerungskreise.
- Telearbeit führt zu sozialer Isolation.
- Gefahr des »gläsernen Kunden«.

- Der Medienbereich stellt einen bedeutenden Wachstumsmarkt dar. Medien ermöglichen eine beträchtliche Steigerung der Produktivität und Qualität.
- Sie entwickeln den gemeinsamen Informationsraum »Europa«.
- Sie machen Transporte zum Teil überflüssig oder optimieren sie.
- Standortnachteile lassen sich so ausgleichen, dezentrale Berufstätigkeit wird möglich.

Im Bereich »Wissenschaft und Bildung«

- Es kommt zu einer neuen Klassengesellschaft von medienerfahrenen und medienunerfahrenen Personen, wodurch das Bildungsgefälle verstärkt wird.
- Durch die neue Unübersichtlichkeit wird eine Auswahl verstärkt notwendig, die aber bestimmte Kompetenzen voraussetzt.
- Wissen veraltet schneller.
- Bildung wird zunehmend von unmittelbarer Kommunikation abgelöst und auf eine bestimmte Funktion reduziert.

- Informations- und Bildungsangebote werden leichter zugänglich, Lernerfolge leichter möglich.
- Die Lernmotivation erhöht sich durch Medieneinsatz.
- Wissen wird besser und schneller verfügbar.
- Weltweiter Austausch von Erkenntnissen beschleunigt die Verbreitung von Wissen und fängt Standortnachteile auf.

Chancen und Risiken

Im Bereich »Kunst und Unterhaltung«

- Es besteht die Gefahr der kulturellen Aufsplitterung mit immer engeren Milieus und Kulturen.
- Die kulturelle Identität größerer Bevölkerungskreise ist bedroht.
- Orientierung wird immer schwerer möglich.
- Unterhaltungsangebote lassen die Eigeninitiative erlahmen.
- Der Unterhaltungsbetrieb gehorcht immer mehr den Marktgesetzen und den Einschaltquoten. Qualitätseinbußen im Journalismus sowie Missachtung der Würde von Personen und des Jugendschutzes sind die Folge.

- Spitzenleistungen des Hör- und Seherlebnisses sind durch die modernen Medien möglich geworden.
- Immer speziellere Geschmacksrichtungen und Zielgruppen können bedient werden.
- Neue Medien schaffen neue Ausdrucks- und Darstellungsmöglichkeiten.
- Ein breiteres Angebot an Unterhaltung erfüllt die Wünsche unterschiedlicher Geschmacksrichtungen.
- Sie gehen auf den Einzelnen mit seinen besonderen Vorlieben und Fähigkeiten mehr ein und fördern die Ausbildung seiner Identität und seines persönlichen Lebensstils.

Im Bereich »Familie und soziale Beziehungen«

- Nutzung der Medien kostet Geld und Zeit.
- Gefördert wird die isolierte Nutzung durch die einzelnen Familienmitglieder. Primärerfahrungen werden durch Sekundärerfahrung (virtuelle Realität) zunehmend ersetzt.
- Selbstfindung von Kindern und Jugendlichen wird zunehmend durch Medienmanipulation erschwert.
- Konsumverhalten in der Familie wird gefördert.

- Konflikten in der Freizeit wird durch individualisierte Unterhaltungsangebote entgegengewirkt.
- In Single-Haushalten entsteht nicht so leicht das Gefühl der Isolierung.
- Möglichkeiten beruflicher Tätigkeit zu Hause.
- Erleichterung bei der Inanspruchnahme von Dienstleistungen im Haushalt.
- Medien bieten Anlässe für Gespräche und soziale Kontakte.

Im Bereich »Öffentlichkeit und Politik«

- Der Zwang zur Auswahl und zum publizistischen Wettbewerb hat Verzerrungen im Nachrichtenangebot zur Folge.
- Die vielfach auf Konflikt ausgerichtete Berichterstattung ist der politischen Bildung nicht förderlich, sondern führt zu Politikverdrossenheit.
- Die Kluft zwischen gut und schlecht informierten Personen vergrößert sich.
- Die Unterscheidung von Wirklichkeit und Fiktion wird immer schwieriger.

- Das Nachrichtenangebot lässt sich durch Kommunikationstechnik verbessern. Teilhabe am lokalen und globalen Geschehen ist leichter möglich.
- Menschen können immer zeit- und raumunabhängiger ihren Interessen nachgehen.
- Die Vielfalt im Angebot macht Indoktrination und einseitige Darstellung schwieriger.
- Medien haben Kontrollfunktion und fördern die öffentliche Meinungsbildung.

Im Bereich »Kirche und Gemeinde«

- Zahl der kirchlichen Beiträge in den Medien geht zurück.
- Der Versuch, ein eigenes Spartenprogramm anzubieten, kann zur Gettoisierung der Kirche führen.
- Die einseitige Kommunikation auch in religiösen und kirchlichen Angeboten macht zunehmend den persönlichen Kontakt und die Glaubensweitergabe in der Gemeinde schwierig.

- Medien bieten neue Chancen der Verkündigung und der Ermutigung zum christlichen Lebensstil.
- Sie können einen kreativen Prozess in der Verkündigung in Gang bringen.
- Kommunikationsmedien halten auch Möglichkeiten des Dialogs bereit.
- Der Kontakt kirchlicher Gruppen und Einrichtungen kann erleichtert werden.
- Öffentlichkeitsarbeit der einzelnen Gemeinden wird verstärkt möglich.

224

Gute Unterhaltung

Unterhaltung besteht in einem zweckfreien, von der alltäglichen Pflicht und Arbeit entlasteten, nicht anstrengenden, sondern erholsamen Tun, das mit einem subjektiven Lusterlebnis verbunden ist. Dieses Lusterlebnis kann in der Unterhaltung auf unterschiedlichen Ebenen gesucht werden. Es kann in der körperlichen Betätigung (z.B. Sport) ebenso erfahren werden wie in emotionalem Erleben (z.B. Musik), in intellektueller Erkenntnis (z.B. Lesen) oder in der reflexiven Selbstbetrachtung (z.B. Meditation). Auf all diesen Ebenen können durch die Unterhaltung die eigenen Fähigkeiten erweitert, ein bejahender Umgang mit der Wirklichkeit und Gemeinschaft gewonnen und erfahren werden. Unterhaltung trägt so insgesamt zur Selbstverwirklichung des Menschen bei und ist auf allen Ebenen und Niveaus – entgegen aller Skepsis und Ablehnung – grundsätzlich legitim und zu bejahen.

Unterhaltung wird freilich dort problematisch, wo sie aus Darstellungen und Handlungen gewonnen wird, die die Personwürde von Menschen verletzen (z.B. Gewalt), wo sie als Flucht vor innerer Leere, Sinnlosigkeit und Lebenskrisen dient oder wo sie zur Sucht wird, die nach ständiger Reizerneuerung verlangt.

Unser Fernsehapparat sichert uns eine ständige Verbindung zur Welt, er tut dies allerdings mit einem durch nichts zu erschütternden Lächeln auf dem Gesicht. Problematisch am Fernsehen ist nicht, dass es uns unterhaltsame Themen präsentiert, problematisch ist, dass es jedes Thema als Unterhaltung präsentiert. ... Gleichgültig, was gezeigt wird und aus welchem Blickwinkel – die Grundannahme ist stets, dass es zu unserer Unterhaltung und unserem Vergnügen gezeigt wird. Deshalb fordern uns die Sprecher sogar in den Nachrichtensendungen, die uns täglich Bruchstücke von Tragik und Barbarei ins Haus liefern, dazu auf, »morgen wieder dabei zu sein.« Wozu eigentlich? Man sollte meinen, dass einige Minuten, angefüllt mit Mord und Unheil, Stoff genug für einen Monat schlafloser Nächte bieten. Aber wir nehmen die Einladung des Nachrichtensprechers an, weil wir wissen, dass wir die Nachrichten nicht ernst zu nehmen brauchen, dass sie sozusagen nur zum Vergnügen da sind. Der ganze Aufbau einer Nachrichtensendung gibt uns das zu verstehen: das gute Aussehen und die Liebenswürdigkeit der Sprecher, die netten Scherze, die aufregende Anfangs- und Schlussmusik der Show ... – das alles und manches mehr erweckt den Eindruck, dass das, was wir eben gesehen haben, kein Grund zum Heulen sei. Kurzum, die Nachrichtensendung ist ein Rahmen für Entertainment und nicht für Bildung, Nachdenken oder Besinnung.

Neil Postman

225

Ethische Kriterien

 **Identität**

Die den Menschen dienende Funktion der Medien und der öffentlichen Kommunikation wird geschwächt, wo die Medien nicht zur Orientierung und Identitätsbildung verhelfen, sondern Ansätze von Desintegration und Desorientierung verstärken. Dementsprechend müssen jene Instrumente der medialen Kommunikation gefördert und ausgebaut werden, die der Orientierung, der Aufklärung, der Selbstvergewisserung und Verständigung der Menschen dienen. Angesichts der größer werdenden Menge von Informationen und der globalen Ausweitung des Wahrnehmungshorizonts gewinnt die journalistische Arbeit an Bedeutung, welche die Fülle der Informationen für den Einzelnen in seinem Lebensbereich strukturiert, verstehbar macht und so verantwortliches Handeln erst ermöglicht.

 Selbstbestimmter Umgang

Die den Menschen dienende Funktion der Medien und der öffentlichen Kommunikation ist in Gefahr, wo Menschen nicht mehr selbstbestimmt, sondern außengeleitet und fremdbestimmt handeln. Demgegenüber müssen Wege gefunden und Formen entwickelt werden, auf dem immer komplexer werdenden Feld der Kommunikation Selbstständigkeit und Eigenverantwortung sowie die Kompetenz im Umgang mit den Medien zu stärken.

③ Transparenz und Zugangsgerechtigkeit

Medien und öffentliche Kommunikation verlieren ihre den Menschen dienende Funktion, wo Einzelinteressen dominieren und Machtmonopole einiger weniger entstehen. Demgegenüber geht es darum, Transparenz und Begrenzung von Medienmacht zu sichern, Privilegierungen abzubauen und Zugangsgerechtigkeit zu schaffen. Die Medien- und Kommunikationssysteme dürfen nicht so gestaltet werden, dass sie einer Monopolbildung von wirtschaftlicher und politischer Macht, von Information und Technologie Vorschub leisten.

④ Begrenzung der Eigendynamik

Die den Menschen dienende Funktion der Medien und der öffentlichen Kommunikation gerät in Gefahr, wo die Mediensysteme eine schwer steuerbare Eigendynamik entwickeln. Wenn z.B. globale Kommunikationsnetze mit einem anarchischen Freiheitspotenzial entstehen, sollte ein doppeltes Ziel erreicht werden: Es muss einerseits der freie Zugang für eine möglichst große Zahl von Menschen und ihre eigenverantwortliche Teilnahme gesichert werden; die Vernetzung dieser Systeme darf andererseits nicht so gestaltet werden, dass in ihnen nicht mehr verantwortlich gehandelt werden kann und sie sich einer ethischen Normierung und rechtlichen Steuerung entziehen.

 **Sensibilität für die Opfer**

Die Medien und die öffentliche Kommunikation verlieren ihre lebensdienliche Funktion, wo Menschen zum Objekt eines öffentlichen Voyeurismus gemacht werden, wo bei der Darstellung von Gewalt die Leiden des Opfers ausgeblendet, aber die Lust an der Tat und die Perspektive des Täters dominieren. Demgegenüber gilt es, die Würde und Intimität der Menschen zu respektieren, sie in ihrer Verletzlichkeit zu schützen und ein realistisches Bild von einem Zusammenleben zu vermitteln, das zur Verständigung und zu einer Reduktion von Gewalt führt.

⑥ Teilhabechancen für alle Menschen

Die lebensdienliche Funktion der Medien und der öffentlichen Kommunikation ist gefährdet, wo die Medien nur im Interesse der industrialisierten Welt weiterentwickelt werden und die Länder der Zwei-Drittel-Welt ihre Rechte und Chancen auf eine eigenständige öffentliche Kommunikation nicht nutzen können. Es müssen Wege und Instrumente gefunden werden, die Möglichkeiten der Medien- und Kommunikationstechniken für die Entwicklung einer internationalen Kommunikationsgerechtigkeit und für die Verständigung unter den Völkern zu nutzen.

Aufgaben:

● Machen Sie eine zusammenfassende Gegenüberstellung, welche Werte in diesem Text als konkurrierende Werte geschildert werden.

● Versuchen Sie konkrete Beispiele für die einzelnen Punkte zu finden und diskutieren Sie diese Fälle.

Was ist wirklich?

Rafal Olbinski, Retrospective obsession with reality

Es gibt nicht eine Realität.

Es gibt nur eine Realität, die wir wahrnehmen.

Spätestens seit Einstein wissen wir,

dass der Betrachter sich seine Realität schafft.

Bodo Schäfer

Praktische Übung:

● Machen Sie einen »Augenspaziergang« durch den Raum, in dem Sie sich gerade befinden. Merken Sie sich alle Gegenstände, die rot sind. Schließen Sie nun bitte die Augen. Können Sie Gegenstände benennen, die blau sind?

Internet macht einsam

Aufsehenerregende Studie aus Pittsburgh, USA

Die Auftraggeber der Studie wollten herausfinden, wie sich dadurch das Leben dieser Menschen veränderte. Zum Besseren, hofften sie. Die Auftraggeber waren Firmen wie Intel, Hewlett-Packert oder Apple. Die Studie – »Home-Net« betitelt – gilt als erste dieser Art. Sie zog sich über zwei Jahre hin und Tora Bikson, eine Wissenschaftlerin der Rand Corporation, bescheinigt ihr, »extrem sorgfältig angelegt« zu sein.

Veröffentlicht wurden die Ergebnisse nun in der Zeitschrift The American Psychologist. Jetzt ist die Welt der Computer-Freaks erschüttert. »Wir waren schockiert«, gibt selbst Robert Kraut zu, Professor für Sozialpsychologie und einer der Autoren der Studie.

Je mehr Zeit Menschen am Personal-Computer verbringen, desto weniger Zeit widmen sie Familie und Freunden. Dass die Internet-Benutzung ihr Leben wunderbar bereichert habe, gaben nur solche Teilnehmer zu Protokoll, die isoliert leben oder im Schichtdienst arbeiten.

Die Studie bezog sich nicht auf die berufliche Nutzung des Internet zu Recherchezwecken, sondern allein auf das Internet als privates Kommunikationsmedium, als Alternative zum persönlichen Gespräch, zum Briefeschreiben, Fernsehen und Telefonieren. Nichts ist offenbar für Menschen »psychisch gesünder«, wissen wir nun, als der persönliche, unmittelbare Kontakt zu anderen Menschen.

Uwe Knüpfer

Kein Schwein
ruft mich an

Kein Schwein ruft mich an,
keine Sau interessiert sich für mich,
so lange ich hier wohn' ist es fast wie
ein Hohn –
schweigt das Telefon.

Kein Schwein ruft mich an,
keine Sau interessiert sich für mich,
und ich frage mich: denkt gelegentlich
jemand mal an mich?

Den Zustand find' ich höchst fatal –
für heut'ge Zeiten nicht normal –
wo jedermann darüber klagt,
das Telefon an Nerven nagt.
Ich trau mich kaum mehr aus der Tür,
denn stets hab' ich vermutet,
dass kaum, dass ich das Haus verlass,
es klingelt oder tutet.

– doch –

Kein Schwein ruft mich an,
keine Sau interessiert sich für mich,
so lange ich hier wohn' ist es fast wie
ein Hohn –
schweigt das Telefon.

Kein Schwein ruft mich an,
keine Sau interessiert sich für mich,
und ich frage mich: denkt gelegentlich
jemand mal an mich?

Vielleicht, dass manche mich
im Land der Dänen wähnen
oder fern von hier,
wo die Hyänen gähnen.

– denn –

Kein Schwein ruft mich an,
keine Sau interessiert sich für mich,
doch liegt es nicht an mir –
ich zahle monatlich die Telefongebühr.

Das war für mich kein Zustand mehr,
es musste eine Lösung her,
das war für mich sofort der
Anrufbeantworter
und als ich dann nach Hause kam,
war ich vor Glück und Freude lahm,
es blinkte froh der Apparat,
dass jemand angerufen hat.
Die süße Stimme einer Frau
gesteht mir und erzählt:
»Verzeihen Sie mein werter Herr –
ich habe mich verwählt«.

Max Rabe

Ein berühmter Fall ...

Im Herbst 1998 sorgte die Veröffentli-
chung der Videoaussage des US-Präsi-
denten Bill Clinton zur Affäre mit seiner damaligen Praktikantin Monica Lewinsky im Fernsehen und im Internet
weltweit für Aufsehen. Neben dem
Bildmaterial stellte der Rechtsausschuss
des Abgeordnetenhauses 2800 Seiten
Untersuchungsdokumente des Sonder-
ermittlers Kenneth Starr ins Netz.
Die Reaktion der Bevölkerung in den
USA wie auch in anderen Ländern war
geteilt, jedoch überwogen Distanz und
Abscheu.

Aufgaben:

- Im beschriebenen Beispiel liegen
  verschiedene ethische Konflikte
  vor. Analysieren Sie den Fall und
  benennen Sie die verschiedenen
  moralischen Dilemmata.
- Nehmen Sie Stellung zum Verhalten der beteiligten Personen (Bill
  Clinton, Hillary Clinton, Monica
  Lewinsky, Kenneth Starr, Abgeord-
  neter etc.)
- Wie beurteilen Sie das Verhalten
  der Presse? Gibt es ein Ethos des
  Journalisten?
- Wurden nach Ihrer Meinung Per-
  son- bzw. Menschenrechte verletzt?
- Diskutieren Sie das Verhältnis von
  Recht und Ethik.

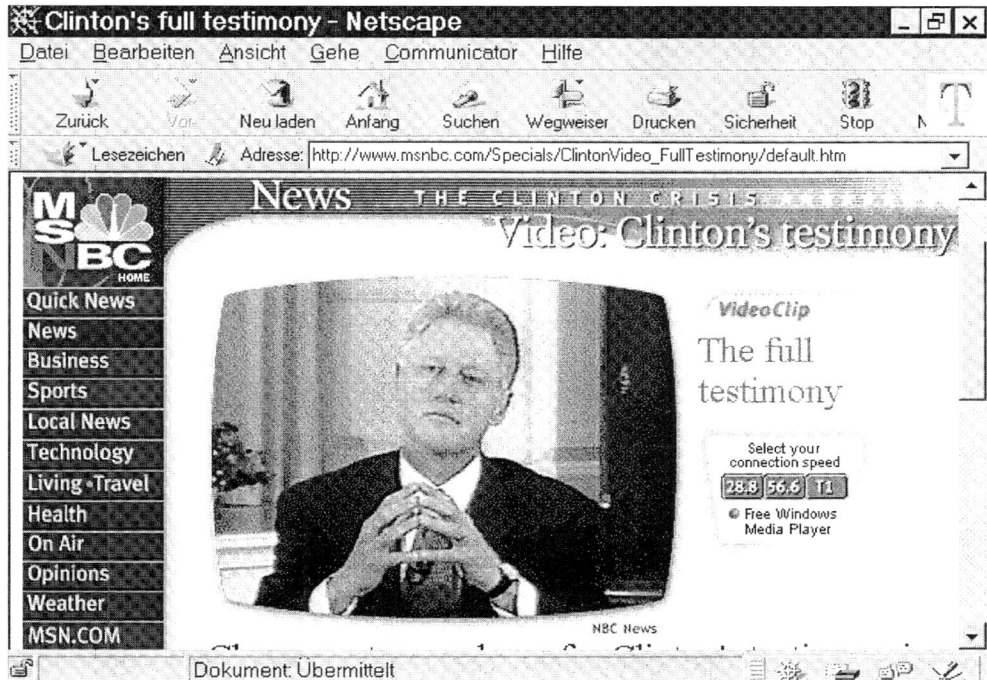

Medienpädagogik

Die vielfältigen Möglichkeiten der Medien haben diese zu einem bedeutenden Faktor für Freizeit und Beruf, für Wirtschaft und Politik, für Kultur und Gesellschaft werden lassen. Angesichts dieser Entwicklung wird – von bildungspolitischer und pädagogischer Seite – betont, dass die Vermittlung von Medienkompetenz eine wichtige Aufgabe für Erziehung und Bildung darstellt.

Dies wird besonders deutlich beim Blick auf mögliche Gefahren:

– Bei aller Eigensteuerung dominiert die rezeptive Mediennutzung.
– Es wird immer schwieriger zu unterscheiden zwischen Ereignis und Inszenierung, zwischen Aufklärung und Manipulation.
– Ernste Probleme bestehen in der Überreizung des Seh- und Hörsinns. »Channel-Hopping« und »Zappen« tragen dazu bei, dass zugunsten der Form die Inhalte verschwinden.
– Die Fülle der Detailinformationen führt zu Überforderungen.

Papa, wenn ein Baum umfällt und die Medien sind nicht dabei gewesen, um darüber zu berichten, ist der Baum dann wirklich umgefallen?

Für Schule und Elternhaus besteht die Aufgabe im Umgang mit Medien darin, die Bedürfnisse, Entwicklung und Lebenssituation der Kinder und Jugendlichen ernst zu nehmen. Sie anzuregen und zu unterstützen, ihren Kenntnisstand und Erfahrungshorizont zu erweitern. Sie zugleich zu einem mündigen, kritischen, sozialverantwortlichen und sachgerechten Umgang mit den Medien zu führen. Das heißt, Medienangebote bewusst auszuwählen, zu verstehen und zu bewerten suchen, sie zu durchschauen und beurteilen lernen.

Aufgaben:

1. Diskutieren Sie die Anschaffung eines Fernsehgerätes für das Kinderzimmer.
2. Beantworten Sie folgende Fragen: »Was machen die Medien mit den Menschen? Was machen die Menschen mit den Medien?«
3. Ein Fall: Ein Jugendlicher – wir nennen ihn Thomas – hat von seinen Eltern einen multimediafähigen PC mit der Maßgabe erhalten, dass er darauf keine indizierten oder jugendgefährdenden Computerspiele abspielt. Eines Tages sind die Eltern längere Zeit fort. Freunde besuchen ihn und bringen ein indiziertes Computerspiel mit. Sie sind überrascht, als er zögert, das Computerspiel mit ihnen auszuprobieren. Wie soll Thomas sich verhalten?

Stufenmodell zur Medienkompetenz

1. **Technische Befähigung**
   Sachgerechte Handhabung, Bau und Funktionsweise der Geräte.

2. **Semantische Kompetenz**
   Bedeutungen erfassen, Botschaften erkennen, Inhalte kritisch analysieren.

3. **Pragmatische Kompetenz**
   Medien selber verwenden,
   mit Medien kommunizieren.

Fernsehabend

Ein Ehepaar sitzt vor dem Fernsehgerät. Obwohl die Bildröhre ausgefallen ist und die Mattscheibe dunkel bleibt, starrt das Ehepaar zur gewohnten Stunde in die gewohnte Richtung.

Sie: Wieso geht der Fernseher denn gerade heute kaputt?

Er: Die bauen die Geräte absichtlich so, daß sie schnell kaputtgehen ... *(Pause)*

Sie: Ich muß nicht unbedingt fernsehen ...

Er: Ich auch nicht ... nicht nur, weil heute der Apparat kaputt ist ... ich meine sowieso ... ich sehe sowieso nicht gern Fernsehen ...

Sie: Ist ja auch wirklich nichts im Fernsehen, was man gern sehen möchte ... *(Pause)*

Er: Heute brauchen wir Gott sei Dank überhaupt nicht erst in den blöden Kasten zu gucken ...

Sie: Nee ... *(Pause)* ... Es sieht aber so aus, als ob du hinguckst ...

Er: Ich?

Sie: Ja ...

Er: Nein ... ich sehe nur ganz allgemein in diese Richtung ... aber du guckst hin ... Du guckst da immer hin!

Sie: Ich? Ich gucke da hin? Wie kommst du denn darauf?

Er: Es sieht so aus ....

Sie: Das *kann* gar nicht so aussehen ... ich gucke nämlich vorbei ... ich gucke *absichtlich* vorbei ... und wenn du ein kleines bißchen mehr auf mich achten würdest, hättest du bemerken können, dass ich absichtlich vorbeigucke, aber du interessierst dich ja überhaupt nicht für mich ...

Er: *(fällt ihr ins Wort)* Jaaa ... jaaa ... jaaa ... jaaa

Sie: Wir können doch einfach mal ganz woandershin gucken ...

Er: Woanders? ... Wohin denn?

Sie: Zur Seite ... oder nach hinten ...

Er: Nach hinten? Ich soll nach hinten sehen? ... Nur weil der Fernseher kaputt ist, soll ich nach hinten sehen? Ich laß mir doch von einem Fernsehgerät nicht vorschreiben, wo ich hinsehen soll! *(Pause)*

Sie: Was wäre denn heute für ein Programm gewesen?

Er: Eine Unterhaltungssendung ...

Sie: Ach ...

Er: Es ist schon eine Un-ver-schämt-heit, was einem so Abend für Abend im Fernsehen geboten wird! Ich weiß gar nicht, warum man sich das überhaupt noch ansieht! ... Lesen könnte man statt dessen, Kartenspielen oder ins Kino gehen ... oder ins Theater ... statt dessen sitzt man da und glotzt auf dieses blöde Fernsehprogramm!

Sie: Heute ist der Apparat ja nu kaputt ...

Er: Gott sei Dank!

Sie: Ja ...

Er: Da kann man sich wenigstens mal unterhalten ...

Sie: Oder früh ins Bett gehen ...

Er: Ich gehe nach den Spätnachrichten der Tagesschau ins Bett ...

Sie: Aber der Fernseher ist doch kaputt!

Er: *(energisch)* Ich lasse mir von einem kaputten Fernseher nicht vorschreiben, wann ich ins Bett zu gehen habe!

13. Kapitel
Umgang mit dem Sport

Medientipp:

Dokumentationsfilm: »Riskante Spiele zwischen Leben und Tod«, 17 Min, BRD 1992, Papirowski, Martin / Frisch, Martin (Reg.); ZDF (Prod.).

S-Bahn-Surfen, Free-Climbing, Bungee-Springen ... Was treibt vor allem junge Menschen dazu, solche extreme körperlichen Herausforderungen zu suchen? Ist es der Wunsch nach Aufregung und Abwechslung in einem weitestgehend risikolosen Alltagsleben? Ist es vielleicht gar eine Sucht, vergleichbar anderen Abhängigkeiten? In einem beschreibenden und einem forschungsorientiert-analytischen Teil geht der Film dem umstrittenen Phänomen nach. Eine Arbeitshilfe liegt dem Film bei.

Literaturhinweis:

Gemeinsame Erklärung der Kirchen zum Sport: Sport und christliches Ethos. April 1990, hrsg. vom Sekretariat der Deutschen Bischofskonferenz. Reihe Arbeitshilfen Nr. 80.

Zur Einführung

Sport hat heute in unserer Gesellschaft einen enormen Stellenwert erhalten. Nicht nur, dass der Fußball zur »wichtigsten Nebensache der Welt« geworden ist, über die man spricht und die verbindet; nicht nur, dass die Olympischen Spiele ein politisches Großereignis darstellen; nicht nur, dass sich Millionen für Tennis oder Autorennen interessieren. Für immer mehr Menschen steigt darüber hinaus auch der Wert ihrer eigenen Gesundheit und Fitness. Um sich wohl zu fühlen, um jung und leistungsfähig zu bleiben, um sich selbst zu bestätigen, investieren sie einen großen Anteil ihrer Freizeit in eine Fülle von Sportarten, die nun auch verstärkt von einer entsprechenden Freizeitindustrie angeboten werden. Man joggt, macht am Wochenende einen Trip mit dem Mountainbike, spielt Squash oder Badminton, geht ins Fitnessstudio oder macht Aerobic, Extremklettern oder Kanufahren, Tai Chi oder Yoga.

Das Erlebnis des eigenen Körpers und seiner authentischen Bewegung macht dabei einen wichtigen Reiz aus. Dazu kommt der Freizeit- und Erholungswert, aber auch die Möglichkeit, mit anderen zusammen etwas zu unternehmen sowie die eigene Bestätigung und Identität, die man in der je individuellen Sportart für sich findet. Gerade in unserer Leistungsgesellschaft, die von vielen Menschen höchste Anspannung und Energie in ihrem Beruf verlangt, bietet der Sport einen Ausgleich und eine andere Erlebniswelt.

Auf der anderen Seite aber wissen wir auch um die Schattenseiten des Sports. Wir kennen die knallharten finanziellen Interessen, die etwa mit dem Fußball verbunden sind, wo Spieler wie Waren für Unsummen eingekauft und ebenso wieder abgestoßen werden, wenn sie nicht das bringen, was sie sollen. Wir kennen die Dopingskandale, etwa beim Radsport, die Brutalität beim Eishockey-Spielen oder Boxen, den Krieg der Fans beim Fußballspiel, das gnadenlose Training, dem Eltern ihre Kinder unterziehen, um sie zu Stars im Eiskunstlauf zu machen. Darüber hinaus aber – weniger offensichtlich – prägt der Sport zunehmend auch unser Bild vom Menschen. Junge, fitte, sportliche und aktive Menschen bilden das Idealbild, das durch die Medien transportiert wird und Bewusstsein bildet, das aber auch unter Zwang setzt.

Im folgenden Kapitel sollen die hier angeschnittenen Fragen vertieft werden. Es geht darum, sich die für den Menschen wichtigen und unverzichtbaren Aspekte des Sports bewusst zu machen, aber auch Grenzen des Sports in unserer Gesellschaft zu diskutieren.

Erfahrungen

Orandum est,
ut sit mens sana in corpore sano.

Juvenal

Fisch schwimmt,
Vogel fliegt,
Mensch läuft.

Emil Zatopek

Sport ist Mord.

Schneller, höher, stärker.

Es lebe der Sport!

Fußball ist unser Leben.

Das Körpererlebnis als Selbsterfahrung – das ist es, wonach 3,5 Millionen Deutsche in 5500 Fitness-Kathedralen streben, wenn sie am Butterfly oder Muscle-Booster, bei Callanetics oder Stepp-Aerobic schwitzen und Brustumfang oder die »Problemzonen« Bauch, Beine, Po nach den Wunschvorstellungen der Werbeästhetik formen. Jedes Jahr kommen neue Mitturner hinzu, bis zur Jahrtausendwende, so die Hochrechnungen, werden es mehr als fünf Millionen sein. Schon heute setzt die Branche über drei Milliarden Mark um.

(Das Sonntagsblatt 12/21.3.1997)

238

Kinderarbeit in der Fußballproduktion

Arbeits- und Menschenrechtsorganisationen schätzen, dass derzeit ca. 7000 Kinder in Nähwerkstätten für Fußbälle arbeiten. Vor allem in der Stadt Sialkot, im Nordosten Pakistans, werden die Bälle hergestellt, etwa 80% der Weltproduktion. Die Kinder erwirtschaften dabei in Heimarbeit (3–5 Bälle pro Tag) bei schlechten Arbeitsbedingungen ca. ein Viertel eines Familieneinkommens.

Führende Sportartikelhersteller sind diesbezüglich in die Schlagzeilen geraten. Vereinbarungen, wie das »Atlanta Agreement 1997« zur Abschaffung der Kinderarbeit, sollen für Verbesserungen sorgen, beispielsweise durch Errichtung von Nähzentren. Frauen (Trennung der Geschlechter/Islam!) und Kinder haben hier keinen Zutritt. Die entstehenden Zusatzkosten müssen alleine von den pakistanischen Exporteuren getragen werden, da die Hersteller sich weigern, höhere Preise zu bezahlen. Außerdem führt die Produktionsverlagerung in große Nähzentren zur Zerstörung dörflicher Kleinbetriebe und Werkstätten. Inzwischen gibt es jedoch »fair« gehandelte und hergestellte Fußbälle, die den Richtlinien der FIFA und des DFB genügen. Für diese Fußbälle aus überwachten Kleinprojekten in den Dörfern werden höhere Stücklöhne gezahlt sowie Kranken- und Rentenversicherungsabgaben abgeführt.

Hinweis:
Den Vertrieb »fairer Fußbälle« hat die Gesellschaft zur Förderung der Partnerschaft mit der Dritten Welt (GEPA mbH – Wuppertal) in Verbindung mit den 750 Eine-Welt-Läden in Deutschland übernommen.

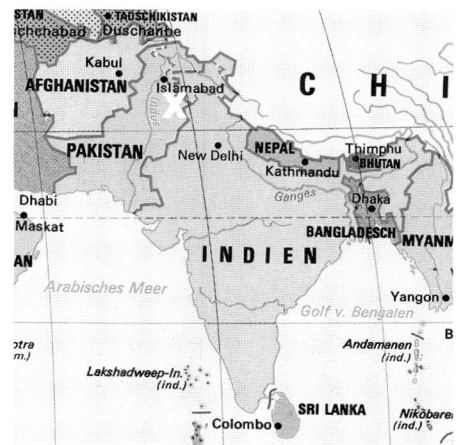

Schieds<u>richter</u>
<u>böses</u> Foul

<u>gute</u> Flanke

<u>falscher</u> Einwurf
<u>richtige</u> Ecke
<u>Regel</u>widrigkeit

Fairness
Unparteilichkeit
...

Aufgaben:

- Nennen Sie weitere Begriffe aus dem Bereich des Sports, welche Sie mit Ethik bzw. Moral in Verbindung bringen würden.
- Vergleichen Sie Ihre Ergebnisse mit den Inhaltsverzeichnissen des »Lexikons der Ethik im Sport« (Schondorf: Verlag Karl Hofmann, 1998).
- Glauben Sie, dass Kinder, die im Jugendfußball Fairplay lernen, mehr Gerechtigkeitssinn entwickeln als Kinder im Religions- bzw. Ethikunterricht?

Anthropologische Aspekte des Sports

Sinn und Spiel

Spiel gelingt in seiner Vollform eigentlich nur dort, wo all dies, was Animation zu erreichen sucht, noch ungetrübt und ungebrochen vorhanden ist (wie bei Kindern) oder wieder erlernt wurde (wie bei Menschen, die in der positivsten Bedeutung des Wortes »Animierte«, das meint doch auch »Begeisterte« sind).

Was geschieht in einem Spiel? Ein Mensch lässt sich nach den festen oder geheimen Regeln seiner Wahl auf seine Welt ein – und findet Freude in dieser immer wiederholbaren Ordnung, im Gelingen einer subtilen Harmonie. Falls er allein spielt, entsteht Freude aufgrund des Zusammenklangs der Regeln (Harmonie). Falls er mit anderem spielt, ist er glücklich aufgrund der souverän beherrschten Wirklichkeit. Falls er mit anderen spielt, wird in ihm Freude wach aufgrund der Überraschungen, bestürzenden Abläufe und Erfahrungen.

Die Versunkenheit des Spielenden deutet an, dass ein Mensch – so fasziniert von dem beglückenden Gang des Spiels – in eine eigene Spielwirklichkeit (auf Zeit) hineinfinden kann, die ihn alles um ihn herum gleichsam vergessen lässt. Etwas von der Ewigkeit, der im Spiel gespiegelten Ordnung (ewiger Harmonie) lässt sich darin erahnen.

Ins Spiel wird investiert Sinnhaftigkeit und Sinnlichkeit, im Spiel wird aufgerufen jeweils das Ich, das Spielregel, Spiellauf und Spielglück trägt. Genau jene Qualifikationen kommen also »ins Spiel«, von denen eben bei der Beschreibung der Animation die Rede war.

Spiel wird demnach zur Vollendung der Animation. Der spielende Mensch ist aber nicht nur der »beseelte« (animierte), sondern in der Tat auch der »begeisterte« (animus) Mensch.

Eines aber gehört offensichtlich zu jedem Spiel dazu: Geborgenheit in einem Lebenssinn, also in der Hoffnung, dass allem Anschein zum Trotz die Welt gut ist und dass über ihr eine Verheißung liegt, dass es mit ihr (und auch mit dem einzelnen Menschen) einmal gut ausgehen wird. Lebenssinn macht also Gutheißung aus, Gut-Heißung vor allem des Menschen, der spielen will, der in der Tat »auf dem Spiel steht«.

Im Spiel, also der Vollendung der Animation, wird offenbar, dass auch die Animation etwas mit Sinngebung zu tun hat und demnach auch ihre religiöse Dimension besitzt. Wollte man genau diese letzte Konsequenz aus diesen Überlegungen nicht mehr ziehen, dann würde man nicht nur eine »wertneutrale« Pädagogik für möglich halten, sondern man würde auch den Menschen selbst (in seinen oft unbewussten Ansprüchen, in seinem ihm eingestifteten Wertbezug) nicht ernst nehmen. Der spielende Mensch dagegen ist der religiöse Mensch, um welche Art religiöser Sinngebung es sich dabei im Einzelfall auch handeln mag.

Roman Bleistein

Bewegung

Das Grundbedürfnis nach Bewegung ist eine humane Lebensäußerung. Die Bewegung wiederum ist die zentrale Grundlage des Sports. Über sie verwirklichen sich die Möglichkeiten des Sports, über sie werden sie wirksam und überhaupt erst zugänglich. Im allgemeinen Sinne ist Bewegung ein unaufhebbarer Teil unserer Lebenswirklichkeit. Durch Bewegung erfahren wir einerseits Welt und Umwelt; andererseits gestalten wir sie auch durch Bewegung. Bewegung oder motorische Aktivität lässt sich als eine Beschreibungsgröße des Begriffs Sport heranziehen. Sportliche Handlungen sind demnach Ausdruck (Symbole, Zeichen) menschlicher Kultur; sie heben sich von Alltags- und Arbeitsbewegungen ab, weil sie prinzipiell unproduktiv sind und keinen existenziellen Zwängen unterliegen. Ohne den Sport gäbe es viele Formen der Bewegungsentfaltung und -entwicklung überhaupt nicht. Da sich im Allgemeinen subjektive Ansprüche ausbilden, wird das Bemühen zu einem grundsätzlichen Prinzip des sportlichen Handelns. Der Sport ist eine Möglichkeit, primäre authentische Erfahrungen zu machen. Es würde weniger Erfahrung ohne die Bewegungen in der eigenen Aktivität geben. Ohne den Sport hätten wir weniger Möglichkeiten zur Selbstrealisation und zur Befriedigung unseres Bewegungs- und Betätigungsdranges. Insbesondere hätten wir weniger Erfahrungen über unseren Körper und das, was er leisten kann. Wir wüssten auch weniger über Ermüdung und Entspannung. Vieles er-fährt, be-greift der Mensch ja nur sich-bewegend. Bewegung und Sprache spielen die Hauptrolle bei der Öffnung des Menschen zur Umwelt. Sich-bewegend nimmt der Mensch wahr, und sich-bewegend handelt der Mensch. Viele Begriffe der Sprache aus dem kognitiven Bereich verweisen auf die zentrale Bedeutung der Bewegung für den Menschen, in dem Wörter aus dem motorischen Bereich für die Bezeichnung dieser Begriffe Verwendung finden: be-greifen, wahr-nehmen, ver-stehen sind Beispiele dafür. Sehr eindrücklich lässt sich dieser Tatbestand am Beispiel ver-stehen im Detail zeigen. Ich ver-stehe mich oder etwas, wenn ich anders stehe, wenn ich meinen Standpunkt verändere. Bewegung und Sprache sind mit dem Menschen, mit dem menschlichen Denken eng verbunden.

Rolf Andresen

Wettkampf

Das Kampf- und Wettkampfprinzip des Sports ist tief in der sozialen Biologie des Menschen verwurzelt. Sportliche Auseinandersetzungen stellen kulturell ritualisierte Möglichkeiten dar, sich mit anderen auch körperlich zu messen und zu vergleichen. Man kann dabei lernen, seinen Körper zu beherrschen, seine körperlichen Fähigkeiten und Fertigkeiten richtig einzuschätzen und im Rahmen eines ausgearbeiteten Regelsystems gezielt einzusetzen. Darüber hinaus können Erfahrungen gemacht und Tugenden gelernt werden, die für das Zusammenleben von grundlegender Bedeutung sind, wie z.B. Gegensätze erfahren, akzeptieren und austragen können, sich an Regeln halten und sie aushandeln, den Gegner als Partner verstehen und trotzdem mit ihm kämpfen, sich streiten und sich versöhnen, siegen und verlieren zu können.

Pädagogisch gesehen bietet das Prinzip des Wettkampfs im Sport des Menschen also zahlreiche Möglichkeiten, freudvolle und aufregende Spiele und Wettkämpfe unter kontrollierten Bedingungen auszutragen. Andererseits kann dieser Aspekt des Kampfes beim Sport aber auch eine Quelle der Gewalt sein und als Mittel der körperlichen und moralischen Wehrertüchtigung benutzt werden. Es hängt von den politischen und gesellschaftlichen Verhältnissen, aber nicht zuletzt auch von Sportlern und Sportpädagogen ab, ob Sport friedlich und fair oder gewalttätig abläuft. Der sportliche Wettkampf ist kein Mittel zur Vorbereitung auf den Krieg, sondern ein Modell für Demokratie, für kultivierten Streit, ein Training für den geregelten und fairen Umgang mit Konflikten.

Unsere Zivilisation ist heute durch ein Vorrücken körperloser oder körperferner, also »zivilisierter« Formen von Gewalt gekennzeichnet. Dies wird insbesondere an der Darstellung von Gewalt in den Medien deutlich. Kinder und Jugendliche bekommen täglich gewalttätige Kampfhandlungen auf den Bildschirm zu sehen, auch unter dem Deckmantel des Sports oder sportähnlicher Aktivitäten. Die realen körperlichen und seelischen Wirkungen solcher »Kampfhandlungen« können sie nicht mehr einschätzen. Die Fähigkeit, sich in die Lage eines anderen, auch in seine körperliche Befindlichkeit und seinen Schmerz, hineinversetzen zu können, geht dadurch verloren. Körperliche, unmittelbare Erfahrungen in sportlichen Wettkämpfen sind deshalb wichtig, um dieser Entrealisierung entgegenzuwirken und den Realitäts- und Empathieverlust auszugleichen.

nach Michael Krüger

Olympische Illusion

Religiöse Werte im Sport

Der moderne Sport ist nicht an sich religiös. Er hat sich aus der antiken Sakralisierung gelöst und erscheint als profanes Phänomen. Propheten einer Sportreligion wie A. Brundage haben das kaum geändert. Der Gebrauch einer Symbolsprache, die das Gemüt bewegt bei Siegesfeiern und dergleichen, macht den Sport noch nicht religiös, wenn anders man vom Religiösen erst dort sprechen kann, wo der Mensch in seinen letzten Fragen nach dem Sinn des Lebens bewegt wird. Wohl sieht man heute am Bildschirm manchen Sportler sich bekreuzigen, ein Amulett anfassen oder in Konzentrationsübungen östlicher Prägung sich vorbereiten. Aber Magie für den Sport und eine gewisse Magie des Sports machen den Sport noch nicht an sich zu einem religiösen Wert.

Andererseits können im Sport bestimmte Werte sichtbar werden, die zwar als solche nicht religiös sind, aber religiösen Werten hilfreich sein können. (...) So könnte man z. B. den Wert der Konzentration im Sport durchaus als Begleitmotiv religiösen Bemühens verstehen. Der Sport tritt hier freilich nicht als er selbst, sondern als Gleichnis auf. Konzentration im wörtlichen Sinne heißt Zusammenziehen um ein Zentrum. Dessen bedarf man auch z. B. bei der Meditation, der Sammlung um die Mitte. Dem widerspricht, dass Sport in seiner wörtlichen Ableitung von »disportare« = zerstreuen zu stammen scheint. Denn Konzentration ist immer auch Zerstreuung dessen, was den Menschen in der Tat »auseinander bringt«, der Zwänge seines verspannten Lebens.

Natürlich taucht auch hier die Frage auf: Hat der Sport etwas mit Gott zu tun? Man würde sie besser umdrehen: Hat Gott etwas mit dem Sport zu tun? Die Antwort darauf kann nicht anders lauten: Gott kann auf das Phänomen Sport nur so weit bezogen werden, als er in der von ihm gewollten schöpferischen Verantwortung des Menschen für den Sport anwesend ist. Jede Behauptung einer Unmittelbarkeit Gottes zum Sport geht an Gottes Schöpfungswillen vorbei und verfälscht darüber hinaus den Sport. Wenn Christen mit dem Sport zu tun haben, sollten sie dies an seiner Verantwortung zeigen, nicht an seiner religiösen Verbrämung.

Dietmar Mieth

... und schieß uns unser tägliches Brot

Gesellschaftliche Aspekte des Sports

Das wichtigste Segment moderner Körperkultur ist zweifellos der Sport. Neue Sportformen weisen auf eine Wandlung im Körperbewusstsein hin: Im Bodybuilding begegnen wir einer narzisstischen Sportform, bei der ein Wettkampf nicht mehr im körperlichen Kräftemessen stattfindet, sondern in einer Konkurrenz um die Blicke der Zuschauer und Juroren in der Exposition des auf Makellosigkeit hochtrainierten Muskelkörpers, der zu einer lebendigen Statue stilisiert wird. In immer neu aufgelegten Varianten von Risikosportarten (Extrembergsteigen; Freeclimbing; Bungeejumping etc.) wird durch den Thrill, die körperlich unabweisbar erlebte Angstlust, körperliche Grenzerfahrung als Sinnersatz gesucht: eine existenziell berührende Erfahrung wird geradezu erzwungen, die allerdings auch suchtartig entgleiten und zu einer »existenzialistischen Sucht« werden kann. Der Hochleistungssport zeigt die Kolonisierung des Körpers durch individuelle Geldinteressen am krassesten; jenseits aller medizinischen Vernunft wird dem Körper extreme Leistung zugunsten der immateriellen Prämie von Ruhm und Ehre abverlangt. Zugleich wird ein moderner Aspekt der Instrumentalisierung des Körpers sichtbar, nämlich der Rückwirkung der – oft genug globalen – medialen Vermittlung auf die Organisation der Körpererfahrungen selbst.

Diesen elitären Sportformen gegenüber steht das Fitnessprogramm, das Sport und körperliche Betätigung für jedermann anbietet. Die Fitness-Bewegung zielt auf die breite Förderung physischer Gesundheit; die Fitness-Bewegung tritt das Erbe des »Volkssports« an, wie er seit über einem Jahrhundert durch Sportvereine und schulischen Turnunterricht betrieben wurde. Sport wird zu einer Massenbewegung, die eine egalitäre Illusion erzeugt: vor dem Körper sind (scheinbar) alle gleich, der amerikanische Präsident ebenso wie der Nachbar auf den an Folterwerkzeuge erinnernden Maschinen des Studios. Die Fitness-Bewegung, angetreten zur Vitalisierung des Körpers, erzeugt einen medikalisierten Körper; aus allen möglichen Körpererfahrungen werden die hervorgehoben, die der physischen Gesundheit dienen. Außerdem gleichen Fitness-Bewegungen das Verschwinden des Körpers aus den Produktionsprozessen aus. Dort, wo der Körper (zu) einseitig entlastet wird, lässt sich Körpertraining als Ware vermarkten.

Klinisch-psychotherapeutisch lässt sich schließlich beobachten, dass auch Fitness-Training, Jogging, Mountainbiking etc. suchtartig betrieben werden. Für die Persönlichkeit kann Körpertraining unverzichtbar werden, weil die Modellierung des eigenen Körpers, die im Studio erreicht wird, nicht dem persönlichen Wohl dient, sondern zu einer perfekten Sozialmaske verhilft: Der Körper wird undurchdringlich und gibt den Blick auf seelische Not nicht mehr preis. Außerdem erzeugt die Fitnesswelle einen neuen Anspruch: Fitness wird zum Kennzeichen von Modernität, Handlungsfähigkeit, Freiheit; aus Spiel wird Ernst, Fitness wird zur Seelenarbeit, Jogging wird »Identitätstraining«.

Körperkultur – Kritische Anfragen

1. Körper und Individualität

Da, wo stabile soziale Rollenidentitäten brüchig werden, wird die Einzigartigkeit des Individuums am Körper festgemacht. Der Körper dient dazu, in freier Gestaltung und weitestmöglicher Formbarkeit, Eigentümlichkeiten zu signalisieren. Daher wird der Körper modelliert, daher wird er perfektioniert. Das, was früher der Seele überantwortet war, muss heute vom Körper getragen werden.

2. Körperlichkeit und Sinn

Selbstverwirklichung und Lebenssinn wird ebenfalls zu einer Ersatzfunktion des Körpers. Daher kann Körpererfahrung zu (pseudo-)existenzialistischen Erfahrungen oder für die Stabilisierung des Selbst instrumentalisiert werden.

3. Mystifizierung der Körpererfahrung

Körpererfahrung wird dann mystisch, wenn sie als Erfahrung einer primären ursprünglichen Natur missverstanden wird. Auch Körpererfahrung ist gesellschaftlich organisiert. Die Mystifizierung des Körpers verschleiert die im Zivilisationsprozess entfaltete Instrumentalisierung des Körpers und den normativen Einfluss technischer Medien. ➤ vgl. S. 102

4. Verdinglichung des Körpers

Körpererfahrung in der beschriebenen modernen Körperkultur tendiert dazu, Sinnhorizonte auf das eigene körperliche Befinden schrumpfen zu lassen; Körpererfahrung verliert damit seine soziale und intersubjektive Fundierung und wird zum Selbstzweck.

Aufgaben:

● Benennen Sie Beispiele und Erfahrungen zu den hier angesprochenen Verhaltensweisen zum Körper.
● Versuchen Sie, ein angemessenes Verhältnis zum eigenen Körper positiv zu beschreiben.

Fußball als Gottesdienstersatz

Fußball wird häufig – teils mehr witzig, teils durchaus ernst gemeint – mit einem religiösen Orden verglichen und seine Anhänger mit religiösen Fanatikern, der Rasen auf dem Spielfeld als »der heilige Rasen« und das Stadion als Heiligtum bezeichnet. Die Stars unter den Spielern werden von ihren bewunderten Fans wie »junge Götter« »verehrt« und das Sitzungszimmer des Vorstands rückt zum »Allerheiligsten« auf. Abergläubische und magische Praktiken grassieren; auf den Tribünen, auf denen sich die so genannten Rowdys drängen, ertönen Gesänge, die trotz ihres obszönen Wortlauts unverkennbar wie kirchlicher Chorgesang klingen, und in der Tat sind es zum Teil auch Kirchenlieder, die direkt aus dem Gesangbuch übernommen worden sind. So scheint der Vergleich zwischen einem Fußballspiel und einem Gottesdienst gar nicht so weit hergeholt. Ja, in einer Hinsicht, einer recht wichtigen sogar, ist die religiöse Bedeutung des Fußballs tatsächlich nicht anzuzweifeln. Für einen großen Prozentsatz der Bevölkerung hat er den Gottesdienst und die festlichen Ansätze von gestern ersetzt ... Wie ehedem die religiöse Versammlung, ist heute das Fußballspiel für eine größere Gruppe Einheimischer der Anlass zu Massenzusammenkünften, die es überdies durch einen gemeinsamen starken Glauben verbindet, wobei an die Stelle der Gottheit die Mannschaft getreten ist ... Mit anderen Worten, man kann die Augen nicht vor der Tatsache verschließen, dass das Fußballspiel als eine Art Gottesdienstersatz in der modernen Gesellschaft eine wichtige Rolle spielt.

Desmond Morris

Kirche und Sport

Die Kirche hat sich erst spät zum Sport geäußert. Bischöfliche Erklärungen aus den Zwanzigerjahren und Reden Pius XII. vor Sportlern sehen unter ethischen Gesichtspunkten die positiven Seiten der Leibesübungen und warnen vor negativen. Das Zweite Vatikanische Konzil hat sich trotz von Konzilsvätern gewünschter ausführlicher Aussagen im Kapitel 61 der Pastoralkonstitution »Gaudium et spes« über die Erziehung zur menschlichen Gesamtkultur auf einen Satz beschränkt: der Sport mit seinen Veranstaltungen trägt »zum psychischen Gleichgewicht des Einzelnen und der Gesellschaft sowie zur Anknüpfung brüderlicher Beziehungen zwischen Menschen aller Lebensverhältnisse, Nationen oder Rassen« bei. Die Päpste Johannes XXIII. und Paul VI. haben in ihren Botschaften bzw. Reden zur Eröffnung der Olympischen Spiele in Rom (1964) bzw. in Montreal (1976) den Selbstwert des Sports als eine Komponente der Kultur und der Gesellschaft ohne Zögern anerkannt – nicht nur wie bisher nur als Mittel zur Erreichung ethischer Ziele. Im Weltkatechismus findet sich leider keine Aussage zum Sport, im deutschen Erwachsenenkatechismus nur die Warnung vor der Überschätzung des Leiblich-Körperlichen bis zur »Leibvergötzung« und der Herabwürdigung bis zur »Leibverachtung«, dazu die Bemerkung, dass Sport neben anderem die Gesundheit fördern, ihr aber auch schaden könne. Das Stichwort »Sport« wird in beiden Katechismen nicht einmal geführt! In kirchlichen Verlautbarungen und Predigten werden oft die wenigen neutestamentlichen Stellen zitiert: 1 Kor 6,19f.; 9,24–27; Phil 3,12–14; 1 Tim 4,8; 2 Tim 2,5. Aber diese Stellen belegen nur, dass dem Verfasser der antike Sportbetrieb bekannt ist und als Gleichnis für christliches Streben dienen kann.

Hans Joachim Türk

Und wer
an einem
Wettkampf
teilnimmt,
erhält
den Siegeskranz
nur,
wenn er
nach den
Regeln
kämpft.

2 Tim 2,5

Stillesitzen

Eine Übung, die verflixt einfach oder einfach verflixt sein kann

Vorbereitung

Suchen sie einen Raum auf, in dem Sie sich wohl fühlen und wo Sie in den nächsten Minuten sicher nicht gestört werden, d.h. es sollte niemand überraschenderweise eintreten, Geräusche sollten keine hörbar oder auf ein Mindestmaß reduziert sein (störend wirken vor allem menschliche Stimmen, sei es direkt von Personen, sei es aus dem Radio oder Fernsehgerät, denn sie wecken in uns Gedanken und Assoziationsketten). Schaffen Sie sich eine Sitzgelegenheit, die es Ihnen erlaubt, längere Zeit unbeweglich zu sitzen und den Rücken aufrecht und gerade zu halten. Der Liegestuhl ist kein geeigneter Meditationsplatz; die scheinbar bequemste Haltung ist nicht immer die Beste.

Übungsanleitung

Sobald Sie sich eingerichtet haben, lenken Sie Ihre Aufmerksamkeit auf sich selber. Ein Teil der Aufmerksamkeit gehört dem Sitzen: Wie fühlt sich mein Körper an? Bin ich verspannt oder entspannt? Baut sich irgendwo in mir der Zwang auf, mich zu bewegen?

Einen anderen Teil der Aufmerksamkeit lenken Sie auf die Gedanken, die Sie nun durchzucken. Schauen Sie den Gedanken zu wie einer Gruppe spielender Kinder. Sie werden amüsante, blöde, wertvolle und stupide Gedanken entdecken. Greifen Sie nicht ein! Sie schauen bloß zu.

Der dritte Teil Ihrer Aufmerksamkeit widmet sich der inneren Stille. Stellen Sie sich vor, dass es in Ihnen den Wunsch nach Stille gibt, vielleicht noch klein wie ein Samenkorn. Lassen Sie durch Ihre Aufmerksamkeit die Stille wachsen, bis diese Sie ausfüllt.

Es ist entscheidend, dass Sie das Ganze nicht zu einer Aktivität machen. Lassen Sie es vielmehr zu: das Sitzen, die Gedanken und die Stille! Freuen Sie sich über den allmählichen Sieg der Stille.

Lassen Sie sich für die Übung zehn bis zwanzig Minuten Zeit.

Abschluss

Lösen Sie die unbewegliche Sitzhaltung mit leichten, vorsichtigen Bewegungen auf, Kreisbewegungen im Nacken, dehnen, strecken Sie sich. Erheben Sie sich bewusst vom Sitz.

Im Anschluss an die Übung kann es gut sein, sich ein paar Gedanken zu machen: Ging es mit dem Sitzen gut oder muss ich mich anders hinsetzen? Was hat das Aufkommen der Stille verhindert? Wie habe ich die Augenblicke der Stille erlebt? Notieren Sie sich hier oder ausführlicher in Ihrem Notizbuch die Eigenschaften der Stille!

Peter Henrici / Peter Wild

Mein Fußball / meine Religion gibt mir ...

»das Gefühl, dass ich noch etwas anderes bin als ein Rädchen im Getriebe meiner Firma.«

»das tiefe Erlebnis von Gemeinschaft und Verbundenheit.«

»Orientierung in wichtigen Lebensentscheidungen.«

»die Möglichkeit, an Vorbildern zu wachsen.«

»die Chance, mit Menschen zusammenzukommen, mit denen ich sonst kaum etwas zu tun habe.«

»die Vision eines friedlichen Zusammenlebens der Völker«.

»neue Ziele und Perspektiven, wenn ich am liebsten den Kopf in den Sand stecken würde.«

»eine Hoffnung, die trägt, selbst wenn ich an den Rand meiner Kräfte gelange oder andere mich aufgegeben haben.« ...

»den Mut, mein Leben selbst zu gestalten.«

»das Gefühl, mit anderen etwas zu erreichen, was ich allein nie schaffen würde.«

»die Möglichkeit, mit meinen Schattenseiten zu leben.«

»das Feeling, manchmal zu den Siegern und nicht zu den Loosern zu gehören.«

»den klaren Blick für Gerechtigkeit und die Verantwortung, damit Ernst zu machen.«

»regelmäßig den Anlass, ausgelassen zu feiern.«

»die Chance, einmal ganz aus mir rauszugehen, Gefühle zu zeigen, ohne dass dies einer lächerlich findet.«

Aufgaben:

- Entscheiden Sie, ob in diesen Äußerungen ein überzeugter Fußballfan von seiner Liebe zu diesem Sport spricht oder ob hier ein Anhänger des Christentums beschreibt, was seine Religion ihm gibt. Wo könnte beides möglich sein?
- Vergleichen Sie die Äußerungen mit dem Text von Desmond Morris (S. 246).

14. Kapitel

Umgang mit Krankheit und Schmerz

Medientipp:

Dokumentationsfilm: »Schmerzgrenze«, 76 Min. (F), BRD 1986, IWU (VIDEO-Film).

Ende November auf einer schwedischen Land-straße: Ein schwerer Autounfall verändert in Se-kundenschnelle das Leben zweier Menschen: Agneta, Studentin der Filmhochschule in Stock-holm beschreibt mit persönlichen und sensiblen Bildern und Worten fünf Jahre des Zusammen-lebens mit ihrem Freund und Mitstudenten Jean nach dessen folgenschwerem Unglück und ihr ebenso engagiertes wie verzweifeltes Bemühen, den schwer Behinderten zu rehabilitieren und eine neue Beziehung zu ihm zu entwickeln. Ein Dokumentarfilm, der eindrucksvoll von den Möglichkeiten und Grenzen erzählt, persönli-ches Leid zu bewältigen.

Literaturhinweis:

Alfons Gerhardt: Die Kranken besuchen. Ein Werkbuch. Limburg (Lahn-Verlag) 1996.

Zur Einführung

Die Medizin hat in den letzten hundert Jahren einen enormen Fortschritt zum Wohl der Menschen zu verzeichnen. Durch Verbesserung der Hygiene und der medizinischen Grundversorgung, durch den Sieg über die großen Infektionskrankheiten, durch die Möglichkeiten der medikamentösen und operativen Behandlung ist es ihr gelungen, die durchschnittliche Lebenserwartung beträchtlich zu verlängern. Zugleich aber hat sie auch die Qualität dieser neu gewonnenen Jahre deutlich verbessert. Viele Menschen sind heute bis ins Alter hinein im Wesentlichen gesund, leistungsfähig und können ihr Leben aktiv gestalten.

Auf der anderen Seite aber hat dieser Erfolg der Medizin eine ganze Fülle von neuen Krankheiten mit sich gebracht. Während nämlich die Infektionskrankheiten abgenommen haben, haben nun Langzeitleiden, chronische Schmerzen, Altersleiden sowie die so genannten Zivilisationskrankheiten zugenommen. All dies sind neue Formen des Krankseins, die von der Medizin meist nicht mehr einfach von ihrem Grund her therapiert und kuriert werden können, sondern bei denen lediglich eine Behandlung der Symptome möglich ist. Zugleich haben sie oft auch weitere psychische Leiden und soziale Einschränkungen zur Folge. Es kommt zu Überforderung im Beruf, Kontakte zu Freunden und Bekannten werden reduziert, Freizeitaktivitäten aufgegeben, es kommt zu Problemen in Ehe und Familie. Die eigenen Lebenspläne werden durchkreuzt und lassen sich nicht mehr verwirklichen. Fragen nach dem Sinn der verbleibenden Lebenszeit drängen sich auf. Rückzug, Resignation, Hoffnungslosigkeit und Depression, schließlich auch Suizid, sind die Folge.

Der Glaube an die Medizin und ihre Möglichkeiten ist gleichwohl ungebrochen. Viele Patienten, aber auch Ärzte greifen nach allen Mitteln, die eine Linderung der Symptome verschaffen. Der Konsum an Schmerzmitteln etwa ist gerade in der Bundesrepublik Deutschland erschreckend hoch. Dabei ist eine solche Form der Behandlung nicht unproblematisch. Sie erweist sich nur allzu oft als kontraproduktiv. Die Dauereinnahme von Schmerzmitteln kann neue, nicht wieder therapierbare Schmerzen hervorrufen. Häufig sind Medikamentenabhängigkeit und -missbrauch die Folge.

Vonseiten der Ärzte wäre hier weniger naturwissenschaftlich-technisches Wissen und Können als vielmehr menschliche Begleitung und Beratung der Patienten gefordert, vonseiten der Patienten – entgegen einer fast schon religiösen Heilserwartung an die Medizin – eine stärkere Auseinandersetzung mit Krankheit und Leid sowie mit der eigenen Endlichkeit und Sterblichkeit. Es wäre wichtig, Lebenskrisen zu bestehen, wenn das Einbrechen einer Krankheit die bisherigen Lebenspläne zerstört.

Das folgende Kapitel möchte zur Auseinandersetzung mit der Frage anregen, wie ein solcher Umgang mit Krankheit und Schmerz aussehen kann.

Erfahrungen

Suchen und fragen

Text und Musik:
Heinz Martin Lonquich; Rechte beim Autor

Su- chen und fra - gen, hof - fen und sehn, mit - ei - nan - der glau- ben und sich ver - stehn, la - chend sich öff - nen, tan - zen, be - frein: So spricht Gott sein Ja, so stirbt un - ser Nein. So spricht Gott sein Ja, so stirbt un - ser Nein.

Die Maßnahmen

Die Faulen werden geschlachtet
die Welt wird fleißig

Die Hässlichen werden geschlachtet
die Welt wird schön

Die Narren werden geschlachtet
die Welt wird weise

Die Kranken werden geschlachtet
die Welt wird gesund

Die Traurigen werden geschlachtet
die Welt wird lustig

Die Alten werden geschlachtet
die Welt wird jung

Die Feinde werden geschlachtet
die Welt wird freundlich

Die Bösen werden geschlachtet
die Welt wird gut

Erich Fried

2. Klagende hören, Trauernde seh'n,
   aneinander glauben und sich versteh'n,
   auf unsre Armut lässt Gott sich ein:
   So spricht Gott sein Ja,
   so stirbt unser Nein.

3. Planen und bauen, Neuland begeh'n,
   füreinander glauben und sich versteh'n,
   leben für viele, Brot sein und Wein:
   So spricht Gott sein Ja,
   so stirbt unser Nein.

> »Gesundheit ist der Zustand vollständigen, körperlichen, geistigen und sozialen Wohlbefindens, nicht allein Freisein von Krankheit und Gebrechen.«
>
> *Weltgesundheitsorganisation*

> »Gesundheit ist nicht die Abwesenheit von Störungen, sondern die Kraft, mit ihnen zu leben.«
>
> *D. Rössler*

Aufgaben:

- Entwerfen Sie – entsprechend den beiden Definitionen – je ein möglichst detailliertes Bild von einem Gesunden und einem Kranken.
- Welche Definition scheint ihnen geeigneter?
- Wie oft nehmen Sie Medikamente? – Auf welche könnten Sie verzichten?

Vor einigen Jahrzehnten wurde durch eine Serie von Experimenten nachgewiesen, dass es ohne weiteres möglich ist, Krankheiten durch Suggestion hervorzurufen. Die ohne ihr Wissen ausgesuchten Versuchspersonen wurden dabei nacheinander von drei (eingeweihten) Bekannten besucht. Jeder von ihnen stellte die – natürlich jedes Mal geringfügig abgewandelte – Frage: »Was fehlt dir eigentlich? Du siehst ja überhaupt nicht gut aus!« Der erste Besucher erntete meist nur belustigtes Lächeln und die gleichmütige Antwort: »Wieso, gar nichts, mir geht's ausgezeichnet!« Schon beim nächsten Versuch war die Reaktion nicht mehr so zuversichtlich: »Ja, ich weiß auch nicht recht, aber ich fühle mich nicht besonders wohl.« Dem dritten Freund gegenüber bekannte das »Opfer« bereits, dass es sich in der Tat krank fühle.

Napoleon Hill

Eine Herausforderung an die naturwissenschaftich-technische Medizin

Palliativmedizin

Die wachsenden medizintechnischen Möglichkeiten gezielter lebenserhaltender Maßnahmen bis hin zur begrenzten biologischen Lebensverlängerung schaffen zunehmend eine sich verändernde Verantwortungsqualität ärztlichen Handelns. Mit ihnen gerät ethisch die Verantwortung für jene Menschen in den Blick, die über Wochen, Monate oder Jahre hinweg medizinisch und pflegerisch versorgt werden müssen, im Sinne der kurativen Medizin aber keine Heilungschancen haben. Beispielhaft für diese Situation sind nicht nur Krebspatienten und Aidskranke in der Endphase ihres Leidens, sondern auch und vor allem das gesellschaftliche Faktum eines vermehrt auftretenden Alterssiechtums. Der Langzeitpatient mit Dauerpflegebedürftigkeit ohne medizinischen Heilerfolg wird zunehmend zum Regelfall medizinischer Versorgung und Betreuung. Unter dem Anspruch des ärztlichen Ethos bleibt der Einsatz gegen den unzeitigen Tod eine permanente Aufgabe medizinischer Anstrengungen. ...

Dieses Ethos bleibt auch unter den Voraussetzungen medizintechnischen Könnens bestimmt vom Anspruch einer stets auf Achtung setzenden Unverfügbarkeit des Patienten, in aller Gebrechlichkeit noch am Leben teilnehmen zu können. Darin verdichtet sich der Wunsch, in der ängstlichen Erfahrung des Lebensendes den Dienst menschlicher Nähe zu verspüren. Die Angst des Menschen vor dem Sterben konkretisiert sich existenziell als Furcht vor unerträglichem Schmerz, vor erschreckender Einsamkeit, vor zunehmender Hilflosigkeit und den damit einhergehenden zwischenmenschlichen Abhängigkeiten. Im Schnittpunkt dieser Erfahrungsebenen wird ethisch die Rechtfertigung palliativ-medizinischer Maßnahmen deutlich, die sich als schmerzlindernder Therapieeinsatz verstehen.

Die Beseitigung bzw. Erleichterung von Krankheitserscheinungen ... legitimieren sich aus dem humanen Grundansatz einer Ermöglichung menschlicher Lebensqualität unter krankheitsmäßig veränderten Lebensbedingungen. Ethisch gewertet findet in der Palliativmedizin die medizinische Wissenschaft zu ihrem ganzheitlichen Selbstverständnis in der Sorge um den Menschen zurück. Unter dem Anspruch einer optimalen medizinisch-pflegerischen Grund- und Terminalversorgung eröffnet palliative Medizin den betroffenen Menschen Wege und Hilfen in der ihnen verbleibenden Lebenszeit, diese Zeitspanne human sinnvoll und sozial kommunikativ auszufüllen. Schmerzlinderung heißt ethisch nicht nur vorrangig Minderung von faktischen Behinderungen, sondern auch das Heimholen des Hoffens, der Lebensfreude und der Erfahrung aus sinnvoll erlebten Zeiten der Vergangenheit.

nach Gerfried Hunold

Flucht vor dem Schmerz

Schmerzen sind nicht nur unangenehm, sondern sie können dem Menschen die Kontrolle über das eigene Erleben und Verhalten nehmen und ihn zwingen, seine Einstellung zu sich selbst, anderen gegenüber und im Blick auf den Ablauf der Lebenszeit zu ändern. Es liegt daher nahe, dass der Mensch alles tut, um Schmerzen zu vermeiden oder ihnen zu entfliehen. Nun ist Schmerzvermeidung und -verdrängung zunächst etwas Natürliches und Menschliches und das Ideal der Schmerzfreiheit ist an sich nicht verwerflich. Problematisch ist aber die unbewusste Flucht vor den Schmerzen oder deren Abwehr; denn man kann den Schmerz nicht völlig zum Schweigen bringen, ohne dem Leben etwas Wesentliches zu nehmen. Zu diesen oft unbewussten Schmerzvermeidungsstrategien gehören das Unterdrücken und Verleugnen körperlicher Schmerzsymptome, die Verdrängung unangenehmer Erlebnisse und Gefühle, das Konzept der Konfliktvermeidung, die Flucht in die Zerstreuung und manches andere mehr.

Die Folge dieses Prozesses ist, dass die Menschen unsensibel werden für ihren Körper, und dass der Schmerz seine Signalwirkung verliert. Schon Schulkinder werden bei Kopfschmerzen, Verdauungs- oder Schlafstörungen in zunehmendem Maß von ihren Eltern mit Tabletten »versorgt«, ohne dass die Ursache dieser Störungen aufgeklärt würde. Auch vorwiegend naturwissenschaftlich-technisch ausgebildete Ärzte neigen zu der raschen Verabreichung von schmerzlindernden Mitteln und zur Bagatellisierung möglicher psychischer Hintergründe. Dabei mögen freilich auch Abwehrmechanismen auf ärztlicher Seite sowie ökonomische Gründe eine Rolle spielen. Sorgen, Ängste und Aggressionen können zu somatische Schmerzen verursachenden Symptomen führen.

Dazu kommt, dass in der Öffentlichkeit das Zeigen von Schmerzen nicht zugelassen ist. Der Schmerz wird zwar in der depersonalisierten und entfremdeten Form des Schmerzes anderer in den Medien gezeigt, aber der eigene Schmerz kommt kaum oder nur in der Werbung unter dem Gesichtspunkt seiner Überwindung durch Wissenschaft und Technik vor. Es ist nicht davon die Rede, dass alles Sicheinlassen auf die Wirklichkeit dieser Welt wehtun kann. So kommt eine »Kultur der Analgetica« zustande ... Die Verdrängung des Schmerzes ist Symbol für die Verdrängung alles dessen, was unangenehm ist: Einsamkeit, Leiden, Ungerechtigkeit, Hilflosigkeit und der letzte Schmerz, der Tod. Aber diese Narkotisierung des Lebens ist der Feind der menschlichen Gemeinschaft. Je unfähiger wir werden, das eigene Leben zu ertragen, desto leichter fällt es uns, fremdes Leiden zu dulden.

Bernhard Maurer

Aufgaben:

- Suchen Sie Beispiele für Schmerz- und Leidverdrängung in unserer Gesellschaft, in unserer alltäglichen Erfahrung.
- Suchen Sie nach Kriterien, nach denen man berechtigte Schmerzbehandlung und Schmerztherapie von Flucht vor dem Schmerz und Schmerzverdrängung unterscheiden kann.
- »Alles Sicheinlassen auf die Wirklichkeit kann wehtun.« Versuchen Sie konkret zu beschreiben, was dem Leben verloren geht, wenn man Schmerz um jeden Preis vermeiden will.

Eine Gesellschaft, in der nur

Eine entscheidende Aufgabe des christlichen Glaubens besteht in der heutigen technischen Zivilisation darin, vor der Fiktion eines sich in den vielen technischen Fortschritten von selbst vollziehenden Fortschritts zur humanen und heileren Welt zu warnen. Erst wo dieser

der Gesunde etwas gilt, ist krank. Werner Mitsch

Fortschritt nicht mehr von den technischen Fortschritten an sich erwartet wird, entsteht auch Freiheit vom Zwang zum medizinischen Fortschritt und zur Gesundheit um jeden Preis. Gegen die einseitige technische Bekämpfung von Leiden ist das Bewusstsein wachzuhalten, dass diese auch mehr Leiden erzeugen als beseitigen kann, dass Leben nie durchgehend planbar und beherrschbar sein wird, und dass es daher auch andere Formen der Leidbewältigung geben muss, von denen die Humanität in der Gesellschaft vielleicht mehr abhängt als von wie auch immer gearteten spektakulären Fortschritten in der Medizin.

Ulrich Eibach

Die Heilung eines Gelähmten am Teich Betesda

Einige Zeit später war ein Fest der Juden, und Jesus ging hinauf nach Jerusalem. In Jerusalem gibt es beim Schaftor einen Teich, zu dem fünf Säulenhallen gehören; dieser Teich heißt hebräisch Betesda. In diesen Hallen lagen viele Kranke, darunter Blinde, Lahme und Verkrüppelte, die auf die Bewegung des Wassers warteten. Ein Engel des Herrn aber stieg zu bestimmter Zeit in den Teich hinab und brachte das Wasser zum Aufwallen. Wer dann als Erster hineinstieg, wurde gesund, an welcher Krankheit er auch litt.

Dort lag auch ein Mann, der schon achtunddreißig Jahre krank war. Als Jesus ihn dort liegen sah und erkannte, dass er schon lange krank war, fragte er ihn: Willst du gesund werden?

Der Kranke antwortete ihm: Herr, ich habe keinen Menschen, der mich, sobald das Wasser aufwallt, in den Teich trägt. Während ich mich hinschleppe, steigt schon ein anderer vor mir hinein. Da sagte Jesus zu ihm: Steh auf, nimm deine Bahre und geh! Sofort wurde der Mann gesund, nahm seine Bahre und ging.

Dieser Tag war aber ein Sabbat. Da sagten die Juden zu dem Geheilten: Es ist Sabbat, du darfst deine Bahre nicht tragen. Er erwiderte: Der Mann, der mich gesund gemacht hat, sagte zu mir: Nimm deine Bahre und geh! Sie fragten ihn: Wer ist das denn, der zu dir gesagt hat: Nimm deine Bahre und geh?

Der Geheilte wusste aber nicht, wer es war. Jesus war nämlich weggegangen, weil sich dort eine große Menschenmenge angesammelt hatte. Später traf ihn Jesus im Tempel und sagte zu ihm: Jetzt bist du gesund; sündige nicht mehr, damit dir nicht noch Schlimmeres zustößt.

Der Mann ging fort und teilte den Juden mit, dass es Jesus war, der ihn gesund gemacht hatte. Daraufhin verfolgten die Juden Jesus, weil er das an einem Sabbat getan hatte.

Joh 5, 1–16

Die »Heilung des Gelähmten am Teich Betesda« gehört zu den großen und bekannten Wundererzählungen aus dem Johannes-Evangelium. Hier wird von einem der vielen Kranken berichtet, die in Jerusalem in den Hallen am Teich Betesda lagen und sich ihre Heilung davon versprachen, dass es ihnen einmal gelingen würde, als Erster in das Wasser zu steigen, wenn es durch das Wirken des Engels aufwallte.

Liest man die Geschichte freilich etwas genauer, zeigt sich, dass nirgendwo davon gesprochen wird, dass der Mann gelähmt ist. Die einzige, aber sehr konkrete Angabe über sein Leiden ist diejenige, dass er schon achtunddreißig Jahre lang krank ist. Diese Angabe aber ist wichtig, um den weiteren Fortgang der Geschichte zu verstehen.

Jesus nämlich heilt den Kranken nicht einfach durch Zauberei. Er hilft ihm auch nicht, als Erster das Wasser zu erreichen, obwohl dies doch der nahe liegende Akt der Nächstenliebe zu sein scheint. Seine Frage an den Kranken lautet vielmehr: »Willst du gesund werden?« Ohne die Angabe, dass der Mann schon achtunddreißig Jahre lang krank war, dass er also unter einer chronischen Krankheit litt, wäre diese Frage unverständlich oder gar zynisch. So aber – und es wird ausdrücklich erwähnt, dass Jesus erkannte, dass der Mann schon *lange* krank war – trifft die Frage Jesu mitten in den Kern der Krankheit.

Vor dem Hintergrund der Einsichten moderner Psychologie über die Gründe der Chronifizierung von Krankheiten und auch Schmerzen wird die Frage Jesu in ihrer treffenden Bedeutung verständlich. Immer klarer nämlich wird heute erkannt, dass Krankheiten nicht nur organische Gründe haben, sondern auch durch psychische und soziale Faktoren verstärkt, aufrechterhalten und chronifiziert werden können.

Durch bestimmte Deutungen von Krankheitssymptomen, durch Ängste, durch Zuwendung und Entlastung durch die Familie oder im Beruf können Patienten ein Krankheitsverhalten entwickeln, durch das sie die Symptome, etwa Schmerzen, aufrechterhalten wollen und so zu einem chronischen Leiden machen.

Ausgehend von solchen Zusammenhängen aber zielt die Frage Jesu auf die Einstellung des Kranken zu seiner Krankheit: Willst du überhaupt gesund werden oder hast du dich in der Krankheit eingerichtet und traust dir selbst nichts mehr zu? Die Hoffnung des Kranken aber richtet sich nicht mehr auf sein eigenes Verhalten, sondern auf ein »übernatürliches« Wunder von außen.

Doch Jesus durchbricht die Vorstellungen und Erwartungen, die sich der Kranke von den Möglichkeiten seiner Heilung macht. Er sagt einfach: »Steh auf, nimm deine Bahre und geh!« Der Ausdruck – seine Bahre nehmen und gehen – hat dabei formelhaften Charakter. Er wird insgesamt viermal in der Erzählung gebraucht. Ihm kommt offenbar eine wichtige Bedeutung zu. Vor dem Hintergrund der bisherigen Erläuterung nämlich soll damit gesagt sein: Steh auf, nimm das, woran du achtunddreißig Jahre lang gefesselt warst, in die eigene Hand, verhalte dich nicht mehr als Kranker, indem du liegen bleibst, sondern verhalte dich als Gesunder und bewege dich frei.

Auf das Wort Jesu hin – so berichtet Johannes weiter – wurde der Mann gesund. Jesus wirkt kein Wunder im Sinne einer magischen Durchbrechung von Naturgesetzen. Er lässt sich auf die Hoffnungen der Menschen auf solche »übernatürlichen« Wunder gar nicht ein. Das »Wunder«, das Jesus wirkt, besteht darin, dass er auf die Freiheit und den Willen des Menschen vertraut, gesund zu werden, dass er diesen Willen weckt und stärkt.

»Warum gerade ich?«

Diese Frage wird laut, wenn Menschen schwer krank werden und Schmerzen oder Behinderungen erleiden müssen. Sie stellt sich, wenn jemand einen Unfall hatte und nun querschnittsgelähmt ist; sie stellt sich, wenn sich plötzlich herausstellt, dass jemand Krebs oder multiple Sklerose hat. »Warum gerade ich?« – Darin drückt sich die ganze Fassungslosigkeit aus angesichts der Wirklichkeit von Krankheit und Leid, die man bisher nur von außen, sozusagen bloß theoretisch kannte. Die ganze lähmende Not kommt zum Ausdruck, wie man sein Leben, das durchkreuzt wurde, nun weiterleben und weitergestalten kann. Es spricht sich die Überforderung aus, die Krankheit, das Leid zu akzeptieren. Und es wird das Unverständnis vernehmbar, welchen Grund oder welchen Sinn es haben soll, dass gerade ich von diesem Unglück getroffen wurde.

Wer religiös ist, verbindet mit all dem vielleicht auch die kritische und unbeantwortbare Frage, wie Gott, von dem wir doch sagen, dass er uns Menschen gut gesonnen ist, und von dem wir zugleich bekennen, dass ihm Allmacht zukommt – wie ein solcher Gott solches Geschehen zulassen kann. Und vielen gilt diese Frage – insbesondere wenn man an das Ausmaß allen Leidens in unserer Welt denkt – als schlagendes Argument dafür, dass es Gott nicht geben kann, dass Religion lediglich Vertröstung und Illusion ist. Die »Theodizee«, der Versuch vieler Theologen und Philosophen, Gott angesichts des Leidens in der Welt zu rechtfertigen, wird durch jede Träne eines unschuldigen Kindes von Grund her erschüttert. Sie muss heute – spätestens nach Auschwitz – als gescheitert gelten.

Was lässt sich aus christlicher Sicht zu all dem sagen? Zunächst vor allem dies, dass der biblische Glaube keine *Antwort* auf die Theodizee-Frage geben will. Er beansprucht nicht ein theoretisches System zu liefern, in dem man alle Fragen des Menschseins einordnen und begründet beantworten kann. Im Gegenteil: Das Buch Hiob ist ein beredtes Zeugnis dafür, dass jede Erklärung des Leids, die die Freunde Hiobs vortragen, sei es als Strafe für Schuld oder als Maßnahme zur Erziehung und Reifung des Menschen, zurückgewiesen wird. Jede Erklärung greift in der Sicht der Bibel zu kurz. Und auch Jesus selbst weist das Ansinnen seiner Jünger zurück, er solle ihnen eine Erklärung geben, warum der Mann, dem sie begegnen, blind ist (Joh 9,1–3).

Der Glaube will keine theoretische Erklärung dafür geben, warum Gott das Leid in der Welt zulässt. Er bezieht sich auch gar nicht auf eine Vorstellung von Gott, wonach dieser in die Welt beliebig eingreifen und das Leid beseitigen könnte. Die Glaubenserfahrung, die sich im Alten und Neuen Testament niedergeschlagen hat, ist vielmehr von der wachsenden Einsicht durchzogen, dass Gott gerade nicht ein »Superheld« unserer Wünsche ist, der allen Schmerz und alle Krankheit von uns nehmen könnte, wenn er es nur wollte. Die Art und Weise, wie Jesus sein Leiden und seinen Tod bestanden hat, macht dies deutlich. Vor seiner Gefangennahme kämpft er selbst mit der Erwartung an Gott, er solle ihn vor dem Leid bewahren. Schließlich aber siegt sein Vertrauen auf Gott (Mt 26,36–46) und er verliert dieses Vertrauen auch dann nicht, wenn die Hohenpriester, Schriftgelehrten und Ältesten ihn verspotten und sagen: »Er hat auf Gott vertraut: der soll ihn jetzt retten, wenn er an ihm gefallen hat« (Mt 27,43). Gott ist in der Sicht der Bibel kein Gott, der nach Belieben Leid beseitigen kann. Auf der anderen Seite aber bezeugt die Bibel die Erfahrung vieler Menschen, dass ihnen das Vertrauen auf Gott geholfen hat, eine Situation des Leids zu bestehen, ohne vor ihr zu fliehen oder an ihr zu verzweifeln. Sie bezeugt die Erfahrung vieler Menschen, in Gottes Hand geborgen zu sein, auch wenn ihnen noch so Schreckliches geschieht, die Erfahrung also, dass Gott da und bei ihnen ist. Der christliche Glaube beansprucht nicht, eine theoretische Erklärung des Leids zu geben. Aber er kann ein Vertrauen auf Gott begründen, in dem wir das Leid praktisch bestehen können.

Dieses Vertrauen lässt sich freilich nicht durch theoretische Erkenntnisse begründen, die wir uns und anderen andemonstrieren könnten. Es ist eine Haltung, die erst durch die Erfahrungen im Umgang mit Leid, mit Krankheit und Schmerz, wachsen kann. Es ist eine Erfahrung, die vor allem dadurch möglich wird, dass Menschen einander im Leid stützen und nicht allein lassen. Auch hier hat der christliche Glaube seine Bedeutung, indem er Menschen befähigt, sich für das Leid anderer zu öffnen, sich mit ihnen um Veränderung zu bemühen oder – wo dies nicht mehr möglich ist – andere im Leid nicht sich selbst zu überlassen, sondern bei ihnen zu sein.

All dies ist mit dem Christsein nicht selbstverständlich und unproblematisch gegeben. Auch Christen stellen die Frage »Warum gerade ich?« und dürfen sie stellen. Entgegen der häufig anzutreffenden Vorstellung, ein guter Christ müsse ohne Protest und Konflikt jedes Leiden auf sich nehmen, ist gerade an Hiob zu erinnern, der mit seinem Gott rechtet und streitet. Es gilt, Leiden, das sich beseitigen lässt, von unumgehbarem Leiden zu unterscheiden. Es gilt, Zweifel nicht beiseite zu schieben und zu übergehen, sondern eine ehrliche und keine vorschnelle Antwort zu finden. Dazu müssen wir die Frage »Warum gerade ich?« unbedingt zulassen und dürfen sie nicht verdrängen.

Krisenverarbeitung als Lernprozess

In Anlehnung und Fort-führung der fünf Phasen, die Elisabeth Kübler-Ross für die Annahme des Todes im Sterbeprozess ermittelt hat, stellt im Folgenden die Erziehungswissenschaftlerin *Erika Schuchardt* eine Typi-sierung von acht Phasen vor, die generell beim Durchlaufen von Le-benskrisen beobachtet werden können.

1. Phase: Ungewissheit

Zum Verständnis eines Lernprozesses der Krisenverarbeitung kann es hilf-reich sein, sich für einen Augenblick in die Situation des Betroffenen hineinzu-denken; wenn z.B. ein Arzt erklärt: »Sie sind krebskrank ...« oder »Ihr Un-fall führt zu den bekannten Folgen ei-ner Querschnittslähmung« oder »Ihr Kind ist infiziert mit Aids ...«. Bei sol-chen Botschaften erstarren wir wie vom Blitz getroffen, spontan schießt es uns durch den Kopf: »Was ist eigentlich los ...?«, wir befinden uns in der 1. Pha-se »Ungewissheit«.

2. Phase: Gewissheit

Wenn aber die körperlichen Anzei-chen zunehmen, die Reaktionen der Umwelt unübersehbar werden, die Anzahl der ärztlichen Diagnosen sich häuft, dann kann die 2. Phase »Gewiss-heit« nicht ausbleiben, in der wir mit dem so vertrauten »Ja aber ..., das kann doch gar nicht sein ...« die Wirklichkeit abzuleugnen versuchen. Wir wissen dabei, dass unser »Ja, aber ...« dem »Nein« gleichzusetzen ist; das aber um-schreibt ganz genau unseren Zustand am Ende des Eingangs-Stadiums: Un-ser Verstand, unser Kopf wissen »Ja«, aber unsere Seele, unser Herz fühlen »Nein«, weil doch nicht sein kann, was nicht sein darf.

Für manche bricht der Lernprozess hier schon ab. Sie brauchen ein Leben lang all ihre Kraft, um der für sie so bedroh-lichen Wahrheit auszuweichen, sie zu verleugnen, oft nur, weil sie in ihrem Lernprozess Krisenverarbeitung allein nur sich ausgeliefert waren: Ihnen fehl-te ein Mensch, der mit ihnen ging und im Durchgangs-Stadium mit ihnen aushielt. Im Durchgangs-Stadium si-ckert die verstandesmäßig erfasste Kopf-Botschaft allmählich zur gefühls-mäßigen Herz-Erfahrung durch. Das bedeutet, dass die fast bedrohlich ange-stauten Gefühle oft vulkanartig und völlig ungesteuert in alle Richtungen ausbrechen. Es ist leicht vorstellbar, dass mancher Betroffene instinktiv aus Angst vor seinen ungesteuerten Ge-fühlsausbrüchen einen Abwehrpanzer gegen Auseinandersetzungen aufbaut und darin im Lernprozess Krisenverar-beitung stagniert. Es bricht aus ihm he-raus: »Warum gerade ich ...?«

3. Phase: Aggression

In der 3. Phase der Aggression richtet er sich gegen alles und nichts, eben alles, was sich ihm anbietet (Familie, Freun-

de, Kollegen, Umwelt), weil der eigentliche Gegenstand der Aggression, seine Grenzerfahrung / Krise, ja nicht angreifbar ist. Tragisch in dieser dritten Phase ist der unauflösliche Teufelskreis der Aggression: Der Betroffene klagt an »Warum gerade ich ...?« und ist aggressiv, daraufhin klagt seine Umwelt zurück: »Warum verhältst du dich so zu uns, wir sind doch nicht Schuld daran ...?« und reagiert mit Gegenaggression. Das verstärkt beim Betroffenen seine sich selbst erfüllende Prophezeiung: »Alles ist gegen mich!«, was erneut das Teufelsrad antreibt. Das Rad kann angehalten werden, wenn wir verstehen lernen, dass hier jedes persönliche Verletztsein einer Missdeutung der Situation entspringt. Nicht wenige fragen sich in dieser Phase nach dem Sinn ihres bisherigen Lebens. Bedrohlich beschwert sie die Frage: »Habe ich überhaupt gelebt oder nur mehr oder weniger ›funktioniert‹ und das getan, von dem ich glaubte, dass andere erwarteten, dass ich es tun sollte ...?«

4. Phase: Verhandlung

Parallel dazu oder auch darauf aufbauend wird in der 4. Phase »Verhandlung« oft mit Ärzten, Schicksal, Gott und Welt verhandelt, etwa nach dem Motto: »Wenn ..., dann muss doch?« Es wird gereist durch das Ärzte-Welt-Warenhaus oder man versucht sich auf Wunder-Sucht-Wegen. Nicht selten erscheint es wie der letzte Versuch, bisher ungelebtes Leben nachträglich einzukaufen.

5. Phase: Depression

Es kann nicht ausbleiben, dass fast alle am Ende dieses finanziellen wie geistigen Ausverkaufs zwangsläufig vor einem materiellen wie seelischen Bankrott stehen. Dann erreichen sie die 5. Phase der Depression: »Wozu, alles ist sinnlos ...!« Dabei gibt es zwei typische Deutungsmuster. Zum einen wird getrauert um das schon Aufgegebene (die Gesundheit, die Geburt eines nichtbetroffenen Kindes) – die rezipierende Trauer. Zum anderen wird getrauert um das, was vermutlich nicht aufgegeben werden muss (Freunde, Kollegen, Status) – die antizipierende Trauer.

Auch in dieser Phase verharren viele, was dem Zustand einer sozialen Isolation gleichzusetzen ist.

6., 7. und 8. Phase: Annahme, Aktivität und Solidarität

Abrissartig soll das Ziel-Stadium skizziert werden: Man erreicht zuerst die 6. Phase »Annahme«: »Ich erkenne jetzt erst ...! Ich kann ...!« Jetzt wird nicht mehr gefragt, was schon verloren ist, jetzt wird vielmehr erkannt, was man mit dem, was noch da ist, tun kann, denn es ist ja weniger wichtig, was ich habe, als was ich mit dem, was ich habe, gestalte!
Darauf kann sich die 7. Phase »Aktivität« entwickeln: »Ich tue das ...!«, in der alle Selbsthilfe- und alle Initiativgruppen sowie später entstehende Organisationen wurzeln: denn sie mündet schließlich ein in die 8. Phase »Solidarität«: »Wir handeln ...!« Das Ich beginnt von sich selbst abzusehen und trägt im Wir gesellschaftspolitische Verantwortung.

Aufgaben:

● Verdeutlichen Sie sich die einzelnen Phasen anhand von Beispielen aus Ihrem Erfahrungsbereich.
● Mit welchem Verhalten hilft man in den verschiedenen Phasen dem Betroffenen am meisten?

15. Kapitel

Umgang
mit dem Tod:
Organspende

Medientipp:

Dokumentation: »Biete Niere, suche Herz«, 30 Min (F), BRD 1992, WDR (VIDEO-Film).

In einer Diskussionsrunde im Universitätsklinikum Essen werden unterschiedliche Perspektiven zum Thema Organspende erörtert. Zu Wort kommen: Empfänger fremder Organe; Menschen, die zur Organspende bereit sind; Angehörige, die einer Organspende zugestimmt haben sowie ein Mediziner (Prof. Eigler) und ein evangelischer Theologe (Prof. Grewel). Die rechtliche Regelung des Themas und die ethische Bewertung stehen im Mittelpunkt der Gesprächsbeiträge.

Literaturhinweise:

Sibylle Storkebaum: Jetzt ist's ein Stück von mir! Alles über Organtransplantationen. München (Kösel-Verlag) 1997.

Die Autorin ist Diplom-Psychologin und betreut Transplantationspatienten im Klinikum der Technischen Universität München. Aus der Praxis des Krankenhauses heraus berichtet sie über die seelischen und menschlichen Probleme der Transplantationsmedizin. Erfahrungsberichte Betroffener und Reportagen über Hirntod-Diagnostik, Explantation und die Transplantation eines Organs werden durch fachliche Informationen ergänzt. (Für die Hand der Teilnehmer.)

Deutscher Erwachsenenkatechismus, Band 2: Organspende zur Rettung von Leben (S. 314–316).

Zur Einführung

Zu den beeindruckendsten Ergebnissen der modernen Medizin gehört sicher auch die Möglichkeit der Organtransplantation. Viele Menschen können durch einen solchen Eingriff vor dem sicheren Tod bewahrt werden und bekommen neue Jahre des Lebens geschenkt. Immer mehr Menschen warten derzeit darauf, ein Organ von einem spendewilligen Menschen zu erhalten.

Die Möglichkeit, lebenswichtige Organe zu übertragen, ist freilich in vielen Fällen an eine problematische Voraussetzung gebunden: Der Spender nämlich muss sich im Zustand des sog. »Hirntods« befinden, während die Funktionen seines Organismus, der Blutkreislauf, die Herztätigkeit und die Funktionen der anderen Organe künstlich aufrechterhalten werden. Genau daran aber entzünden sich Ängste und Vorbehalte gegenüber der Organübertragung; die Bereitschaft zur Spende nimmt ab. Ist der Mensch, der im unumkehrbaren Koma liegt, wirklich schon tot? Dem äußeren Erscheinungsbild nach jedenfalls lebt er noch. Werden dann aber nicht dem Menschen bei lebendigem Leib die Organe entnommen? Bedeutet dies nicht eine aktive Tötung des Koma-Patienten? Ist der Hirntod nicht eine künstliche, rein interessengeleitete Neudefinition des Todes, die den Menschen im Prozess seines Sterbens bedroht? Wann ist der Mensch eigentlich tot?

Doch noch weitere Vorbehalte kommen hinzu: Die Gefahr nämlich scheint groß zu sein, dass die Spende und Verteilung von Organen von Nützlichkeitsüberlegungen und finanziellen Interessen beeinflusst und beherrscht wird. Dies gilt nicht nur für den Organhandel, der sich inzwischen in Ländern der Dritten Welt breit gemacht hat, sondern stellt auch für die Industrieländer eine reale Bedrohung dar.

Angesichts solcher Ängste und Vorbehalte wird der Bedarf nach einer rechtlichen Regelung deutlich, dem inzwischen in der Bundesrepublik Deutschland nach langer Diskussion über das Zustimmungs-, das Widerspruchs- und das Informationsmodell auch entsprochen wurde. Die grundsätzlichen ethischen Fragen, etwa nach dem Verständnis des menschlichen Todes, nach der Leiblichkeit des Menschen, nach dem Konflikt zwischen Recht auf Unverletzlichkeit und Verpflichtung gegenüber der Gemeinschaft, sind damit freilich noch keineswegs beantwortet. Sie dürfen und müssen weiter diskutiert werden. Nur so wird man dem Misstrauen und den Vorbehalten, die vielfach gegenüber dem Hirntod-Kriterium bestehen, begegnen und die freie Bereitschaft zur Spende von Organen fördern können.

Das folgende 15. Kapitel möchte mit seinen Informationen und Diskussionsbeiträgen zu dieser Auseinandersetzung anregen.

Erfahrungen

Ein Telefonanruf

Es war ein wunderschöner Tag gewesen. Die Herbstsonne hatte die Büsche und Bäume in ein Meer von goldenen Farben verwandelt und die ersten Abendnebel verzauberten die Landschaft und gaben ihr etwas Irreales, Traumhaftes. Ich wollte gar nicht aus dem Garten ins Haus gehen, aber ein kühler Wind ließ mich frösteln. So ging ich in die warme Stube, um besinnlich auf die Heimkehr von Klaus zu warten, der nach seinen Ausflügen immer hungrig zurückkam und sich über eine späte warme Mahlzeit freute. ➤

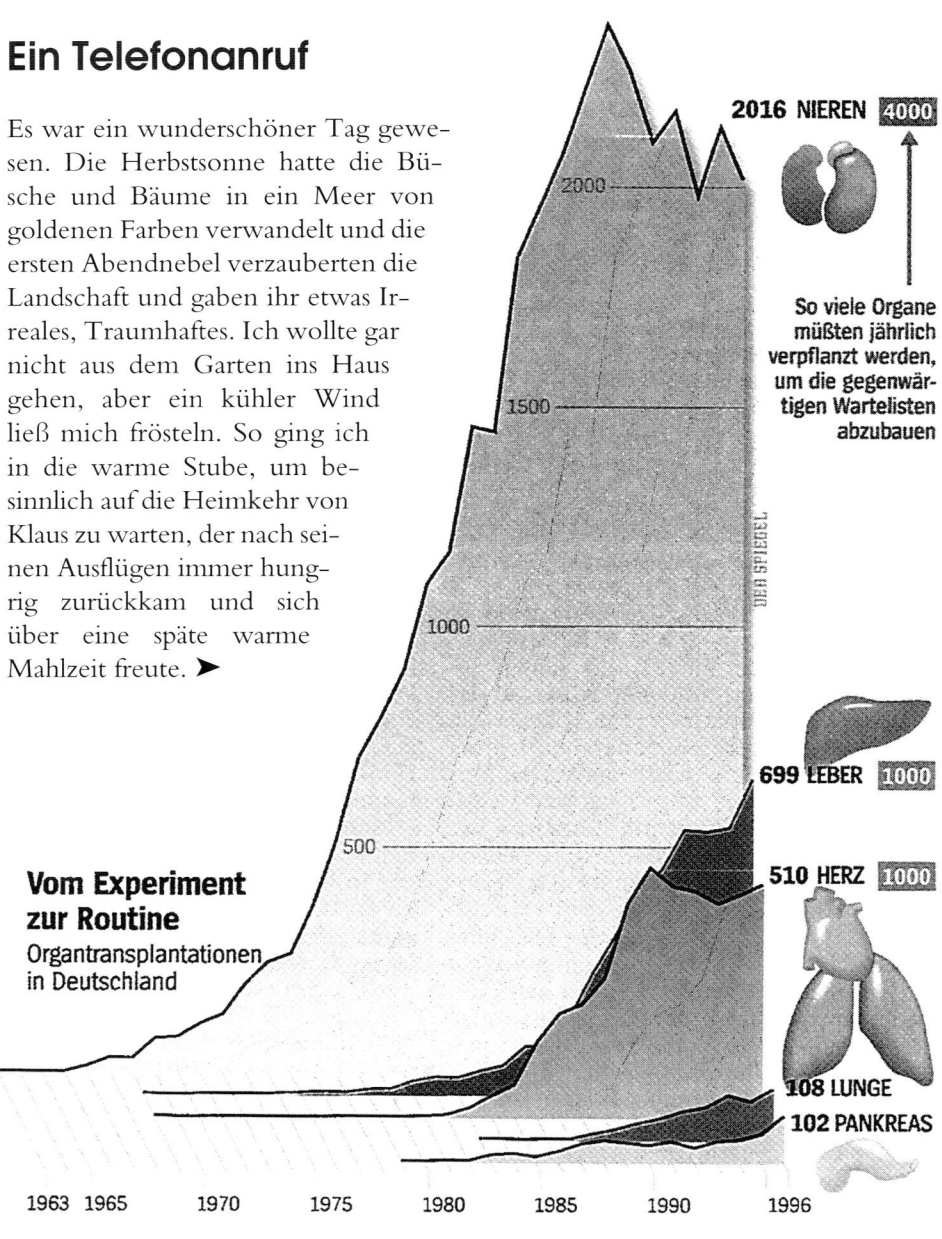

2016 NIEREN 4000

So viele Organe müßten jährlich verpflanzt werden, um die gegenwärtigen Wartelisten abzubauen

DER SPIEGEL

Vom Experiment zur Routine
Organtransplantationen in Deutschland

699 LEBER 1000

510 HERZ 1000

108 LUNGE

102 PANKREAS

1963 1965 1970 1975 1980 1985 1990 1996

Da schellte das Telefon. »Hier sind die Städtischen Kliniken, Doktor Huber. Wir haben leider eine traurige Nachricht für Sie. Ihr Sohn Klaus hatte bei nebelnasser Straße einen Autounfall und wurde vor einer halben Stunde schwer verletzt hier eingeliefert. Wir konnten ihn leider nicht mehr retten, er hatte den ganzen Hinterkopf zerschmettert. Wir möchten Ihnen unser Beileid aussprechen, müssen Sie aber gleichzeitig fragen, ob Sie uns die Entnahme von Organen aus dem toten Körper gestatten. Wir werden uns deswegen mit Ihnen noch ...«

Der Hörer entglitt meiner Hand. Klaus tot? Dieses junge Leben einfach ausgelöscht? Nie mehr da? Nie mehr? Alles brach über mir zusammen. Und was hatte der Arzt gesagt? Autounfall, regennasse Straße, Kopf zerschmettert! Oh Gott, hoffentlich hatte er nicht gelitten. Und was hat er noch gesagt? Sie wollen Organe entnehmen? Meinen Sohn noch mehr zerstückeln? Nein, nein, nein! Das darf alles nicht wahr sein. Es stimmt doch nicht. Ich muss hin, ich muss ihn sehen, ob das alles stimmt; ob er vielleicht doch noch zu retten ist. Und wenn sie mir wieder mit der Frage kommen; was mache ich da?

Der Mensch ist zum Recycling-Objekt geworden, das menschliche Organ zur Mangelware.

Gedanken einer Krankenschwester

Und plötzlich stelle ich alles infrage: Wie sicher ist die Hirntodfeststellung? Dann fange ich an, nach Zeichen des Todes an diesem Menschen zu suchen. Nichts, ich finde keine ... Was ich sehe, ist sein lebender Körper. Das tote Gehirn sehe ich nicht ... Irgendjemand hat irgendwann festgestellt, dass er tot ist. Ich muss es glauben ... Ich klammere mich an den Gedanken: Lass ihn tot sein! Lass keinen Einzigen einen Fehler gemacht, etwas übersehen haben.

M. Grosser

275

Handel mit Kinderorganen

Im Nordosten Brasiliens, in der Millionenstadt Recife, wird der zwölfjährige José tot aufgefunden. Ihm fehlen beide Augen und beide Nieren. Eine Mutter sagt vor der kolumbianischen Menschenrechtskommission aus, dass ihrem sechs Jahre alten Sohn beide Augen entfernt wurden. Man hatte ihn ent- führt und mit 40 Mark in der Tasche, doch ohne Augen wieder freigelassen. In Honduras prangert der Erzbischof von Tegucigalpa, Hector Enrique Santos, die Entführung von Kindern zum Zweck der Organentnahme öffentlich an. Daraufhin richtet die Regierung einen Untersuchungsausschuss ein: Zahlreiche Eltern sagen aus, dass ihre Kinder entführt und später ohne Nieren tot aufgefunden wurden.

Zeichnungen: Mester

Organtransplantation – wie geht das?

Unter Organtransplantation versteht man die Einpflanzung eines Organs in einen lebenden Organismus mit dem Ziel, dessen Funktionen oder Lebensfähigkeit weiter zu erhalten. Dabei lassen sich verschiedene Formen unterscheiden:

● Übertragung von Organen *aus dem eigenen Körper*, etwa Eigenhauttransplantation bei Verbrennungen, Transplantation von Blutgefäßen. Diese Übertragungen sind immunologisch unproblematisch.
● Übertragung von Organen *aus dem Organismus eines anderen Menschen*. Die immer auftretende immunologische Abwehr muss dabei medikamentös unterdrückt werden.

Am erfolgreichsten ist die Übertragung von Organen, die wenig Sauerstoff brauchen, den sie aus dem Gefäßsystem entnehmen, und die deshalb kein immunologisches Problem darstellen, etwa Hornhaut des Auges oder Gehörknöchel.

Darüber hinaus werden heute auch lebenswichtige Organe übertragen, etwa Nieren, Bauchspeicheldrüse, Leber, Herz, Lungen, Knochenmark. Die Übertragung von Haut oder Darmteilen ist bis heute nicht oder nur schwer möglich.

Horrorvorstellungen von Gehirntransplantationen werden auch in Zukunft allein technisch nicht möglich sein. Ethisch problematisch wäre aber auch die – heute noch nicht erfolgreich durchführbare – Übertragung von Keimdrüsen auf andere Menschen (vgl. dazu auch die Problematik gentechnischer Eingriffe in die Keimbahn).
➤ vgl. S. 65

Organisatorischer Ablauf einer Transplantation

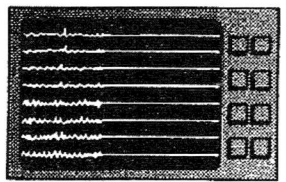

Wenn der Patient stirbt...

Sind die intensiven Bemühungen der Ärzte, das Leben eines Patienten zu erhalten, erfolglos geblieben, wird bei bestimmten Todesursachen an eine Organspende gedacht. Voraussetzung ist der eingetretene Hirntod, bei Aufrechterhaltung des Kreislaufs.

Feststellung des Hirntodes

Der Hirntod muß durch zwei erfahrene Ärzte, Intensivmediziner, die unabhängig vom Transplantationsteam arbeiten, festgestellt und dokumentiert werden.

Einwilligung der Angehörigen

Liegt kein Organspenderausweis vor, so werden die nächsten Angehörigen um Zustimmung zur Organspende gebeten. Deshalb sollte die Bereitschaft zur Organspende der Familie bekannt sein.

Explantation der Organe

Die Organentnahme erfolgt durch ein erfahrenes Ärzteteam. Die Organe werden bis zur Einpflanzung konserviert.

Gewebe-Typisierung

Gleichzeitig werden Blut- und Gewebeproben vom Verstorbenen entnommen und in einem Speziallabor auf die Blutgruppe und die gewebetypischen Merkmale untersucht.

Eurotransplant und die Ermittlung von geeigneten Transplantatempfängern

Eurotransplant ist eine von mehreren Datenzentralen für Patienten, die zur Transplantation angemeldet sind. Nach dort werden die medizinischen Daten des Spenders gemeldet und über Computer der bestgeeignete Empfänger ermittelt.

Transport der Organe

Das konservierte Organ wird schnellstmöglich per Auto oder Verkehrsflugzeug in das entsprechende Transplantationszentrum gebracht.

Vorbereitung des Empfängers auf die Transplantation

Der Empfänger wird schnellstens benachrichtigt, daß ein passendes Organ für die Transplantation zur Verfügung steht. Der aktuelle Gesundheitszustand des Patienten wird nochmals im Hinblick auf die Transplantation festgestellt.

Transplantation

Es folgt die Übertragung des Spenderorgans auf den chronisch kranken Menschen. Nach geglückter Transplantation beginnt das Organ seine Tätigkeit.

Ein neues Leben mit einem fremden Organ

Das »Hirntod-Kriterium«

Der entscheidende Schritt zur Etablierung des »Hirntod«-Konzeptes wurde in dem Augenblick vollzogen, als man das so genannte »Coma dépassé« als Kriterium der »Für-tot-Erklärung« eines Menschen zu werten begann. Die Forderung nach Einführung eines derartigen »Hirntodkriteriums« wurde erstmals in einem Papier aus dem Jahre 1968 wirksam erhoben. Bei den Autoren handelte es sich um eine Ad-hoc-Kommission aus Theologen, Juristen und Medizinern der Harvard Medical School, die zum Zweck der Erarbeitung eines neuen Todeskriteriums formiert worden war.

Der erste Satz nennt als Ziel des Artikels die Etablierung des Hirntodes als Todeskriterium. Wer im Anschluss eine Begründung erwartet, warum die Zerstörung des Gehirns als Kriterium für den Tod des Menschen geeignet sein soll, wird enttäuscht. Die Autoren beschränken sich vielmehr darauf, den Bedarf für ein neues Todeskriterium zu erklären:

»Unser primäres Anliegen ist, das irreversible Koma [=Coma dépassé] als neues Todeskriterium zu definieren. Es gibt zwei Gründe für den Bedarf an einer neuen Definition: 1. Der medizinische Fortschritt auf den Gebieten der Wiederbelebung und der Unterstützung lebenserhaltender Funktionen hat zu verstärkten Bemühungen geführt, das Leben auch schwerstverletzter Menschen zu retten. Manchmal haben diese Bemühungen nur teilweisen Erfolg: Das Ergebnis sind dann Individuen, deren Herz fortfährt zu schlagen, während ihr Gehirn irreversibel zerstört ist. Eine schwere Last ruht auf den Patienten, die den permanenten Verlust ihres Intellekts erleiden, auf ihren Familien, auf den Krankenhäusern und auf solchen Patienten, die auf von diesen komatösen Patienten belegte Krankenhausbetten angewiesen sind. 2. Überholte Kriterien für die Definition des Todes können zu Kontroversen bei der Beschaffung von Organen zur Transplantation führen.«

Coma dépassé:
Zustand, in dem das Gehirn nach längerem Sauerstoffmangel irreversibel (unumkehrbar) zerstört ist, während der Organismus durch künstliche Beatmung am Leben erhalten werden kann.

Apalliker:
Patienten, bei denen nur die für das Bewusstsein relevante Großhirnrinde zerstört ist, das Stammhirn aber noch (weitgehend) intakt ist und alle oder viele vegetative Funktionen ohne künstliche Unterstützung erhalten bleiben.

Fragen:

● Welche Gründe werden in diesem Text für die Festsetzung des Hirntods als Todeszeitpunkt angegeben?
● Würden Sie dem Urteil zustimmen, hier handle es sich um eine interessengeleitete Vorverlegung des Todeszeitpunkts oder um eine Umdefinition des menschlichen Todes?

Ein Interview

Wie fühlen Sie sich?
Saugut!!!

Was geht Ihnen denn jetzt so durch den Kopf?
Spontan würde ich nicht einmal meinem ärgsten Feind wünschen, dass es ihm so schlecht geht, wie es mir gegangen ist. Aber als Erfahrung war das riesig. Und furchtbar.

Was war furchtbar?
Am schlimmsten war die Hoffnungslosigkeit. Ich hatte mich ja fast selbst aufgegeben in den drei Monaten auf der Intensivstation!

Dieses Gefühl, körperlich zu verfallen und nichts dagegen machen zu können, war es das?
Ja, man kann sich nicht wehren. Wenn man sich die Normalstation quasi als Hotel ausmalt, wohin man unbedingt möchte, dann hat man schon einen Tick. Ich war irgendwann einmal so weit. Man hat kaum direkten Kontakt zur Außenwelt und muss sich noch mit den Ärzten herumstreiten. Aber wenn ich's mir genau überlege, war das vielleicht gar nicht so schlecht: Vielleicht habe ich unbewusst Reibungspunkte gesucht. Und vielleicht hat die Leiterin der Intensivstation das auch als besonders guten Trick drauf, um Patienten lebendig zu halten? Das traue ich ihr zu, mich jedenfalls hat es aktiv gehalten. Ich habe oft gedacht, ich schaffe es nicht mehr.

Wie war es denn, als die gute Nachricht von der passenden Leber kam?
Das war komisch, ganz komisch. Ich hatte mir vorgestellt, ich läge im Bett und wäre wach, der Professor käme und ginge nicht wie sonst immer zuerst zum anderen Transplantationspatienten, sondern mal direkt auf mich zu. Er würde grinsen, und ich wüsste, was los wäre, und würde mich freuen. Es war dann so: Ich bin links aus dem Bett gegangen, völlig übermüdet, halb am Schlafen, es war relativ früh am Tag, so um sieben, und dann habe ich gemerkt, da steht einer, und das war der Professor. Ich bin aufgewacht und er sagte: »Ich glaube, wir haben das 99-prozentige Teil!« Da bin ich zusammengebrochen und habe zu heulen angefangen.

Aus Erleichterung oder aus Angst?
Angst habe ich überhaupt keine gehabt. Eine minimale Angst, klar. Aber Angst vor dem Aufschneiden oder den Folgen, nein, da war alles andere schlimmer. Alle haben mir noch Glück gewünscht und mich rasch in den OP gerollt, dann bekam ich eine Spritze und habe noch mitgezählt, aber ich bin nur noch bis vier gekommen, dann war ich weg. Vom nächsten Tag weiß ich überhaupt nichts mehr, nichts vom Besuch meiner Freundin und meiner Eltern.
Jetzt geht es mir saugut, ich habe praktisch keinen Wundschmerz, die Schläuche kommen bis auf zwei morgen raus, das ist grandios. Und ich habe eine tolle Leber erwischt, der Wahnsinn! Ich weiß aber leider nicht, woher sie kommt. Na, eigentlich ist es ja auch wurscht.

Aus: Sibylle Storkebaum, Jetzt ist's ein Stück von mir. Alles über Organtransplantation, München 1997

Organspende - **Pro**

Organspende
- **Contra**

Ich gab den Kampf um meinen Sohn auf, weil der Arzt sagte, Christian sei tot. Eine ungeheuerliche Situation: Eine Mutter wendet sich von ihrem Kind ab, das warm ist, lebendig aussieht und behandelt wird wie ein Lebender, weil der Arzt sagt, ihr Kind sei tot. Die Mutter glaubt entgegen dem eigenen Empfinden.

In dieser Situation übernehmen die Mediziner eine ungeheure Verantwortung für alle Menschen, die ganz unterschiedlich durch die Organspende betroffen und miteinander verbunden sind. Diese Verantwortung ist unteilbar und nicht abtretbar. Sie betrifft die Angehörigen der Spender und Empfänger, den Organempfänger und letztlich die Gesellschaft – uns alle, die mit diesen Möglichkeiten und deren Folgen leben müssen. Wir leben heute in einer Zeit, in der die Menschen dem Mediziner im existenziellen Krisenfall, in der unmittelbaren Frage nach dem Tod und Leben glauben und vertrauen müssen. Die Aussagen des Arztes geben häufig – entgegen den persönlichen Erfahrungen – den Ausschlag. Obwohl wir Christian vor einer Minute noch als lebendig angesehen und sich an seiner Situation für unser Empfinden und Verstehen nichts geändert hatte, haben wir von den Ärzten keine Erklärung verlangt, sondern ihnen geglaubt und ver-

traut. Dieses Vertrauen wird in der langen Zeit danach auf eine harte Probe gestellt. Und dieses Vertrauen in die Aussagen der Mediziner, in der Frage der Organspende, besteht die Probe nicht.

Erst später, nachdem ich meinen Sohn vor seiner Beerdigung noch einmal gesehen habe, als er »richtig« tot war und auch so aussah wie ein Toter – er war kalt, ohne Atem, leblos –, begann ich darüber nachzudenken, in welchem Zustand ich Christian im Krankenhaus zurückgelassen und den Medizinern anvertraut hatte. Ich hatte den Ärzten einen Menschen anvertraut, der aussah wie lebend, der warm war und behandelt wurde wie ein Lebender und dennoch tot sein sollte. Ich musste für mich klären, wozu ich Ja gesagt hatte.

Ein schockierendes Erlebnis war der Zustand, in dem ich Christian nach der Organentnahme vorfand. Er erinnerte mich an ein ausgeschlachtetes Auto, dessen unbrauchbare Teile lieblos auf den Müll geworfen wurden. Kanülen steckten noch in seinen Armen und Händen. Ein Schnitt zog sich von seiner Kinnspitze bis tief in den Ausschnitt seines Hemdes. Die Augen fehlten. Christians Schwester hatte ihrem Bruder im Krankenhaus zum Abschied noch ein silbernes Kettchen um den Hals gelegt, und ich hatte einen Ring dazu gehängt. Wir baten darum, ihm das zu lassen, als einen letzten Ausdruck unserer Verbundenheit zu ihm. Jetzt lag die Kette zerrissen neben ihm, der Ring fehlte. Auch dafür hatten sich Abnehmer gefunden. Zurück bekamen wir einen blauen Müllsack mit Christi-

„Los, Los!"

ans Kleidung, die total zerschnitten war, einen Socken und einen Schuh. Wozu hatten wir »Ja« gesagt?

Ohne es zunächst begründen zu können, erfasste mich ein tiefes Misstrauen gegen die Transplantationsmedizin. Organspende als Akt der christlichen Nächstenliebe war ein Trugbild, eine Einbahnstraße. Wir waren bereit gewesen, ein Organ zu spenden, jetzt empfand ich, dass die Mediziner meinen Sohn zum Recyclen benutzt hatten.

Aus: Renate Greinert, Organspende – Nie wieder, in: Greinert/Wuttke (Hg.), Organspende, Göttingen 1993, S.78f.

Fragen:

- Wodurch unterscheidet sich der »richtig tote« Christian von dem Menschen, wie er im Krankenhaus zurückgelassen wurde?
- Wie erlebt die Mutter den Umgang mit ihrem toten Sohn nach der Organentnahme?
- Nehmen Sie Stellung zu der Aussage »Organspende als Akt der christlichen Nächstenliebe war ein Trugbild, eine Einbahnstraße«.

Gesetzliche Regelung

Am 5. November 1997 wurde vom Deutschen Bundestag ein Gesetz über die Spende, Entnahme und Übertragung von Organen (Transplantationsgesetz – TPG) beschlossen. Angesichts der vorhergehenden Diskussion in der Gesellschaft über ethische Fragen des Hirntod-Kriteriums und der Einwilligung bzw. des Widerspruchs zur Organentnahme sind folgende Regelungen aus Abschnitt II des Gesetzes (»Organentnahme beim toten Spender«) wichtig:

§ 3
Organentnahme mit Einwilligung des Organspenders

(1) Die Entnahme von Organen ist, so weit in § 4 nichts Abweichendes bestimmt ist, nur zulässig, wenn

1. der Organspender in die Entnahme eingewilligt hatte,
2. der Tod des Organspenders nach Regeln, die dem Stand der Erkenntnisse der medizinischen Wissenschaft entsprechen, festgestellt ist und
3. der Eingriff durch einen Arzt vorgenommen wird.

(2) Die Entnahme von Organen ist unzulässig, wenn

1. die Person, deren Tod festgestellt ist, der Organentnahme widersprochen hatte,
2. nicht vor der Entnahme bei dem Organspender der endgültige, nicht behebbare Ausfall der Gesamtfunktion des Großhirns, des Kleinhirns und des Hirnstamms nach Verfahrensregeln, die dem Stand der Erkenntnisse der medizinischen Wissenschaft entsprechen, festgestellt ist.

(3) Der Arzt hat den nächsten Angehörigen des Organspenders über die beabsichtigte Organentnahme zu unterrichten. Er hat Ablauf und Umfang der Organentnahme aufzuzeichnen. Der nächste Angehörige hat das Recht auf Einsichtnahme. Er kann eine Person seines Vertrauens hinzuziehen.

§ 4
Organentnahme mit Zustimmung anderer Personen

(1) Liegt dem Arzt, der die Organentnahme vornehmen soll, weder eine schriftliche Einwilligung noch ein schriftlicher Widerspruch des möglichen Organspenders vor, ist dessen nächster Angehöriger zu befragen, ob ihm von diesem eine Erklärung zur Organspende bekannt ist. Ist auch dem Angehörigen eine solche Erklärung nicht bekannt, so ist die Entnahme un-

ter den Voraussetzungen des § 3 Abs. 1 Nr. 2 und 3 und Abs. 2 nur zulässig, wenn ein Arzt den Angehörigen über eine in Frage kommende Organentnahme unterrichtet und dieser ihr zugestimmt hat. Der Angehörige hat bei seiner Entscheidung einen mutmaßlichen Willen des möglichen Organspenders zu beachten. Der Arzt hat den Angehörigen hierauf hinzuweisen. Der Angehörige kann mit dem Arzt vereinbaren, dass er seine Erklärung innerhalb einer bestimmten, vereinbarten Frist widerrufen kann.

(2) Nächste Angehörige im Sinne dieses Gesetzes sind in der Rangfolge ihrer Aufzählung

1. Ehegatte,
2. volljährige Kinder,
3. Eltern oder, sofern der mögliche Organspender zur Todeszeit minderjährig war und die Sorge für seine Person zu dieser Zeit nur einem Elternteil, einem Vormund oder einem Pfleger zustand, dieser Sorgeinhaber,
4. volljährige Geschwister,
5. Großeltern.

Der nächste Angehörige ist nur dann zu einer Entscheidung nach Absatz 1 befugt, wenn er in den letzten zwei Jahren vor dem Tod des möglichen Organspenders zu diesem persönlichen Kontakt hatte. Der Arzt hat dies durch Befragung des Angehörigen festzustellen. Bei mehreren gleichrangigen Angehörigen genügt es, wenn einer von ihnen nach Absatz 1 beteiligt wird und eine Entscheidung trifft; es ist jedoch der Widerspruch eines jeden von ihnen beachtlich. Ist ein vorrangiger Angehöriger innerhalb angemessener Zeit nicht erreichbar, genügt die Beteiligung und Entscheidung des Nächsterreichbaren nachrangigen Angehörigen. Dem nächsten Angehörigen steht eine volljährige Person gleich, die dem möglichen Organspender bis zu seinem Tode in besonderer persönlicher Verbundenheit offenkundig nahe gestanden hat; sie tritt neben den nächsten Angehörigen.

(3) Hatte der mögliche Organspender die Entscheidung über eine Organentnahme einer bestimmten Person übertragen, tritt diese an die Stelle des nächsten Angehörigen.

(4) Der Arzt hat Ablauf, Inhalt und Ergebnis der Beteiligung der Angehörigen sowie der Personen nach Absatz 2 Satz 6 und Absatz 3 aufzuzeichnen. Die Personen nach den Absätzen 2 und 3 haben das Recht auf Einsichtnahme. Eine Vereinbarung nach Absatz 1 Satz 5 bedarf der Schriftform.

Kirchliche Stellung-
nahme

In einer Erklärung zum Thema »Organtransplantationen« haben die
Deutsche Bischofskonferenz und der
Rat der Evangelischen Kirche in
Deutschland die Auffassung übernommen, dass mit dem Hirntod der Tod
des Menschen eingetreten ist (vgl. ne-
benstehenden Text). Die Begründung
läuft auf zwei Schienen:

Zum einen nämlich wird argumentiert,
dass mit dem vollständigen Tod des
Gehirns die physische Grundlage für
das geistige Dasein der Person in der
Welt nicht mehr gegeben ist. Demgegenüber ließe sich aber einwenden,
dass dann auch schon der Teil-Hirntod,
also der unumkehrbare Funktionsaus-
fall nur des Großhirns ausreicht.

Zum anderen wird – gerade im Blick
auf diesen Einwand – argumentiert,
dass mit dem Ausfall des gesamten Gehirns die Integration des gesamten Organismus zu

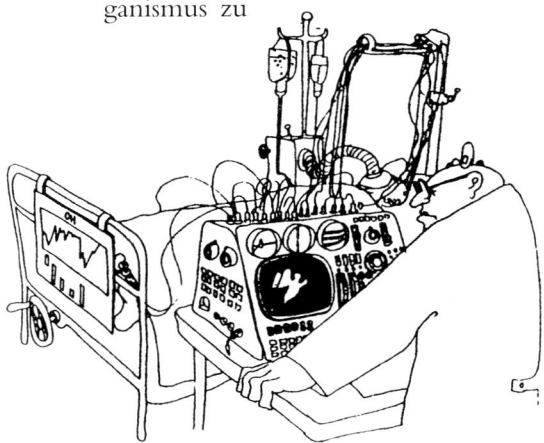

einem Funktionsganzen
nicht mehr gegeben ist.
Hier aber ließe sich einwenden, dass es auch den Fall
gibt, in dem nur die Funktionen des Kleinhirns, also
die vegetativen Funktionen
des Körpers ausgefallen sind
und künstlich ersetzt werden müssen,
während das Großhirn noch tätig und
Bewusstsein gegeben ist. Der Ausfall
der Integrationsfunktion des Gehirns
allein reicht also auch nicht aus, um
dem Hirntod bereits als den Tod des
Menschen anzusehen.

*»Der Hirntod bedeutet ebenso wie der Herz-
tod den Tod des Menschen. Mit dem Hirntod fehlt dem Menschen die unersetzbare
und nicht wieder zu erlangende körperliche
Grundlage für sein geistiges Dasein in dieser Welt. Der unter allen Lebewesen einzigartige menschliche Geist ist körperlich
ausschließlich an das Gehirn gebunden. Ein
hirntoter Mensch kann nie mehr eine Beobachtung oder Wahrnehmung machen, verarbeiten und beantworten, nie mehr einen
Gedanken fassen, verfolgen und äußern,
nie mehr eine Gefühlsregung empfinden
und zeigen, nie mehr irgendetwas entscheiden. Nach dem Hirntod fehlt dem Menschen zugleich die integrierende Tätigkeit
des Gehirns für die Lebensfähigkeit des Organismus: die Steuerung aller anderen Organe und die Zusammenfassung ihrer Tätigkeit zur übergeordneten Einheit des
selbstständigen Lebewesens, das mehr und
etwas qualitativ anderes ist als eine bloße
Summe seiner Teile. Hirntod bedeutet also
etwas entscheidend anderes als nur eine blei-
bende Bewusstlosigkeit, die allein noch
nicht den Tod des Menschen ausmacht.«*
Gemeinsame Erklärung von DBK und
EKD

286

Lebenswichtige Organe zum Zweck der Transplantation in einen anderen Organismus zu entnehmen, kann nur erlaubt sein, wenn der Organspender tot ist. Wann aber ist der Mensch tot? Ist er bereits dann als tot anzusehen, wenn durch den Ausfall der Hirndurchblutung die gesamte Tätigkeit des Gehirns endgültig und unumkehrbar ausgefallen ist, auch wenn der übrige Organismus durch intensivmedizinische Maßnahmen am Leben erhalten werden kann? Oder ist der Mensch erst dann tot, wenn der gesamte Kreislauf zusammengebrochen ist, das Herz zu schlagen aufgehört hat und die anderen Todeszeichen (Leichenstarre, Leichenflecken etc.) eingetreten sind?

Argumente für das Hirntod-Kriterium

Das entscheidende Argument dafür, das Hirntod-Kriterium als Zeitpunkt des Todes eines Menschen zu akzeptieren, baut auf der besonderen Bedeutung auf, die dem menschlichen Gehirn für das menschliche Leben sowie für den gesamten Organismus zugeschrieben wird. Die Tätigkeit des Gehirns nämlich ist zum einen die physische Grundlage für jegliche Art von Bewusstseinstätigkeit beim Menschen. Sie ist zum anderen aber auch die Voraussetzung dafür, dass die einzelnen Körperfunktionen und die Tätigkeit der einzelnen Organe zu einem Funktionsganzen integriert werden. Mit dem unumkehrbaren Verlust des Bewusstseins und dem unumkehrbaren Verlust der Integration aller Körperfunktionen und der

Wann ist der Mensch tot?

Ganzheit des Organismus sind aber auch die herkömmlichen Bedingungen der Definition des Todes erfüllt. Als unmittelbare Folge des Ausfalls der Gehirntätigkeit nämlich tritt unter natürlichen Bedingungen auch sofort der Zusammenbruch des Blutkreislaufs und der Stillstand der Herztätigkeit ein. Die Anerkennung des Hirntods als Kriterium für den Tod des Menschen bedeutet also nicht eine Neu- oder Umdefinition des Todes.

Wenn es nun gelingt, durch künstliche technische Mittel der Medizin, den Organismus auch bei Ausfall der Hirntätigkeit am Funktionieren zu halten, bedeutet dies – auch nach herkömmlichem Todesverständnis – nicht, dass damit noch nicht der Tod eingetreten ist. Zwar gibt es auch bei einem künstlich beatmeten und ernährten menschlichen Körper noch Reflexe und einzelne, vom Rückenmark ausgelöste Bewegungen. Diese werden aber weder eigenständig zu einem Funktionsganzen des Organismus zusammengefasst, noch sind sie von Bewusstsein begleitet.

Für den Umgang mit einem hirntoten Menschen bedeutet dies: Beim Eintritt des Hirntodes darf die Behandlung nicht nur abgebrochen werden, sie muss sogar abgebrochen werden. Eine weitere künstliche Aufrechterhaltung der Körperfunktionen ist nur dann gerechtfertigt, wenn dies einem höheren

Gut dient, etwa wenn dadurch bei einer Schwangeren das Kind noch bis zum lebensfähigen Stadium heranreifen kann oder wenn durch Transplantation von Organen das Leben anderer Menschen gerettet wird.

Argumente gegen das Hirntod-Kriterium

Das entscheidende Argument dagegen, das Hirntod-Kriterium als Zeitpunkt des Todes eines Menschen zu akzeptieren, geht nicht von abstrakten Messdaten der Gehirnströme, sondern von der unmittelbaren Erfahrung mit dem Leib des anderen aus. Der Leib ist ja nicht einfach eine Maschine, deren sich die uns begegnende Person bedient, sondern ist die Weise, wie die Person überhaupt da ist, wie sie von uns allererst als Person, als anderer, erfahren wird. Der Leib ist das Real-Symbol der Person.

Dann aber kann erst in dem Moment wirklich vom Tod des Menschen, der ja Einheit von Leib und Person, von Körper und Geist ist, gesprochen werden, wenn der menschliche Organismus sämtliche Lebensfunktionen verloren hat und von Lebensprozessen lediglich noch auf der Ebene von einzelnen Organen oder Zellen gesprochen werden kann. Erst dann ist der Sterbeprozess, der mit dem Hirntod beginnt, abgeschlossen und der Mensch tot.

Für die Gegner des Hirntod-Kriteriums ist dabei das Argument nicht überzeugend, dass mit dem Hirntod die eigenständige Integration des Organismus zu einem Funktionsganzen nicht mehr gegeben sei. Für diese Integrationsleistung ist nicht nur das Stammhirn entscheidend, vielmehr tragen auch andere Organe zu dieser Integration bei. Die künstliche Ersetzung der Funktionen des Hirnstamms entspricht deshalb der Ersetzung der Funktion jedes anderen Organs und dient lediglich zur Unterstützung der gesamten integrierenden Leistung des Organismus.

Im Blick auf die Frage nach der Möglichkeit von Organentnahmen bedeutet dies, dass die Organe einem noch lebenden bzw. sterbenden Menschen entnommen werden und somit eine aktive Tötung erfolgt. Die Rechtfertigung eines solchen Eingriffs ist, wenn überhaupt, nur auf der Grundlage einer ausdrücklichen Einverständnis-Erklärung des Spenders möglich.

Fragen:

● Wie beurteilen Sie die jeweils vorgebrachten Argumente? Wie würden Sie die Frage beantworten: Wann ist der Mensch tot?

● Beurteilen Sie die Argumente einerseits aus der Sicht eines Menschen, der dringend auf ein Spenderorgan wartet, andererseits aus ihrer eigenen Perspektive mit der Vorstellung, es wäre gesetzlich erlaubt, jedem hirntoten Menschen Organe zu entnehmen.

● Wie beurteilen Sie die Lösung, zwischen dem »Tod der Person« und dem »Tod des Organismus« zu unterscheiden?

Zur weiteren Vertiefung der Argumente Pro und Contra empfiehlt sich das Buch:

Johannes Hoff/Jürgen in der Schmitten (Hg.), Wann ist der Mensch tot? Organverpflanzung und »Hirntod«-Kriterium, Hamburg: Rowohlt 1995. Darin vor allem die Beiträge »Pro« von D. Birnbacher (S. 28–40) und H. Angstwurm (S. 41–50), »Contra« von J. Hoff und J. in der Schmitten (S. 153–252).

Motorradunfall

Die Patientin T. erlitt als Fünfundzwanzigjährige bei einem Motorradunfall sehr schwere Kopfverletzungen.

Sie ist jetzt 28 Jahre alt und kann, so der medizinische Befund, nur noch künstlich am Leben erhalten werden. In den vergangen zweieinhalb Jahren war sie auf den ständigen Aufenthalt in einer Klinik und/oder einem angegliederten Pflegeheim angewiesen. Trotz selbsttätiger Atmung und einiger Hirnstammreflexe zeigt sie seit ihrem Unfall keine Reaktion, und auch sonst lässt nichts auf eine verstärkte Gehirntätigkeit schließen, wenngleich ein zerebraler Tod mit Sicherheit auszuschließen ist. Ihre Behandlung beschränkt sich weitgehend auf einfache Pflegemaßnahmen: So müssen die Atemwege zur Vermeidung von Verstopfungen durch Sekretion ständig freigesaugt werden; um dem Wundliegen im Bett vorzubeugen, wird die Patientin regelmäßig umgelagert. Nahrungsaufnahme und Exkretion erfolgen mittels Kathetern. Die medizinische Betreuung erfolgt hauptsächlich bei gefährlichen Infektionen, die gründliche Analysen sowie eine ausgedehnte Behandlung mit Antibiotika nach sich ziehen. Wie unlängst geschehen, wird die Patientin nach Bedarf vom Pflegeheim in die Klinik verlegt.

Ihre Eltern sind seit dem Unfall zutiefst erschüttert. Auf Leistungen der jungen Frau – ein Einzelkind – waren sie immer sehr stolz. Mit der Tatsache, dass ihre Tochter niemals wieder gesund wird, können sie sich nicht abfinden.

Indessen sind sie davon überzeugt, dass ihr Kind bei uneingeschränkter medizinischer Versorgung noch jahrelang weiterleben kann. Da sie alle Hoffnung auf ein Wunder oder einen medizinischen Durchbruch nicht aufgegeben haben, wollen sie die Behandlung auf dem bisherigen Niveau fortgesetzt sehen. Zurzeit beschränkt sich das Familienleben auf die täglichen, ausgedehnten Besuche am Krankenbett. Häufig sprechen die Eltern zu ihrer Tochter und erhoffen sich von ihr irgendeine Reaktion. Auf die Vergeblichkeit ihrer Bemühungen hat man sie wiederholt hingewiesen, doch wie schon in der Vergangenheit bestehen die Eltern auch während des gegenwärtigen Klinikaufenthaltes ihrer Tochter auf der umfassenden Behandlung der Infektion. Nach ihrer Aussage fanden vor dem Unfall Gespräche zwischen ihnen über derartige Dinge nicht statt.

Alle an der Pflege der Patientin T. Beteiligten sind von der Situation zutiefst enttäuscht: So betrachten sie die Fürsorge zunehmend als Zeitverschwendung und Missbrauch ihrer beruflichen Fähigkeiten. Sie haben außerdem den Eindruck, dass der Tod der Patientin für die Eltern den Vorteil hätte, dass diese sich wieder ganz auf ihr eigenes Leben konzentrieren könnten. Schließlich zeigt sich das Pflegepersonal besorgt über die aus der fortgesetzten Versorgung entstehenden Kosten für die Gesellschaft. Da der Versicherungsschutz der Patientin längst erloschen ist, müssen nunmehr sämtliche Pflegekosten von einem Gemeindekrankenhaus übernommen werden, das nur über einen begrenzten Finanzhaushalt verfügt. Das Personal ist gemeinsam der Auffassung, dass der für die Patientin T. insgesamt erforderliche Aufwand von Zeit und Geld auch zulasten der Versorgung zahlreicher anderer Patienten geht.

Eigentlich setzt sich der hier geschilderte Fall aus einer Reihe tatsächlicher Fälle zusammen, wie ich sie seit langen Jahren verfolge. Hier sind die meisten Hauptmerkmale jedes Einzelfalles anzutreffen, die uns vor tief greifende ethische Probleme stellen. So wirft der Fall T. in erster Linie folgende Fragen auf:

① Ungeachtet der Definition des Hirntods nach den geltenden Gesetzen stellt sich die Frage, ob diese Patientin tatsächlich als tot zu gelten hat. Welche Konsequenzen hat eine solche Festlegung? Etwa die, dass jede weitere Versorgung abgebrochen werden könnte? Was soll geschehen, wenn die Eltern dies weiterhin ablehnen?

② Angenommen, die Eltern stimmten mit den Ärzten und Pflegepersonal überein, dass ihre Tochter sterben dürfen sollte: Welche Art der Versorgung könnte entfallen? Antibiotika? Feste oder flüssige Nahrung?

③ Wenn die Eltern bei ihrer Weigerung blieben und der Zustand der Patientin die Kriterien für die Festlegung ihres Todes nicht erfüllt, könnte dann entgegen dem Willen der Eltern die Weiterversorgung eingestellt werden? Dürfte man von den Eltern verlangen, andere Fürsorgeträger mit der Behandlung ihrer Tochter zu beauftragen, um so ihre Versorgung auf dem jeweils gewünschten Stand zu halten?

Baruch A. Brody

Ausweise
und weitere Informationen
können Sie erhalten beim

»Arbeitskreis Organspende«
Postfach 1562
D-63235 Neu Isenburg
Tel.: 06102/3590

Wenn ich Organspender werden möchte

Wenn Sie sich mit den Fragen der Organspende und des Hirntods, mit den ambivalenten Gefühlen, die dabei entstehen, mit der helfenden Bedeutung der Organtransplantation auseinander gesetzt haben und daraufhin Ihre Bereitschaft zur Organspende erklären möchten, sollten Sie einen Organspende-Ausweis ausfüllen und stets bei sich tragen. Falls Sie Ihre Entscheidung je ändern, reicht es, den Ausweis zu vernichten. Es sind keine bürokratischen Akte notwendig, aber es besteht Rechtsgültigkeit.

Erklärung zur Organspende

Name, Vorname   Geburtsdatum

Straße   PLZ, Wohnort

☐ **Ich bin Organspender:** Ich möchte kranken Menschen dadurch helfen, daß mir nach meinem Tod Organe/Gewebe zur Transplantation entnommen werden.

☐ **Ich bin Organspender,** ausgenommen folgende Organe/Gewebe:

☐ **Ich bin kein Organspender:** Ich widerspreche einer Entnahme von Organen/Gewebe.

Im Falle meines Todes bitte umgehend Nachricht geben an die Organisationszentrale Telefon (Tag und Nacht): (0 61 02) 3 99 99

☐ **Ich übertrage die Entscheidung über eine Organspende nach meinem Tod auf:**

☐ **Falls mir etwas zustößt, sollen folgende Personen benachrichtigt werden:**

Name, Vorname   Telefon

Straße   PLZ, Wohnort

Anmerkungen/Besondere Hinweise

Datum   Unterschrift

ARBEITSKREIS ORGANSPENDE

Postfach 1562
63235 Neu-Isenburg
Tel.: (0 61 02) 35 90

Bitte die Erklärung zur Organspende heraustrennen und bei den Personalpapieren tragen.

Wie ich mir zu sterben wünsche

ohne lang anhaltende schwere Krankheit,
ohne lang andauerndes Siechtum,
ohne Arzt und ohne professionelle Krankenpflegeperson,
ohne abgedroschene Phrasen,
ohne lärmende und überflüssige Geräusche,
die mir die Ohren zudröhnen,
ohne jegliche Gewaltanwendung von Menschenhand.

Ich möchte zu Hause sterben
oder irgendwo draußen in freier Natur
in der Gegenwart eines Menschen, der mich liebt
und der sehr leise und still sein kann.

Erst dann, wenn dieser mich liebende Mensch mich als tot
erkannt hat, möge auch ein Arzt hinzugezogen werden.

Ich möchte sterben dürfen
in der Rückschau auf ein trotz aller Fehler, Mängel, Schuldigkeiten
sinnerfülltes Leben,
friedfertig
abschiednehmend
vom geliebten, geschätzten lebenden Menschen mit einer
Träne im Auge und einem Lächeln im Gesicht.

Gebe Gott, dass mir dieser ganz große Wunsch für
mein Leben in Erfüllung geht.

Christine Lang

Fragen:

- Wie verträgt sich diese Wunschvorstellung mit den Notwendigkeiten der Organspende?
- Halten Sie diesen Wunsch für egoistisch?
- Welche Vorstellungen und Wünsche haben Sie selbst für ihr eigenes Sterben?

16. Kapitel

Umgang mit dem Tod: Sterbehilfe

Medientipp:

Kurzspielfilm: »Sechzig zu Vierzig«, 30 Min (F), BRD 1992, Neureuther, Erich (Reg.); SWF, Reihe: alles Alltag ... I; Teil 7.

Dr. Gronau hat Krebs. Als die ärztlichen Bemühungen erfolglos bleiben, verlangt Gronau von einem befreundeten Arzt ein lebensverkürzendes Mittel. Er will »menschenwürdig« sterben. Doch der Arzt lehnt ab. Widerwillig geht Dr. Gronau mit seiner Familie den schweren Weg des Sterbens und zuletzt können sie den Tod im Kreise der Familie annehmen.

Literaturhinweis:

Franco Rest: Sterbebegleitung statt Sterbehilfe. Damit das Leben auch im Sterben lebenswert bleibt. Freiburg (Herder) 1997.

Der Verfasser geht auf die Diskussion um die gesetzliche Freigabe von aktiver Sterbehilfe und Euthanasie ein. Vor dem Hintergrund langjähriger Erfahrung in hospizlicher Arbeit mit Schwerkranken und Sterbenden plädiert er dabei für eine humane und zugleich spirituelle Ethik der Sterbebegleitung.

Deutscher Erwachsenenkatechismus, Band 2: Sorge um kranke und sterbende Menschen (S. 302–314)

Zur Einführung

Mit dem zunehmenden Fortschritt der modernen naturwissenschaftlich-technischen Medizin zeigt sich immer deutlicher auch ihre Ambivalenz. Einerseits nämlich kommt ihr das Verdienst zu, in den letzten hundert Jahren die durchschnittliche Lebenserwartung beträchtlich erhöht und die Qualität dieses gewonnenen Lebens wesentlich verbessert zu haben. Andererseits aber werden im Zuge der inneren Dynamik dieser Medizin immer häufiger auch die Grenzen des human Vertretbaren und Sinnvollen überschritten. Die Aufgabe der Lebenserhaltung gerät im Rahmen der Intensivmedizin zum Zwang, Leben auch über das Maß des menschlich Erträglichen hinaus zu verlängern.

So ist es verständlich, dass sich heute das Bedürfnis nach dem eigenen, selbst bestimmten Tod immer stärker zur Geltung bringt. Das Erschrecken vor einer Medizin, die die Menschen nicht mehr sterben lassen kann, sondern um jeden Preis am Leben erhält, schlägt um in den Wunsch, das Sterben selbst in die Hand zu nehmen und das eigene Leben dann selbst zu beenden, wenn es unerträglich und unzumutbar geworden zu sein scheint.

Nur allzu leicht aber kann dieser Wunsch in die Abhängigkeit und Logik anderer Interessen und gesellschaftlicher Zusammenhänge geraten. Motive der Bequemlichkeit und Angst von Angehörigen, Ärzten und Pflegepersonal gehören ebenso dazu wie Kriterien der Wirtschaftlichkeit und des gesellschaftlichen Nutzens, die auf einmal über den Wert menschlicher Existenz gestellt werden. Angesichts zunehmender Bestrebungen, Sterbehilfe in bestimmten Fällen nicht unter Strafe zu stellen, gilt es deshalb, die menschliche Existenz und ihre Würde vor dem Zugriff bloßer Nützlichkeitsüberlegungen zu bewahren.

Mit den Möglichkeiten und Problemen der modernen Intensivmedizin stellt sich daher die Frage nach den Kriterien für eine humane Gestaltung menschlichen Sterbens. Kann es Fälle geben, in denen Sterbehilfe erlaubt sein kann? Welche Bedeutung kommt alternativen Formen wie etwa der Hospizbewegung zu? Welche Grundeinstellung zu Alter, Krankheit, Tod und zum Sterben beherrscht heute unsere Gesellschaft und auch unser eigenes Denken? Diese Fragen sollen für das folgende Kapitel leitend sein.

Erfahrungen

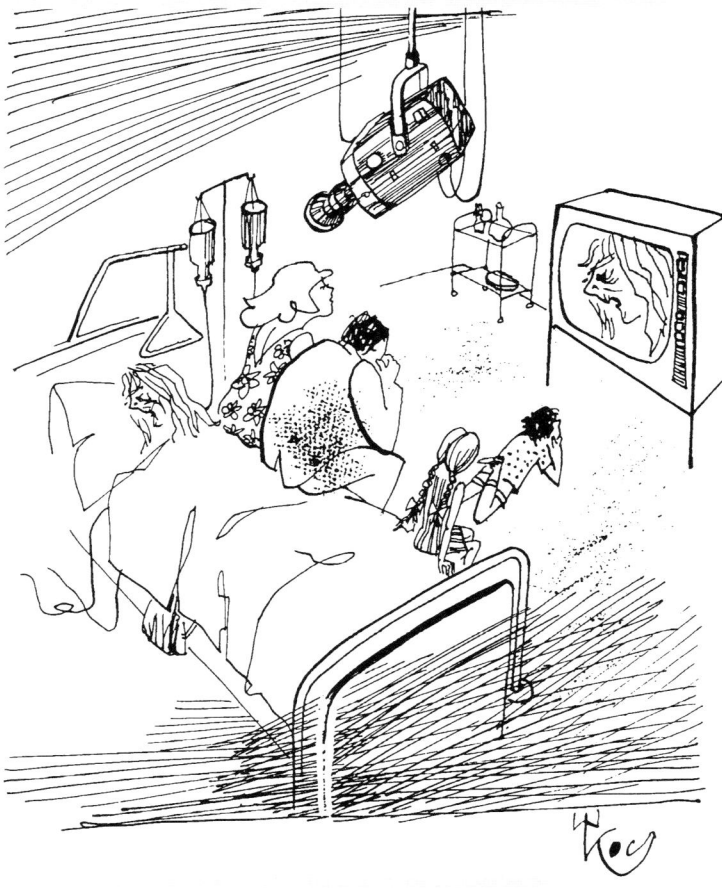

**Muss
der Mensch
tatenlos,
willenlos,
würdelos zusehen,
wie seine
Humanität
preisgegeben wird,
weil er,
niedergeworfen
von der Krankheit,
absonderlich
und wirr wird,
sich selbst zum
Ekel
und seinen Nächsten
ein schauerliches
Bild –
das Letzte,
was bleiben
und dauern wird?**

Walter Jens

Fragen:

● Was soll an diesem Bild über die Einstellung vieler Menschen in unserer Gesellschaft zu Krankheit, Sterben und Tod deutlich werden?
● Welche strukturellen gesellschaftlichen Gegebenheiten sind für eine solche Einstellung förderlich?
● Wie können wir mit solchen Gegebenheiten umgehen?

»Krankheiten, Leiden, Altern und Sterben sind Elemente jedes menschlichen Lebens und seiner Entwicklung sowie der Vollendung der individuellen Person und ihres sozialen Wirkens. Die Bedeutung des Leidens und Sterbens in der ethischen Wertordnung ist wandelbar.

Nicht wandelbar ist die Tatsache, dass Euthanasie unethisch und mit dem Selbstverständnis des Arztes unvereinbar ist. Dies muss vor dem Hintergrund zunehmender Gleichgültigkeit beim Thema Euthanasie immer wieder betont werden.

Es ist unabdingbare Aufgabe des Arztes, den Patienten Sicherheit zu geben, dass alles getan wird, ihre Gesundheit wiederherzustellen, ihre Leiden zu lindern oder ärztlichen Beistand zu gewähren, wenn der Tod unvermeidbar ist.

Patienten haben das Recht auf eine humane Sterbebegleitung und auf ein Sterben in Würde. Zu einem Sterben in Würde gehören menschliche Zuwendung, eine wirksame Schmerztherapie, regelmäßige Körperpflege sowie ausreichende Flüssigkeitszufuhr und Ernährung. Dabei ist zu berücksichtigen, dass Patienten im Wachkoma Lebende und nicht Sterbende sind.

Nie werde ich irgendjemandem, auch auf Verlangen nicht, ein tödliches Mittel verabreichen oder auch nur einen Rat dazu erteilen.

aus dem Eid des Hippokrates (etwa 460 – 377 v. Chr.)

Das verfassungsrechtlich gewährleistete Recht des Menschen auf Selbstbestimmung kann nicht als Rechtsgrundlage zur Selbsttötung missbraucht werden und schon gar nicht einen anderen Menschen berechtigen oder gar verpflichten, dabei in irgendeiner Weise Hilfe zu leisten. Gleichwohl wird der Arzt den geäußerten Patientenwillen berücksichtigen und respektvoll mit vorab bei vollem Bewusstsein verfassten Patientenverfügungen umgehen.«

Konvention Europa gegen Euthanasie. (unterzeichnet von zehn europäischen Verbänden, u.a. vom Verband der Ärzte Deutschlands – Hartmannbund)

»Das Leben in die Hände Gottes zurückgeben«

Ein Gespräch mit Hans Küng zum Thema »Sterbehilfe«

FR: *Herr Prof. Küng, wie kann aus theologischer Sicht die Sterbehilfe vor dem Hintergrund des christlichen Gebotes »Du sollst nicht töten« gerechtfertigt werden?*

Küng: Das Gebot »Du sollst nicht töten« meint ja ursprünglich im strikten Sinne »Du sollst nicht morden«, was niedrige Beweggründe voraussetzt. In der Geschichte christlicher Theologie wurde dieses Gebot ohnehin nie absolut verstanden. ... Und im Fall der aktiven Sterbehilfe geht es nicht um Morden und auch nicht eigentlich um Töten, sondern um eine Hilfe beim ohnehin gegebenen Sterbeprozess aus Barmherzigkeit: einem todgeweihten Menschen ein langes, qualvolles, unwürdiges Sterben zu ersparen.

FR: *Die Autonomie des Individuums ist eines Ihrer Kardinalargumente für die Sterbehilfe. Doch ist ein sterbender Mensch noch autonom in seinen Entscheidungen, ist dies nicht eher eine Fiktion?*

Küng: Ich vertrete eine Autonomie, die in Theonomie gegründet ist. Nach christlicher Auffassung ist das Leben des Menschen eine Gabe Gottes, zugleich aber auch des Menschen Aufgabe. Die Selbstverantwortung des Menschen erstreckt sich vom Anfang bis zum Ende seines Lebens. ... Warum sollte diese Verantwortung vor dem Sterben, dieser zumeist schwierigsten Phase im Leben eines Menschen, Halt machen, wo es ja buchstäblich um alles geht? Deshalb sollten Menschen schon vorher über die Art ihres Sterbens in Form von Patiententestamenten Regelungen treffen können, die dann auch vom Arzt ohne Wenn und Aber zu respektieren sind. ...

FR: *Sie und Walter Jens schlagen in Ihrem Buch den Arzt als Sterbehelfer vor. Dies würde einen radikalen Wandel im Selbstverständnis des Mediziners, aber auch im Verhältnis zum Patienten bedeuten. Darf der Arzt mit Töten assoziiert werden?*

Küng: ... Der Mediziner ist und bleibt dazu da, den Menschen die bestmögliche Hilfe zu gewährleisten. Es muss ihm um das Wohl des Menschen vom Anfang bis zum Ende gehen. Wo aber bedarf der Mensch der Hilfe des Mediziners mehr als dort, wo er in einen erbarmungswürdigen Zustand geraten ist, der nach Hilfe schreit? Viele Ärzte gewähren diese Hilfe ... bereits ganz persönlich im Einverständnis mit den Patienten. Walter Jens und ich fordern in unserem Buch nichts anderes als eine Praxis öffentlich und rechtlich zu regeln, die bereits jetzt auch in Deutschland vielfach im Verborgenen praktiziert wird.

FR: *Wenn die Schmerzen medikamentös genommen und der Sterbende nicht isoliert ist, heißt ein Einwand, gibt es den Wunsch nach Euthanasie nicht. Sehen Sie den Menschen in dieser Frage zu wenig als sozial eingebundenes Wesen, ist Euthanasie vielleicht nur der bequemere Weg?*

Küng: Alles, was Walter Jens und ich bisher an Reaktionen auf unser Buch bekommen haben, bezeugt das Gegenteil. Ärzte sollen aufhören zu behaupten, es gäbe den Wunsch nach Sterben nicht. ... Ärzte sollten auch nicht behaupten, sie könnten dem Patienten alle Schmerzen gewissermaßen wegzaubern, auch die Palliativmedizin hat ihre Grenzen, außer man macht einen Menschen zum willenlosen Objekt, was die Würdelosigkeit seines Sterbens nur noch erhöht. Uns geht es ... darum, dass ein todgeweihter Mensch, der in einem unwürdigen Zustand dahinvegetieren muss, Hilfe bei der Verkürzung seines Lebens bekommt – falls er dies wünscht. Auf diesem Weg braucht er selbstverständlich so viel Anteilnahme wie möglich. Die aktive Sterbehilfe darf auf keinen Fall Ersatz für menschliche Zuwendung sein. Aber sie darf am Ende eines langen Weges stehen, wenn es der Zustand des Sterbenden rechtfertigt.

FR: *Sehen Sie die Gefahr, dass Sterbehilfe zum Instrument der herrschenden Sozialdoktrin werden kann, dass ein bestimmtes Klima bestimmten Gruppen signalisiert, ihr Leben belaste die Gesellschaft?*

Küng: Selbstverständlich sehen wir die Gefahr. Wer aber unser Buch gelesen hat, weiß, dass wir uns vehement gegen einen solchen Missbrauch ausgesprochen haben. Wir plädieren ja für die Selbstbestimmung des Menschen und lehnen jede Fremdbestimmung ab – sei es durch die Gesellschaft oder durch das Gesundheitswesen. Gerade deshalb fordern wir eine klare gesetzliche Regelung, damit Missbräuche, etwa familiäre Manipulationen oder sozialer Druck, bestraft werden können. Unser Ansatz ist umgekehrt: Wenn Menschen selber ihren Zustand als eine nicht mehr aushaltbare Belastung empfinden, sollen sie ... das Recht haben, dieses unerträglich gewordene Leben zu verkürzen und es ... in einer letzten Hingabe in die Hände Gottes zurückzugeben.

(aus: Frankfurter Rundschau, 14.6.1995; vgl. dazu: Walter Jens / Hans Küng, Menschenwürdig sterben. Ein Plädoyer für Selbstverantwortung, München ²1998)

Aufgaben:

- Versuchen Sie, auf die Fragen des Interviewers selbst eine Antwort zu geben.
- Formulieren Sie aus den Fragen Thesen und versuchen Sie, Begründungen für diese Thesen zu liefern.
- Gestalten Sie mithilfe dieser Thesen und den Antworten Küngs eine Diskussion Pro und Contra.

Aktive und passive Sterbehilfe

In den Vereinigten Staaten leidet eines von 600 Neugeborenen an Mongolismus. Abgesehen von dieser Erkrankung sind die meisten dieser Babys gesund, d.h. sie erreichen bei gewöhnlicher pädiatrischer Betreuung ein ansonsten normales Kindheitsstadium. Einige weisen jedoch Geburtsfehler auf, die, wie etwa Darmverschlüsse, operative Eingriffe erforderlich machen, sodass sie nur so am Leben erhalten werden können. Eltern und Arzt entscheiden sich zuweilen gegen eine Operation und lassen den Säugling sterben. Was dabei geschieht, beschreibt Anthony Shaw:
»Kommt es nicht zur Operation, muss der Arzt versuchen, dem Säugling jegliches Leiden zu ersparen, während gleichzeitig natürliche Kräfte am Leben des Kindes zehren. Als Chirurg, der instinktiv dazu neigt, zum Skalpell zu greifen, um damit den Tod abzuwehren, kenne ich keine Erfahrung, die mich emotional mehr fordert als die, daneben zu stehen und mit anzusehen, wie ein Baby, dessen Leben noch zu retten wäre, sterben muss. Auf einem Kongress und in der theoretischen Diskussion fällt die Entscheidung, dass man solche Kinder sterben lassen sollte, nicht schwer. Etwas ganz anderes aber ist es, auf der Säuglingsstation Zeuge zu werden, wie Flüssigkeitsverlust und Infektionen ein winziges Wesen über Stunden und Tage hinweg auszehren. Für mich ebenso wie für das Pflegepersonal ist dies eine erschreckende Tortur: Man macht dabei mehr durch als die Eltern, die die Station niemals betreten.«

Ich kann verstehen, warum einige jede Form von Sterbehilfe ablehnen und darauf bestehen, dass man solchen Kindern ihr Recht auf Leben nicht absprechen darf. Ich meine auch verstehen zu können, warum andere für das schnelle und schmerzfreie Töten der Babys sind. Aber aus welchem Grund kann man denn dafür sein, dass »Flüssigkeitsverlust und Infektionen ein winziges Wesen über Stunden und Tage hinweg auszehren«? Der Lehrsatz, nach dem ein Baby zwar austrocknen und elend zugrunde gehen, nicht aber eine Spritze bekommen darf, die seinem Leben ein Ende machen würde, ohne dass es dabei zu leiden hätte, mutet so unverhohlen grausam an, dass er gar nicht weiter widerlegt zu werden braucht.

James Rachels

Aufgaben:

● Diskutieren Sie vor dem Hintergrund des o.a. Textes die Tragfähigkeit der Unterscheidung von aktiver und passiver Sterbehilfe etwa an folgendem Fall:
Ein Down-Syndrom-Kind wird mit Darmverschluss geboren. Wird der Verschluss nicht beseitigt, stirbt das Kind. Der Chirurg schlägt vor, da dieses Kind mongoloid ist, nicht zu operieren; er will der Natur ihren Lauf lassen. Lässt sich hier von Mord sprechen?

● Welche Bedeutung für die ethische Bewertung einer Handlung kommt dem äußeren Modus »aktiv« oder »passiv« zu?
● Welche Bedeutung hat Ihrer Meinung nach die Absicht für die ethische Bewertung?

Ein Fall zur Diskussion

Das Landgericht Ravensburg sprach einen Mann frei, der wegen »Tötung auf Verlangen« seiner Ehefrau angeklagt war. Die seit langem schwer kranke, gelähmte Frau war bewusstlos und sterbend ins Krankenhaus eingeliefert worden. Im Gespräch zuvor hatte sie darum gebeten, im Endstadium ihrer Krankheit »keinesfalls« eine künstliche Beatmung zuzulassen. Im Krankenhaus wurde die Beatmung dennoch durchgeführt. Die Frau kam wieder zum Bewusstsein. Auf einer Spezialschreibmaschine, mit der allein sie sich noch verständlich machen konnte, schrieb sie: »Ich möchte sterben, weil mein Zustand nicht mehr erträglich ist.« In einem unbeobachteten Moment schaltete der Ehemann das Beatmungsgerät aus, blieb am Bett der Frau sitzen und hielt ihre Hand fest, bis der Tod eintrat. Das Landgericht entschied, es liege keine aktive Tötungshandlung, vielmehr nur ein Behandlungsabbruch vor; er sei einem bloßen »Unterlassen« gleichzusetzen und im Falle ausdrücklichen Sterbeverlangens nicht strafbar.

Aufgabe:

● Versuchen Sie die Unterscheidung von aktiv und passiv sowie direkt und indirekt auf diesen Fall anzuwenden. Welche Schwierigkeiten ergeben sich?

Eine Begriffsklärung

In der Diskussion um die ethische Bewertung der Sterbehilfe spielen immer wieder die Begriffspaare »aktive und passive« sowie »direkte und indirekte« Sterbehilfe eine wichtige Rolle. Aktive und direkte Sterbehilfe gilt ethisch und rechtlich als unerlaubt, passive und indirekte Sterbehilfe als erlaubt. Doch was ist darunter genau zu verstehen?

Aktive Sterbehilfe	Direkte Sterbehilfe
ist das bewusste Verabreichen lebensverkürzender Mittel. Der Tod wird aktiv durch die Gabe bestimmter Mittel herbeigeführt oder der Sterbevorgang beschleunigt. Es handelt sich um eine verursachte Tötung.	ist die beabsichtigte und als Ziel intendierte Herbeiführung des Todes des Patienten.
Passive Sterbehilfe	**Indirekte Sterbehilfe**
ist die Nichtaufnahme von künstlichen, lebensverlängernden Maßnahmen bzw. der Abbruch einer bereits eingeleiteten Behandlung, wenn der ursprünglich intendierte Heilerfolg nicht mehr erreicht werden kann.	ist das In-Kauf-Nehmen des Todes als unvermeidlicher Nebenfolge einer beabsichtigten lebensförderlichen Maßnahme, etwa wenn dem Patienten zur wirksamen Schmerzlinderung Schmerzmittel in einem solchen Maß gegeben werden, dass sie zu einer geringfügigen Verkürzung des Lebens führen.

Unsere Grundeinstellung zu Alter, Krankheit, Tod

Sterben als Teil des Lebens?

Der Umgang mit Alter, Krankheit und Tod hat für viele Menschen heute seine Selbstverständlichkeit verloren. Krankheit und Tod gehören nicht mehr – wie in vergangenen Jahrhunderten – in die normale Lebenswelt des Menschen.

Die Gründe dafür sind vielfältig. Zunächst haben sicher die Fortschritte der medizinischen und sozialen Versorgung selbst dazu beigetragen. Das Kranksein findet wie das Sterben immer weniger zu Hause und immer mehr in Krankenhäusern und Altenheimen statt, zurzeit je nach Gegend unterschiedlich zwischen 68 und 90%. Ein weiterer Grund liegt in der Familienstruktur, die sich in den letzten Jahrzehnten grundlegend gewandelt hat. Die zunehmende Individualisierung trägt dazu bei, dass Krankheit und Sterben keinen Ort mehr in der Gemeinschaft der Familie und der Verwandten hat. Berufliche Eingebundenheit lässt es nicht zu, sich der Pflege von Angehörigen zu widmen. Wieder ein anderer Grund liegt in der zunehmenden Auflösung einer einheitlichen, verbindlichen Kultur. Vorgegebene Riten und Bräuche, die es erleichtern, Krisensituationen wie Krankheit und Sterben zu bestehen und zu vollziehen, verlieren immer mehr an Bedeutung. Krankheit und Tod treten so immer mehr aus unserem alltäglichen Leben

»Nein danke – wir sterben nicht!«

heraus. Sie tauchen fast nur noch in den Medien auf, sei es als gespielter Tod im Film, sei es als inflationärer Tod in der Darstellung der Wirklichkeit von Kriegen und Katastrophen, von Elend und Hunger. Beides aber führt zu einer Distanzierung und Banalisierung des Todes. Das Sterben und Leiden anderer Menschen wird dadurch gerade von uns fern gehalten; es betrifft uns immer

303

weniger. Aber wir haben den Eindruck, uns dem Tod gestellt zu haben und ihn ertragen zu können.

Diese mangelnde Vertrautheit mit Krankheit und Tod aber führt dazu, dass wir diese Wirklichkeiten immer mehr von uns fern halten wollen. Der Zirkel ist geschlossen: Je weniger Krankheit und Tod zu unserem Alltag gehören, je weniger man mit Leiden und Sterben umgegangen ist, umso fremder werden sie uns und umso größer wird die Angst davor, sich mit dem Sterben auseinander zu setzen. Es kommt zur *Verdrängung* des Todes, der Krankheit, des Leidens. Die Erfolge der Medizin werden zum Anlass, von ihr die Bereitstellung voller Gesundheit und völliger Leidfreiheit zu erwarten oder gar zu beanspruchen. Das Ideal einer leid- und schmerzfreien Gesellschaft prägt uns mehr als wir wissen.

➤ vgl. S. 258

Worauf es in diesem Kontext der heutigen Mentalität ankommt, wenn wir das Problem eines humanen Umgangs mit Krankheit und Sterben angehen wollen, ist eine *Haltung der Fähigkeit zum Leiden, zum Kranksein, zum Sterben* auszubilden. Es gilt, sich in eine Grundhaltung der *Fähigkeit zur Trauer und zum Abschiednehmen* einzuüben. Damit ist nicht gemeint, dass wir Leid, Krankheit und Tod suchen sollten. Es geht nicht um eine negative und depressive Grundstimmung des Lebens, die einen am Leben eher hindert als dass sie Leben ermöglicht. Es geht vielmehr um die Fähigkeit dazu, den Wirklichkeiten von Krankheit, Leiden und Tod nicht auszuweichen, wenn sie uns begegnen. Sie entspricht etwa der Konfliktfähigkeit, die auch nicht darin

besteht, den Konflikt zu suchen, sondern ihm dann, wenn er unvermeidlich ist, nicht um eines faulen Friedens willen auszuweichen. Es geht darum, Konflikte nicht zu unterdrücken, sondern produktiv zu gestalten. Ebenso geht es in der Fähigkeit zum Leiden, zur Trauer und zum Sterben darum, diese Wirklichkeiten zulassen zu können, sie produktiv werden zu lassen, eine Fähigkeit, die im Mittelalter noch als »ars moriendi«, als Kunst des Sterbens, bekannt war.

Fragen wir uns im Blick auf diese Fähigkeit, wie wir selbst mit Sterben und Tod umgehen können:

- Sprechen wir mit unseren Kindern über den Tod? Wenn etwa ein Verwandter gestorben ist, schweigen wir den Kindern gegenüber, weil wir sie angeblich nicht damit konfrontieren und belasten wollen. Oder haben wir den Mut, mit ihnen darüber zu sprechen? Gelingt es uns, die eigenen Hemmungen zu überwinden?

- Wenn ein Verwandter oder Freund schwer erkrankt ist und der Tod bevorsteht, versuchen wir darüber hinwegzureden? Umgehen wir das Thema lieber? Oder haben wir den Mut, uns auf ein Gespräch über die Krankheit, über den Tod und über die Frage nach dem Sinn von all dem einzulassen? Versuchen wir, den anderen mit einer Illusion zu vertrösten? Oder lassen wir uns auf die Frage ein, wie ein Leben mit dem nahen Tod gestaltet werden kann?

➤ vgl. S. 268

● Sind wir bereit, die Pflege für einen Kranken oder Sterbenden bei uns zu Hause zu übernehmen? Wie gehen wir mit den vielen Gründen um, die uns von dieser Aufgabe zu dispensieren scheinen? Die Angst, die viele Menschen vor dieser Aufgabe haben, ist dabei verständlich: Die

Angst vor mangelndem medizinischen Fachwissen, die Angst, im Notfall nicht angemessen reagieren zu können, aber auch die Angst vor der seelischen und körperlichen Überforderung, die Angst, dass einem die Worte ausgehen oder fehlen, die Angst vor der Trauer und den Tränen, vor dem Abschiednehmen, die Angst vor der Wahrheit über die Beziehung, die man zu der sterbenden Person hat, die Angst schließlich auch vor dem ästhetischen Verfall des Sterbenden. Angesichts solcher Ängste lässt viele das Gefühl, der Aufgabe allein gelassen gegenüberzustehen, vor der häuslichen Sterbebegleitung zurückschrecken. Hier ist es gut, wenn es fachkundige Beratung für den Umgang mit Kranken und Sterbenden und ihre Pflege gibt, wenn andere Hilfe leisten, einem zur Seite stehen und einen Teil der Pflege zu Hause übernehmen. Dies könnte auch Aufgabe nachbarschaftlicher Solidarität oder einer Gemeinde sein.

An diesen Fragen kann deutlich werden, was die Fähigkeit zur Begegnung mit Krankheit, Leid und Sterben beinhaltet. Nur wenn diese Fähigkeit eingeübt ist, wird es gelingen, auch anderen Menschen in ihrem Sterben hilfreich zu sein, der uns fremden und ängstigenden Wirklichkeit des Leidens und des Todes nicht auszuweichen, sondern den anderen bei seinem Sterben wirklich begleiten zu können.

Voraussetzung für die Einübung in eine solche Grundhaltung, damit sie nicht wieder zum eingeübten Rollenspiel wird, ist es aber, dass wir nicht nur das Sterben anderer annehmen, sondern dass wir die Wirklichkeit des eigenen Sterbens nicht verdrängen, sondern uns ihr stellen. »Was uns in uns selbst ängstigt, wird uns auch in Panik versetzen, wenn es uns als Problem eines anderen Menschen begegnet« (Rolf Zerfaß).
➤ vgl. S. 265

Kirchliche Stellungnahme

In ihrer Erklärung zur Euthanasie von 1980 hat die römische Kongregation für die Glaubenslehre folgendermaßen Stellung genommen:

1. Grundsätzliches:

»Es kann vorkommen, dass wegen lang anhaltender und fast unerträglicher Schmerzen, aus physischen oder anderen Gründen jemand meint, er dürfe berechtigterweise den Tod für sich selbst erbitten oder ihn anderen zufügen. Obwohl in solchen Fällen die Schuld des Menschen vermindert sein oder gänzlich fehlen kann, so ändert doch der Irrtum im Urteil, dem das Gewissen vielleicht guten Glaubens unterliegt, nicht die Natur dieses todbringenden Aktes, der in sich selbst immer abzulehnen ist. Man darf auch die flehentlichen Bitten von Schwerkranken, die für sich zuweilen den Tod verlangen, nicht als wirklichen Willen zur Euthanasie verstehen; denn fast immer handelt es sich um angstvolles Rufen nach Hilfe und Liebe.«

2. Zur Anwendung von Schmerzmitteln:

»Es ist hilfreich, an eine Erklärung von Papst Pius XII. zu erinnern, die weiterhin voll gültig bleibt. Einer Gruppe von Ärzten, die ihm die Frage vorgelegt hatte: › Kann es nach der Lehre der Religion und den Normen der Moral dem Arzt und dem Kranken erlaubt sein, mithilfe narkotischer Medikamente Schmerz und Bewusstsein auszuschalten (...) (auch beim Herannahen des Todes und wenn vorauszusehen ist, dass die Anwendung dieser Mittel das Leben abkürzt)?‹, antwortete der Papst: › Wenn andere Mittel fehlen und dadurch unter den ge-

gebenen Umständen die Erfüllung der übrigen religiösen und moralischen Pflichten in keiner Weise verhindert wird, ist es erlaubt.‹ [*] In diesem Fall ist es klar, dass der Tod keineswegs gewollt oder gesucht wird, auch wenn man aus einem vernünftigen Grund die Todesgefahr in Kauf nimmt; man beabsichtigt nur, die Schmerzen wirksam zu lindern und verwendet dazu jene schmerzstillenden Mittel, die der ärztlichen Kunst zur Verfügung stehen.«

[*] Pius XII. Ansprache vom 24. Februar 1957, in: Acta Apostolicae Sedis 49 (1957) 147.

3. Lebensverlängerung um jeden Preis?

»Muss man unter allen Umständen alle verfügbaren Mittel anwenden? Bis vor kurzem antworteten die Moraltheologen, die Anwendung ›außerordentlicher‹ Mittel könne man keinesfalls verpflichtend vorschreiben. Diese Antwort, die als Grundsatz weiter gilt, erscheint heute vielleicht weniger einsichtig, sei es wegen der Unbestimmtheit des Ausdrucks oder wegen der schnellen Fortschritte in der Heilkunst. Daher ziehen es manche vor, von ›verhältnismäßigen‹ und ›unverhältnismäßigen‹ Mitteln zu sprechen. Auf jeden Fall kann eine richtige Abwägung der Mittel nur gelingen, wenn die Art der Therapie, der Grad ihrer Schwierigkeiten und Gefahren, der benötigte Aufwand sowie die Möglichkeiten ihrer Anwendung mit den Resultaten verglichen werden, die man unter Berücksichtigung des Zustandes des Kranken sowie seiner körperlichen und seelischen Kräfte erwarten kann.«

Rechtliche Situation

Deutschland

Eine gesetzliche Regelung zur Sterbehilfe gibt es nicht. In Fällen aktiver Sterbehilfe können entweder Tötungsdelikte wie Mord und Totschlag oder aber die »Tötung auf Verlangen« (§ 216 StGB) zur Ahndung herangezogen werden.

Auch in ärztlichen Standesregeln ist die Sterbehilfe nicht ausdrücklich genannt, sondern wird aus der allgemeinen Klausel zur Berufsausübung abgeleitet. Dagegen haben Deutsche Ärztetage wiederholt zum Thema Sterbehilfe Stellung genommen. Sie betonen die Ablehnung aktiver Sterbehilfe und wandten sich zugleich gegen »unsinnig lebensverlängernde Maßnahmen um jeden Preis«. Der »Deutsche Juristentag« lehnte 1986 mit großer Mehrheit die Freigabe der aktiven Sterbehilfe unter bestimmten Bedingungen ab. Er verwarf zugleich die Forderung, die passive und die indirekte Sterbehilfe gesetzlich zu regeln.

Ein Berufsgericht der Bayerischen Ärztekammer hatte 1988 empfohlen, dem Chirurgen Julius Hackethal die Approbation als Arzt wegen »unärztlichen Verhaltens« zu entziehen, nachdem sich Hackethal verpflichtet hatte, künftig keine Sterbehilfe zu leisten, die nicht durch die vorhandenen berufsständischen Regeln gedeckt sei. Für erhebliches öffentliches Aufsehen und eine Polarisierung der Diskussion um die Sterbehilfe sorgte die zu Anfang der 80er-Jahre gegründete »Deutsche Gesellschaft für Humanes Sterben«, deren 1993 abgelösten Präsidenten Hans-Henning Atrott unter anderem der Handel mit Zyankali vorgeworfen wurde.

Niederlande

Die Niederlande haben als erstes europäisches Land eine verbindliche Gesetzesregelung zu Fragen der Sterbehilfe verabschiedet. Das Gesetz, das Anfang Februar 1993 im Parlament verabschiedet und im November 1993 im Oberhaus, der »Ersten Kammer« debattiert wurde, hält grundsätzlich an der Strafbarkeit der Sterbehilfe fest, die mit bis zu zwölf Jahren Freiheitsentzug geahndet werden kann.

Von einer Strafverfolgung kann abgesehen werden, wenn bestimmte Bedingungen erfüllt sind. Dazu zählen, dass der Patient mehrfach und freiwillig um Lebensbeendigung gebeten und dass der Arzt sich mit einem Kollegen beraten hat. Fälle von Sterbehilfe sind meldepflichtig. Nach dem Gesetz kann die Staatsanwaltschaft die Ermittlungen einstellen. Sie ist zu weitergehenden Ermittlungen verpflichtet, wenn Fälle von Sterbehilfe bei so genannten »willensunfähigen« Kranken vorliegen, so etwa bei Koma-Patienten.

Die gesetzliche Regelung gibt der seit einigen Jahren in den Niederlanden vorhandenen Praxis einen juristischen Rahmen. Sterbehilfe wurde seit Mitte der 80er-Jahre weitgehend toleriert. Nach einer Untersuchung im Auftrag der Regierung gab es 1990 in den Niederlanden 2300 Fälle von aktiver Sterbehilfe, in weiteren 400 Fällen wurde Hilfe zur Selbsttötung geleistet. Schließlich seien knapp 16000 Fälle unter der Kategorie »normale medizinische Behandlung« einzuordnen, worunter passive und indirekte Sterbehilfe zusammengefasst wurden. Noch vor Verabschiedung des neuen Gesetzes, das 1994 in Kraft trat, hat eine katholische Kirchenzeitung eine scheckkartengroße »Credocard« herausgebracht, deren Inhaber bekunden, mit aktiver Euthanasie nicht einverstanden zu sein. Diese Karte soll inzwischen eine Auflage von mehr als 5000 Exemplaren haben.

Hospizbewegung

Die Tötung auf Verlangen ist … weder eine wirkliche Hilfe noch ist sie die einzige Hilfe, die wir Sterbenden geben können. Sie ist keine echte Hilfe, weil sie die Person, der unsere Hilfe gelten soll, vernichtet, und sie ist nicht die einzige Hilfe, weil Sterbende (darunter auch solche, die den Wunsch äußern, sterben zu dürfen) nicht die »erlösende« Todesspritze, sondern etwas ganz anderes, nämliche menschliche Zuwendung und wirksame Schmerzlinderung erwarten. … wo wirksame Schmerzbekämpfung und menschliche Zuwendung dem Kranken die Möglichkeit zur persönlichen Gestaltung seines Sterbens geben, da taucht der Wunsch, den Sterbeprozess durch eine bewusste Manipulation des Todeseintritts zu beschleunigen, nicht mehr auf.

Eberhard Schockenhoff

Die Idee der Hospizbewegung, die seit der Gründung des ersten Hospizes 1967 in London durch Ciceley Saunders große Anerkennung und Verbreitung gefunden hat, war es, neben der medizinischen Versorgung auch eine menschliche Begleitung von Sterbenden zu gewähren, die es ihm möglich macht, auch das Sterben als Teil seines Lebens anzunehmen. Hospize sind Häuser, in denen Menschen all das finden, was sie zu einem menschlichen würdevollen Sterben benötigen. Nicht nur die medizinische Versorgung und vor allem die wirkungsvolle Bekämpfung von Schmerzen (Palliativ-Therapie) sind hier gesichert. Auch auf die psychischen, sozialen und spirituellen Bedürfnisse der Menschen wird hier ausdrücklich und bewusst eingegangen. Gemeinschaft wird gewährt, wichtige persönliche Angelegenheiten können noch geregelt werden, die Frage nach dem Sinn des Lebens und Sterbens, nach Krankheit und Leid kann gestellt und mit anderen besprochen werden. So wird versucht, dem Wunsch des Menschen nach dem »eigenen« Tod, nach bewusst vollzogenem Sterben zu entsprechen.

Zur weiteren Information über die Hospizbewegung vgl.:
Johann-Christoph Student, Das Hospiz-Buch, Freiburg (Lambertus) [3]1994.

»Patientenverfügung«

- Die Patientenverfügung kann – anders als beim eigenhändigen Testament – auch als Formular oder mit Maschine geschrieben sein.
- Sie ist jederzeit widerrufbar.
- Die Patientenverfügung sollte von Zeit zu Zeit erneuert werden, damit im Einzelfall nicht Zweifel daran auftreten, ob der Patient immer noch derselben Meinung ist. Verlängerung kann durch Hinzusetzen eines neuen Datums mit Unterschrift erfolgen.
- Soweit der behandelnde Arzt an ein vom Patienten verfügtes Behandlungsverbot gebunden ist, macht er sich – nach im Vordringen begriffener Auffassung – wegen Körperverletzung strafbar, wenn er gleichwohl invasive Maßnahmen durchführt. Umgekehrt schützt eine Patientenverfügung den sich danach richtenden Arzt vor strafrechtlichen Folgen wegen unterlassener Hilfeleistung

Patientenverfügung

Für den Fall, dass ich nicht mehr in der Lage bin, meine Angelegenheiten selbst zu regeln, verfüge ich:

An mir sollen keine lebensverlängernden Maßnahmen vorgenommen werden, wenn medizinisch festgestellt ist,

- dass ich mich im unmittelbaren Sterbeprozess befinde, bei dem jede lebenserhaltende Maßnahme das Sterben oder Leiden ohne Aussicht auf erfolgreiche Behandlung verlängern würde,

  oder

- dass es zu einem nicht behebbaren Ausfall lebenswichtiger Funktionen meines Körpers kommt, der zum Tode führt.

Ärztliche Begleitung und Behandlung sowie sorgsame Pflege sollen in diesen Fällen auf die Linderung der Schmerzen, Unruhe und Angst gerichtet sein, selbst wenn durch die notwendige Schmerzbehandlung eine Lebensverkürzung nicht auszuschließen ist. Ich möchte in Würde und Frieden sterben können, nach Möglichkeit in Nähe und Kontakt mit meinen Angehörigen und nahe stehenden Personen und in meiner vertrauten Umgebung.

Ich bitte um seelsorglichen Beistand.

Maßnahmen aktiver Sterbehilfe lehne ich ab.

Ich unterschreibe diese Verfügung nach sorgfältiger Überlegung und als Ausdruck meines Selbstbestimmungsrechtes. Ich wünsche nicht, dass mir in der akuten Situation eine Änderung meines hiermit bekundeten Willens unterstellt wird. Sollte ich meine Meinung ändern, werde ich dafür sorgen, dass mein geänderter Wille erkennbar zum Ausdruck kommt.

Name:..

geb. am:...

Anschrift:...

Ort, Datum:...

Unterschrift:..

Diese PATIENTENVERFÜGUNG wird von mir erneut bestätigt:

Ort, Datum: Unterschrift:

Ort, Datum: Unterschrift:

Gebet

Ich lasse mich dir, heiliger Gott, und bitte dich:
Mach ein Ende aller Unrast.

Meinen Willen lasse ich dir.
Ich glaube nicht mehr, dass ich selbst verantworten kann,
was ich tue und was durch mich geschieht.
Führe du mich und zeige mir deinen Willen.

Meine Gedanken lasse ich dir.
Ich glaube nicht mehr, dass ich so klug bin,
mich selbst zu verstehen,
dieses ganze Leben oder die Menschen.
Lehre mich deine Gedanken denken.

Meine Pläne lasse ich dir.
Ich glaube nicht mehr, dass mein Leben seinen Sinn findet
in dem, was ich erreiche von meinen Plänen.
Ich vertraue mich deinem Plan an,
denn du kennst mich.

Meine Sorgen um andere Menschen lasse ich dir.
Ich glaube nicht mehr,
dass ich mit meinen Sorgen irgendetwas bessere.
Das liegt allein bei dir. Wozu soll ich mich sorgen?

Die Angst vor der Übermacht der anderen lasse ich dir.
Du warst wehrlos zwischen den Mächtigen.
Die Mächtigen sind untergegangen. Du lebst.

Meine Furcht vor meinem eigenen Versagen lasse ich dir.
Ich brauche kein erfolgreicher Mensch zu sein,
wenn ich ein gesegneter Mensch sein soll
nach deinem Willen.

Alle ungelösten Fragen, alle Mühe mit mir selbst,
alle verkrampften Hoffnungen lasse ich dir.
Ich gebe es auf, gegen verschlossene Türen zu rennen,
und warte auf dich. Du wirst öffnen.

Ich lasse mich dir. Ich gehöre dir, Gott.
Du hast mich in deiner guten Hand. Ich danke dir.

Jörg Zink

Anhang

Literatur und Medien

Über die hier angegebene Literatur verweisen wir ergänzend auf die entsprechenden Angaben im »Grundkurs Christliche Ethik«, München 1998.

1. Allgemeine Einführungen in die Ethik

B. Haering, Frei in Christus. Moraltheologie für die Praxis des christlichen Lebens, Freiburg / Basel / Wien, Bd. I: Das Fundament aus Schrift und Tradition, 1979; Bd. II: Der Weg des Menschen zur Wahrheit und Liebe, 1980; Bd. III: Die Verantwortung des Menschen für das Leben, 1981.

J. Römelt, Handbuch der Moraltheologie, Bd. 1: Vom Sinn moralischer Verantwortung. Zu den Grundlagen christlicher Ethik in komplexer Gesellschaft, Regensburg 1996; Bd. 2: Freiheit, die mehr ist als Willkür. Christliche Ethik in zwischenmenschlicher Beziehung, Lebensgestaltung, Krankheit und Tod, Regensburg 1997; Bd. 3: Jenseits von Pragmatismus und Resignation. Perspektiven christlicher Verantwortung für Umwelt, Frieden und soziale Gerechtigkeit, Regensburg 1999.

K.-H. Peschke, Christliche Ethik. Spezielle Moraltheologie, Trier 1995.

E. Schockenhoff, Ethik des Lebens. Ein theologischer Grundriss, Mainz 1993.

H. Rotter / G. Virt (Hg.), Neues Lexikon der christlichen Moral, Innsbruck / Wien 1990.

W. Korff/L. Beck/P. Mikat (Hg.), Lexikon der Bioethik, 3 Bde., Gütersloh 1998.

H. Weber, Spezielle Moraltheologie, Graz / Wien / Köln 1999.

2. Zu den einzelnen Themen

Technik

H. Jonas, Technik, Medizin und Ethik. Praxis des Prinzips Verantwortung, Frankfurt am Main 1987.

H. Lenk / G. Ropohl (Hg.), Technik und Ethik, Stuttgart ²1993.

Ph. Schmitz, Fortschritt ohne Grenzen? Christliche Ethik und technische Allmacht (QD 164), Freiburg / Basel / Wien 1997.

Technik, Wissenschaft und Verantwortung, zusammengestellt und bearbeitet von H. Paulsen (Lesehefte Ethik – Werte und Normen – Philosophie), Leipzig 1997.

DIASERIE: Erlösung durch Elektrizität. Die Stadtwerke vollenden das Werk des Prometheus
12 Dias f., Text, Kassel: PTI, 1994
Die Elektrizität hat Erleichterungen und eine Verbesserung der Lebensqualität gebracht. In der Zeit nach der Aufklärung wurde die neue Energietechnik als königliche Kraft gefeiert, die Prometheus entfesseln sollte. Doch heute, wo die schädlichen Auswirkungen der Großtechnologie immer deutlicher werden, schwindet dieser Erlösungsmythos und weicht einem eher behutsamen Umgang mit der Gabe Energie.

VIDEO: Robozoff
Bill Kroyer (Reg. / Prod.), Trickfilm, 5 Min (F), USA, 1988
In einem Großraumbüro werden Menschen nach und nach durch Roboter ersetzt. Das kleinste Fehlverhalten führt zum Rausschmiss durch den Chef. Am Ende bleibt nur noch ein Mensch übrig und es kommt zum Kampf.

Gentechnik

F. Petermann u.a. (Hg.), Perspektiven der Humangenetik, Paderborn / München / Wien / Zürich 1997.

M. Regenass-Klotz, Grundzüge der Gentechnik. Theorie und Praxis, Basel / Boston / Berlin 1998.

L. Weß (Hg.), Die Träume der Genetik. Gentechnische Utopien vom sozialen Fortschritt, Nördlingen 1989.

G. Kaiser u.a. (Hg.), Bio- und Gentechnologie – Anwendungsfelder und wirtschaftliche Perspektiven, Frankfurt am Main / New York 1997.

W. Bickel / W. Schulte, Gentechnologie und Reproduktionsmedizin. Herausforderung zum Dialog zwischen Naturwissenschaft und Theologie, Kevelaer 1998.

Künstliche Befruchtung

M. Kleer / C. Söling (Hg.), Herausforderung: Klonen. Biologischer Befund, wirtschaftliche Interessen, ethische Grenzen (Theologie und Biologie im Dialog, 1), Paderborn 1998.

E. Beck-Gernsheim, Technik, Markt und Moral. Über Reproduktionsmedizin und Gentechnologie, Frankfurt am Main 1991.

V. Krolzik / W. Salzmann (Hg.), Kind um jeden Preis? Beiträge zur ethischen Diskussion der neuen Reproduktionstechniken. Orientierungshilfen für die Beratungspraxis, für den Evangelischen Verein der Adoptions- und Pflegekindvermittlung Rheinland e.V., Neukirchen-Vluyn 1989.

G. Zeller-Steinbrich, Wenn Paare ohne Kinder bleiben. Seelische Entwicklungen – neue Perspektiven, Freiburg / Basel / Wien 1995.

VIDEO: Der geklonte Mensch, Fernseh-Feature, 27 Min (F), Text, BRD 1998, ZDF (Prod.)
Das Feature nimmt sich der vielfältigen biologischen, medizinischen, wirtschaftlichen und ethischen Aspekte der Gentechnologie an und lässt Gegner wie Befürworter zu Wort kommen. Die differenzierte Dokumentation gibt einen umfassenden Überblick zur Gentechnik, die sich wahrscheinlich zu einem der florierendsten Märkte der Zukunft entwickeln wird. Ein sowohl für die Sekundarstufe II wie für die Erwachsenenbildung gut geeigneter Einstieg zum Thema.

VIDEO: Auslese zum Wunschkind, Dokumentation, 30 Min (F), Text, BRD, 1998, Silvia Matthies (Reg.)
*Die Dokumentation macht kritisch auf den Einsatz vorgeburtlicher Untersuchungsmethoden (Ultraschall, Tripeltest, Fruchtwasseruntersuchung) und die veränderte Einstellung von Frauen und Männern zur Schwangerschaft aufmerksam. Dabei wird die Gefahr deutlich, dass die vorgeburtlichen Tests einer Auslese zum unbehinderten Wunschkind Vorschub leisten. Fall-*beispiele und Interviews problematisieren aus ethischer Sicht individuelle und gesellschaftliche Normvorstellungen sowie die medizinischen Sachverhalte.*

Pränatale Diagnostik

A. Arz de Falco, Pränatale Diagnostik. Qualitätskontrolle für das werdende Leben, Freiburg (Schweiz) 1991.

Wir wurden nicht gefragt. Ein Lesebuch zu »Euthanasie« und Menschenwürde, hg. v. Diakonischen Werk der Evangelischen Kirche von Westfalen, Bielefeld 1992.

N. Kluge, Wann beginnt menschliches Leben?, Sankt Augustin 1992.

I. Schneider, Föten. Der neue medizinische Rohstoff, Frankfurt am Main / New York 1995.

VIDEO: Die neuen Wahrsager, Dokumentation, 35 Min (F), Text, BRD, Marianne Riedel (Reg.), ZDF (Prod.)
Der Film beschäftigt sich mit den Anwendungen der Gentechnik in der genetischen Beratung und pränatalen (vorgeburtlichen) Diagnostik sowie in der prädikativen Medizin. Neben Interviews mit Spezialisten werden ein Ehepaar mit behinderten Kindern und ein an Chorea Huntington erkrankter Künstler gezeigt. Aus der ZDF-Reihe »Kontakte«.

VIDEO: Risikoperson, Kurzfilm, 30 Min (F), Begleitheft, BRD, 1994, Jörg Gfrörer, (Prod.)
Als die 18-jährige Irene erfährt, dass ihre Familie möglicherweise mit der unheilbaren Erbkrankheit »Chorea Huntington« (volkstümlich Veitstanz) belastet ist, gerät sie in Panik. Aber ein genetischer Test kann nur durchgeführt werden, wenn auch ihr Vater seine Erbanlagen untersuchen lässt. Er besteht auf seinem »Recht auf Nichtwissen«. Gegen seinen Willen beginnt Irene eigene Nachforschungen über die Geschichte ihrer Familie anzustellen.

Erscheinungsbild

Die Körper, die wir sind. Mit Leib und Seele leben, hg. von der Psychologie-heute-Redaktion (Psychologie heute: Sonderband), Weinheim / Basel 1985.

H. Kochanek (Hg.), Ich habe meine eigene Religion. Sinnsuche jenseits der Kirchen, Zürich u.a. 1999.

VIDEO: Dreams Online. Eine mediale Reise, Institut für RU und Katechese im Erzbistum Paderborn (Hg.), Video-Collage, 11 Min (F), Arbeitshilfe, Paderborn, 1997
Eine computeranimierte Spielfigur durchquert virtuelle Höhlengänge und erreicht dabei vier unterschiedliche mediale Sehnsuchtswelten: Zunächst erscheinen – in schneller Schnittfolge – Bilder und Räume aus der Fernsehwerbe- und Computerwelt, welche Zeiten der Sehnsucht und das menschliche Sehnen nach Geld und Styling ausdrücken. Anschließend werden Beziehungssehnsüchte und das Verlangen nach Macht präsentiert. Die letzte Sequenz artikuliert Tiefendimensionen der Sehnsuchtshoffnung.

VIDEO: Gorgeous, Animationsfilm von Kaz Cooke, 11 Min (F), Australien, 1994, Film Australia (Prod.)
Der Film karikiert auf humorvolle Weise Probleme mit dem Selbstbild und die Versuche, diese Probleme durch Schönheitschirurgie, Beauty-Salons, Fitness-Clubs, Diäten usw. zu lösen. Der Film macht dabei auf eine der wesentlichen Ursachen aufmerksam, den gesellschaftlichen Leistungsdruck nämlich, der beide Geschlechter betrifft, zumal in einer Zeit, die geradlinige berufliche Lebensläufe kaum mehr kennt.

Zeit

H. Rüenauver / H. Zingel, Den Sonntag feiern, München: Kösel 1992.

K. A. Geißler, Vom Hasten und Rasten, Arbeiten und Lernen, Leben und Sterben, Weinheim [5]1993.

M. Gronemeyer, Das Leben als letzte Gelegenheit. Sicherheitsbedürfnis und Zeitknappheit, Darmstadt 1993.

F. Reheis, Die Kreativität der Langsamkeit. Neuer Wohlstand durch Entschleunigung, Darmstadt 1996.

K. A. Geißler, Zeit. »Verweile doch, du bist so schön!«, Weinheim / Berlin [4]1998.

DIASERIE: Zeit im Bild. Dietrich Grünewald (Autor), 24 Dias (F), Text, Köln: Vista Point, 1993
Die Diaserie ist eine Einführung in die komplexe Zeitthematik mit künstlerischen Darstellungen. Durch die Auswahl der Bilder werden charakteristische zeitsymbolische Bereiche und Fragestellungen veranschaulicht. Bilder u.a. von: Chagall, Dali, Picasso, Beuys, Pollok.

MEDIENPAKET: Vom Umgang mit der Zeit. Anregungen und Übungen zum Innehalten, 20 Dias (F), Text, Kassette (28 Min), Offenbach: Jünger, 1996
Das Medienpaket bietet Materialien für die Bearbeitung des Themas Zeit mit Jugendlichen: Zwei Bildmeditationen, zwei eutonische Übungsbeispiele, eine Unterrichtsstunde für die Sek. I, fünf Einheiten zum Thema »Zeit für mich« sowie fünf interaktive Spielformen zum Kennenlernen. Einzeldias und Musikbeispiele liegen bei. Der Übungsleiter sollte Grundkenntnisse für meditative und interaktive Arbeit mit Jugendlichen besitzen.

Geld

K.-G. Michel, Konsumethik in der Wohlstandsgesellschaft, Paderborn / München / Wien / Zürich 1997.

H.-J. Zoche, Jesus und die Marktwirtschaft. Kapitalismus auf dem Prüfstand der Menschlichkeit, Frankfurt am Main 1999.

VIDEO: Moskito: Geld. Magazin, 35 Min (F), BRD, 1996, SFB (Prod.)
Geld bestimmt in zunehmendem Maße den Alltag der Jugendlichen. Mit Sketchen, Musikklipps, Reportagen und Animationen wird gezeigt, wie sie mit der allgemeinen Konsumverführung umgehen und was Geld für sie bedeutet. (Für 10- bis 14-Jährige geeignet.)

VIDEO: Dabei sein ist alles. Reihe: GegenWERTiges, Dokumentation, 30 Min (F), BRD, 1998, SWR (Prod.)
Dieser Film erzählt aus der Perspektive von drei Paaren den langen Weg zum Auftritt als Kandidaten in der »100000-Mark-Show«. Die einzelnen Paare nehmen sehr unterschiedlich kritische bzw. reflexive Positionen ein. Der Film illustriert sehr deutlich die problematische Haltung, die dem Sendekonzept zugrunde liegt: Die extreme Bedeutung des Kampfes, die Faszination des Geldes, das Überschreiten gängiger Grenzen. Ein Film zur Frage der Wertevermittlung in der heutigen Gesellschaft: Was ist uns die Würde des Menschen wert?

Sexualität

W. Bartholomäus, Glut der Begierde – Sprache der Liebe. Unterwegs zur ganzen Sexualität, München 1987.

H. Dickerhoff, Dass wir Zärtlichkeit nicht

gottlos nennen. Zur Versöhnung von Christentum und Sexualität, Würzburg 1989.

E. Moltmann-Wendel (Hg.), Frau und Mann. Alte Rollen – Neue Werte, Düsseldorf 1991.

H.-G. Gruber, Familie und christliche Ethik, Darmstadt 1995.

Th. Schneider (Hg.), Geschieden – Wiederverheiratet – Abgewiesen? Antworten der Theologie, QD 157, Freiburg / Basel / Wien 1995.

B. Fraling, SexualEthik. Ein Versuch aus christlicher Sicht, Paderborn / München / Wien / Zürich 1995.

R. Mokrosch, Sexualität. Frankfurt am Main 1995.

R. Gaedt, Freundschaft, Liebe, Sexualität. Arbeitshilfe für den Religions- und Ethikunterricht in der Sekundarstufe I, Göttingen 1995.

VIDEO: Liebe – einfach kompliziert; 3 Kurzspielfilme je 23 Min (F), Begleitheft, BRD, 1992, Tula Roy (Prod.)
Die drei Kurzspielfilme erzählen Geschichten aus dem Leben von jungen Leuten zwischen Pubertät und Erwachsenwerden, Verliebtheit, Sexualität und Verhütung – vorrangige Themen in diesem Lebensalter 1. Teil: Erste Liebe; 2. Teil: Verhütung; 3. Teil: Schwanger (Für 14- bis 18-jährige Jugendliche geeignet)

VIDEO: Hochzeitsnacht, Kurzspielfilm, 15 Min, (s/w), Begleitheft, BRD, 1992, Mascha Schwarz (Regie), Avalon-Film (Prod.)
Während einer Hochzeitsfeier lernt die Mutter der Braut einen älteren Mann kennen, der am Piano ruhig-stimmungsvolle Musik darbietet. Die Frau geht auf den Herrn zu, beide empfinden spontan Zuneigung füreinander. Während ein kleines Mädchen dieser unvermittelt neuen Liebe mit Verständnis begegnet, reagiert die Hochzeitsgesellschaft verunsichert.

Wahrheit

P. Ekmann, Weshalb Lügen kurze Beine haben. Über Täuschungen und deren Aufdeckung im privaten und öffentlichen Leben, Berlin / New York 1989.

V. Sommer, Lob der Lüge. Täuschung und Selbstbetrug bei Tier und Mensch, München 1992.

D. Nyberg, Lob der Halbwahrheit, Hamburg 1994.

A. Baruzzi, Philosophie der Lüge, Darmstadt 1996.

S. Dietsch, Kleine Kulturgeschichte der Lüge, Leipzig 1998.

E. Schockenhoff, Zur Lüge verdammt? Freiburg/Basel/Wien 2000.

Angst

E. Drewermann, Psychoanalyse und Moraltheologie, Bd. 1: Angst und Schuld, Mainz 1982.

F. Riemann, Grundformen der Angst. Eine tiefenpsychologische Studie, München 1987.

H. J. Schultz (Hg.), Angst, Facetten eines Urgefühls, dtv 30450, München 1987.

A. Hicklin, Das menschliche Gesicht der Angst, Frankfurt am Main 1994.

H. E. Richter, Umgang mit Angst, Düsseldorf / Wien ³1995.

V. Kast, Vom Sinn der Angst. Wie Ängste sich festsetzen und wie sie sich verwandeln lassen, Freiburg / Basel / Wien 1997.

DIASERIE: Angst/ Mut, 12 Dias (F), Text, Zürich: EMD
In drei thematischen Schritten (Lebensangst, Todesangst, Angst vor sich selber) wird das Thema behandelt. Dabei dienen drei künstlerische Darstellungen (Munch, Klee, Jawlensky) mit ausführlicher Beschreibung als Einstieg. Das weitere Bildmaterial (Realfotos) ist für die assoziativ/meditative Auseinandersetzung geeignet.

VIDEO: Das Zimmer, Kurzspielfilm, 12 Min (F), USA, 1993, Jeff Balsmeyer (Reg.)
Ein Vater hat eine krankhafte Angst vor der Außenwelt. Er verbarrikadiert alle Türen und Fenster und lebt mit seiner Frau und seinem Sohn wie in einem Gefängnis. Der Junge aber hat nur einen Gedanken: frei sein! Sein Freiheitswille ist so stark, dass er damit Mauern sprengt.

Sucht

Sucht. Ein Massenphänomen als Alarmsignal, hg. v. J. Eisenburg, Düsseldorf 1988.

E. E. Boesch, Sehnsucht. Von der Suche nach Glück und Sinn, Göttingen 1998.

G. Scherhorn / L. Reisch / G. Raab, Kaufsucht. Bericht über eine empirische Untersuchung, Stuttgart 1991.

VIDEO: Der Neunhüter, Animationsfilm, 25 Min (F), BRD, 1996, Jan Habarta (Autor), ZDF (Prod.)
Kuriose Gestalten ringen in einer absurden Welt um Anerkennung, indem sie versuchen, alles richtig zu machen. So auch Herr Wenig. Als die Parole ausgegeben wird, möglichst viele Exemplare eines Gegenstandes zu besitzen, entscheidet sich Herr Wenig für Hüte. Er arbeitet wie wild, um sich einen Hut nach dem anderen leisten zu können – bis er schließlich krank wird und beim Arzt und bei Freunden Rat und Hilfe sucht.

VIDEO: Ecstasy (XTC). Faszination & Gefahr, Dokumentation, 22 Min (F), Arbeitshilfe, BRD, 1998, Evangelisches Fernsehen München (Prod.)
Die Drogenlandschaft hat sich verändert: Während der Konsum von betäubenden Drogen rückläufig ist, werden Ecstasy und andere aktivierende Drogen immer häufiger konsumiert, am häufigsten in der Gruppe der 15- bis 25-Jährigen. Im Film kommen vor allem Jugendliche zu Wort. Dazwischen finden sich Expertenmeinungen über die Gefahren von Ecstasy.

VIDEO: Flaschenkinder – Wenn Eltern trinken, Dokumentation, 30 Min (F), Text, BRD, 1997, ZDF (Prod.)
Anhand dreier Fallbeispiele schildert der Film die Auswirkungen des übermäßigen Alkoholkonsums. Deutlich wird, dass Alkohol nicht nur diejenigen, die trinken, vielmehr auch die betroffene Mitwelt zerstören kann.

Medien

N. Postman, Wir amüsieren uns zu Tode. Urteilsbildung im Zeitalter der Unterhaltungsindustrie, Frankfurt am Main 1997.

A. Kolb u.a. (Hg.), Cyber-ethik. Verantwortung in der digital vernetzten Welt, Stuttgart / Berlin / Köln 1998.

Chr. Rumpeltes, Medien – Technik – Kirche. Ethische Akzente in der Informationsgesellschaft, Bochum 1990.

VIDEO: Lügen haben schöne Beine – Vom märchenhaften Alltag der Werbebranche, Wetzel Filmproduktion Bremen, BRD, 1997; Dokumentation, 45 Min (F), Arbeitshilfe; FSK ab 12 Jahren
Der spannend gestaltete Film schildert die Tätigkeit der größten deutschen Werbeagenturen und deren beständigen Kampf um mehr Marktanteile. Er informiert über die Hintergründe des Geschäfts mit der Bewerbung von Produkten und zeigt an eindrucksvollen Beispielen, wie aufwändig Werbung heute gemacht wird.

DIASERIE: Verborgene Wirklichkeiten, 114 Dias (F), Text, Württemberg: EMZ
Die in acht Teile gegliederte, umfangreiche Reihe möchte ein grundsätzliches Verständnis für Symbolwirkungen erzielen. Eine erste Annäherung an die Welt der Symbole geschieht über die Darstellung ihrer Bedeutung im Alltag. Anschließend werden die Themenfelder »Politik«, »Kunst«, »Werbung«, »Religion« und »Psychotherapie« behandelt. Die Diapositive, prägnant und überwiegend aktuell ausgewählt, sind jeweils mit einem Kurztext versehen. Für den Einsatz im Unterricht und in der Erwachsenenbildung sollte weiteres Textmaterial hinzugezogen werden.

VIDEO: Agfa und Eva – göttlicher Espresso. Religiöse Symbole in der Werbung, Dokumentation, 30 Min (F), BRD, 1994, Horst Eder (Reg.) ; ERD (Prod.)
Werbemacher und Privatleute wählen vielfach religiöse Symbole, um ihr Produkt besser zu vermarkten. Die Dokumentation zeigt in zahlreichen Beispielen, wie ursprünglich biblische Sinngehalte (z. B. Paradies) abgewandelt und dann Lebensqualität, Sinn, Glück und Erfolg konsumstrategisch vermittelt werden.

VIDEO: Petting, Pop & Leserbriefe. – Bravo – Das Zentralorgan der Kids, Dokumentation, 45 Min (F), BRD, 1995
Seit 40 Jahren behauptet sich die Jugendzeitschrift »BRAVO«. Der Film geht dem Phänomen der beliebtesten Jugendzeitschrift nach. Gezeigt werden Interviews mit den verschiedenen Redaktionen und deren Arbeitsweise, ebenso werden LeserInnen befragt.

VIDEO: Rettet unsere Kinder. Die visuelle Gewalt und ihre Folgen, Dokumentation, 43 Min (F), Text, BRD, 1996, Bayerischer Rundfunk (Prod.)
Der Film dokumentiert die Brutalität, die teilweise in der Fernseh-, Video- und Computerwelt herrscht.

Sport

Christliche Perspektiven im Sport, hg. v. P. Jakobi und H. E. Rösch, München: Bd. 1: Sport – Dienst am Menschen, 1977; Bd. 2: Sport – Dienst an der Gesellschaft, 1977; Bd. 3: Sport und Jugendarbeit, 1978; Bd. 4: Sport ohne Ethos? 1979; Bd. 5: Sport zwischen Freiheit und Zwang, 1981; Bd. 6: Sport und Menschenwürde, 1982; Bd. 7: Sport in Freizeit und Umwelt, 1984; Bd. 8: Sport und Religion, 1986.

Lexikon der Ethik im Sport, hg. v. O. Grupe und D. Mieth, Schorndorf 1998.

Themenheft »Sport«: Concilium 25 (1989) 367–450 (Heft 5).

VIDEO: Leuchte auf, mein Stern Borussia, Dokumentation, 30 Min (F), Text, BRD, 1997, WDR (Prod.)
Den wahren Fußball-Fans ist ihre Mannschaft heilig. Sie verwandeln das Stadion in eine Kultstätte. Ihre Gesänge sind die Choräle einer verschworenen Gemeinde. Der Fußball macht ihren grauen Alltag sinnvoll und bietet vielen all das, was zu einer echten Religion gehört.

Krankheit

H. J. Schultz (Hg.), Schmerz. Dimensionen einer Erfahrung, Freiburg / Basel / Wien 1998.

H. Schaefer (Hg.), Der gesunde kranke Mensch. Gesundheit ein Wert – Krankheit ein Unwert?, Düsseldorf 1980.

A. Auer, Geglücktes Altern. Eine theologisch-ethische Ermutigung, Freiburg / Basel / Wien 1995.

G. Danzer / J. Rattner, Der Mensch zwischen Gesundheit und Krankheit. Tiefenpsychologische Theorien menschlicher Funktionen, Darmstadt 1999.

VIDEO: Damit ich nicht sterbe, ganz einfach – ein Kind kämpft um sein Leben, Reihe: die reportage, Dokumentation, 30 Min (F), Text BRD, 1997, Hildegard Werth (Reg.)
Der beeindruckende Film erzählt die Geschichte eines an einer tödlichen Krankheit leidenden siebenjährigen Jungen und seiner Eltern, beginnend im April 1993 nach der Diagnose. Er endet im Januar 1996 in einer Sterbephase des Jungen. Der Schwerpunkt des Filmes liegt auf dem Kampf des Kindes und der Eltern gegen die Krankheit und den Tod.

VIDEO: Letzte Berührungen – Der Münchner Aidspfarrer Thomas Schwaiger, Dokumentarfilm, 30 Min (F), Begleitheft, BRD, 1997, Max Kronawitter (Reg.)
Der Film zeichnet einfühlsam das Portrait des Münchner Aidspfarrers Thomas Schwaiger. Die Kamera begleitet ihn bei seiner Seelsorgearbeit mit AIDS-Kranken. In Interviewsequenzen erzählt Thomas Schwaiger, wie er versucht, den Kranken bei ihrem schweren Leiden eine Stütze zu sein und wie er selbst mit der Belastung umgeht.

Organspende

U. Herrmann (Hg.), Die Seele verpflanzen? Organtransplantation als psychische und ethische Herausforderung. Mit einer Dokumentation zur Rechtslage (GTB Sachbuch 983), Gütersloh 1997.

S. Storkebaum, Jetzt ist's ein Stück von mir! Alles über Organtransplantationen, München 1997.

J. Hoff / J. in der Schmitten (Hg.), Wann ist der Mensch tot? Organverpflanzung und »Hirntod«-Kriterium, Hamburg 1995.

Th. Schlich, Transplantation. Geschichte, Medizin, Ethik der Organverpflanzung, München 1998.

VIDEO: Stationen: Tot oder lebendig. Die ethische Kontroverse um den Hirntod, 45 Min (F), Text, BRD, 1995, Silvia Mattheis (Reg.)
Die Dokumentation setzt sich mit der ethischen Kontroverse um den Hirntod auseinander. Angehörige Betroffener, Ärzte sowie Theologen diskutieren die Frage, ob der Hirntod mit dem wirklichen Tod des Menschen gleichzusetzen sei. In diesem Zusammenhang werden unterschiedliche Lösungsmodelle zur Gewissensfrage angeführt, ob einem Menschen im hirntoten Zustand Organe entnommen werden dürfen.

Sterbehilfe

E. Schockenhoff, Sterbehilfe und Menschenwürde. Begleitung zu einem »eigenen Tod«, Regensburg 1991.

A.W. Müller, Tötung auf Verlangen – Wohltat oder Untat?, Stuttgart / Berlin / Köln 1997.

W. Jens / H. Küng, Menschenwürdig sterben. Ein Plädoyer für Selbstverantwortung, München/Zürich 1995.

H. Hepp (Hg.), Hilfe zum Sterben? Hilfe beim Sterben!, Düsseldorf 1992.

J.-Chr. Student (Hg.), Das Hospiz-Buch, Freiburg ³1994.

C. Saunders, Hospiz und Begleitung im Schmerz, Freiburg / Basel / Wien 1990.

P. Neysters / K. H. Schmitt, Denn sie werden getröstet werden. Das Hausbuch zu Leid und Trauer, Sterben und Tod, München 1993.

J. S. Ach / M. Kayß (Hg.), Stell dir vor, du stirbst ... Patientenverfügungen und Vorsorgevollmachten in der Diskussion, Münster 1998.

VIDEO: Erlösung Todesspritze. Der neue Streit um die Sterbehilfe, Dokumentarfilm, 29 Min (F), Text, BRD, 1993, Uwe Mönninghoff (Autor), SDR (Prod.)
Die 1992 geänderte Strafprozessordnung in den Niederlanden verfolgt bei Beachtung bestimmter Regeln die »aktive Sterbehilfe« nicht mehr. Der Film nimmt das niederländische Modell zum Anlass, anthropologische, ethisch-theologische, medizinische und juristische Fragen zum Verfügungsrecht des Menschen über Leben und Tod zu stellen. Interviewt werden Betroffene und Angehörige, ein Arzt, ein evangelischer und ein katholischer Theologe sowie Mitarbeiter eines Sterbe-Hospizes.

VIDEO: Tod auf Verlangen, Dokumentarfilm, 57 Min (F), Begleitheft, Niederlande, 1994, Maarten Nederhorst (Reg.)
Der Beitrag dokumentiert den Fall einer Sterbehilfe an einem unheilbar an ALS erkrankten Mann. Der sensibel gedrehte Film macht die Schwere der Entscheidung für alle Beteiligten deutlich.

3. Offizielle Verlautbarungen der Kirchen zu einzelnen Themen

Erklärungen römischer Kongregationen und Räte

Erklärung der römischen Kongregation für die Glaubenslehre zur Euthanasie (1980), Verlautbarungen des Apostolischen Stuhls Nr. 20, hg. v. Sekretariat der DBK.

Apostolisches Schreiben »Familiaris consortio« über die Aufgaben der christlichen Familie in der Welt von heute (1981), Verlautbarungen des Apostolischen Stuhls Nr. 33, hg. v. Sekretariat der DBK.

Schreiben der Kongregation für die Glaubenslehre über die Seelsorge für homosexuelle Personen (1986), Verlautbarungen des Apostolischen Stuhls Nr. 72, hg. v. Sekretariat der DBK.

Instruktion »Donum vitae« der Kongregation für die Glaubenslehre über die Achtung vor dem beginnenden menschlichen Leben und die Würde der Fortpflanzung. (1987), Verlautbarungen des Apostolischen Stuhls Nr. 74, hg. v. Sekretariat der DBK.

Enzyklika »Evangelium vitae« über den Wert und die Unantastbarkeit des menschlichen Lebens (1995), Verlautbarungen des Apostolisches Stuhls Nr. 120, hg. v. Sekretariat der DBK.

Ethik in der Werbung, hg. v. Päpstlichen Rat für die Sozialen Kommunikationsmittel (1997), Arbeitshilfe Nr. 135, hg. v. Sekretariat der DBK.

Apostolisches Schreiben »Dies Domini« über die Heiligung des Sonntags (1998), Verlautbarungen des Apostolischen Stuhls Nr. 133, hg. v. Sekretariat der DBK.

Hirtenschreiben der Deutschen Bischöfe

Für das Leben. Pastorales Wort zum Schutz der ungeborenen Kinder (1986), Die deutschen Bischöfe, Hirtenschreiben Nr. 38, hg. v. Sekretariat der DBK.

Sport und christliches Ethos. Gemeinsame Erklärung der Kirchen zum Sport (1990), Arbeitshilfen Nr. 80, hg. v. Sekretariat der DBK.

Menschenwürdig sterben und christlich sterben / Schwerstkranken und Sterbenden beistehen / Die Hospizbewegung / Im Sterben: Umfangen vom Leben. (1996), Die deutschen Bischöfe, Hirtenschreiben Nr. 47, hg. v. Sekretariat der DBK.

Menschenwürde und Menschenrechte von allem Anfang an (1996), Die deutschen Bischöfe, Hirtenschreiben Nr. 57, hg. v. Sekretariat der DBK.

»Alles hat seine Zeit«. Die Gestaltung der Zeit im Familienleben (2000), Arbeitshilfe Nr. 149, hg. v. Sekretariat der DBK.

Einzelne Hirtenschreiben

Die Bischöfe der oberrheinischen Kirchen-provinz, Zur Seelsorglichen Begleitung von Menschen aus zerbrochenen Ehen, Geschiedenen und Wiederverheirateten Geschiedenen, hg. v. d. Ordinariaten der Oberrheinischen Kirchenprovinz, Eltville 1993.

Gemeinsame Erklärungen der Deutschen Bischofskonferenz und des Rates der Evangelischen Kirche in Deutschland

Den Sonntag feiern. Gemeinsames Wort der DBK und des Rates der EKD, Hannover u.a. 1984.

Unsere Verantwortung für den Sonntag. Gemeinsame Erklärung der DBK und des Rates der EKD, hg. v. Sekretariat der DBK, 1988.

Gott ist ein Freund des Lebens. Herausforderungen und Aufgaben beim Schutz des Lebens, Gemeinsame Erklärung des Rates der EKD und der DBK, Gütersloh 1989.

Organtransplantationen. Erklärung der DBK und des Rates der EKD (Gemeinsame Texte 1) 1990.

Jedes Kind ist liebenswert. Leben annehmen statt auswählen (Woche für das Leben 1. bis 7. Juni 1997), hg. vom Sekretariat der DBK und der EKD.

Chancen und Risiken der Mediengesellschaft. Gemeinsame Erklärung der DBK und des Rates der EKD (Gemeinsame Texte 10) 1997.

Wie viel Wissen tut uns gut? Chancen und Risiken der voraussagenden Medizin. Gemeinsames Wort der DBK und des Rates der EKD zur Woche für das Leben 1997 (Gemeinsame Texte 11) 1997.

Christliche Patientenverfügung. Handreichung und Formular der DBK und des Rates der EKD (Gemeinsame Texte 15) 1999.

Menschen brauchen den Sonntag. Gemeinsame Erklärung des Rates der EKD und der DBK (1999).

Erklärungen der Evangelischen Kirchen

Von der Würde werdenden Lebens. Extra-korporale Befruchtung, Fremdschwangerschaft und genetische Beratung. Eine Handreichung der EKD zur ethischen Urteilsbildung, hg. vom Kirchenamt der EKD, Hannover 1985 (EKD Text 11).

Ehe und nicht eheliche Lebensgemeinschaften. Position und Überlegungen aus der EKD zur ethischen Urteilsbildung, hg. vom Kirchenamt der EKD, Hannover 1985 (EKD Text 12).

Die neuen Informations- und Kommunikationstechniken. Chancen, Gefahren, Aufgaben verantwortlicher Gestaltung, hg. vom Kirchenamt der EKD im Auftrag des Rates der EKD, Gütersloh 1985.

Zur Achtung vor dem Leben. Maßstäbe für Gentechnik und Fortpflanzungsmedizin. Kundgebungen der Synode der EKD, hg. vom Kirchenamt der EKD, Hannover 1987 (EKD Text 20).

Einverständnis mit der Schöpfung. Ein Beitrag zur ethischen Urteilsbildung im Blick auf die Gentechnik und ihre Anwendung bei Mikroorganismen, Pflanzen und Tieren, Gütersloh 1991.

»Mit Spannungen leben« – Homosexualität und Kirche. Eine Orientierungshilfe des Rates der EKD, Frankfurt am Main 1996.

Quellennachweis

Abbildungen

20 Hans Jürgen Press - 21, 244 Erik Liebermann/Wolfgang Baaske Cartoons - 22, 171 Jupp Wolter, Rechte: Hella Wolter - 27 PWE Verlag. Kinoarchiv Engelmeier, Hamburg - 28 Foto: Isolde Ohlbaum, München - 28u., 109, 149, 177 Jules Stauber/Wolfgang Baaske Cartoons - 30, 114, 155 Jals - 32 Waldemar Mandzel/Wolfgang Baaske Cartoons - 34, 156, 157 Erich Rauschenbach/Wolfgang Baaske Cartoons - 36, 82, 129, 220, 221, 252, 256 Jan Tomaschoff/Wolfgang Baaske Cartoons - 38, 52, 54 u., 57, 58, 86, 104 o., 147 u., 175, 201, 227, 276, 305 Gerhard Mester/Wolfgang Baaske, Cartoons - 41, 42, 45 aus: Folienserie des Fonds der Chemischen Industrie, Nr. 20: Biotechnologie/Gentechnik, Frankfurt/M. 1989 - 40, 43, 44, 47, 54 o., 55 aus: Unterrichtsmaterialien Gen-Technologie. Verlag: Die Werkstatt/AOL-Verlag, Göttingen/Lichtenau 1992 - 49 Michael Hasted (c) Deutscher Sparkassenverlag, Stuttgart - 61 Globus Infografik GmbH, Hamburg - 62 Rudolf Knauff/entwurf 2/1989 - 68 Rolf Escher, Essen - 77, 78, 79, 80 aus: Jedes Kind ist liebenswert. Leben annehmen statt auswählen (Woche für das Leben 1. bis 7. Juni 1997), hg. vom Sekretariat der DBK und der EKD - 88 C. Bretécher, Die Mütter, (c) 1983 by Rowohlt Verlag, Reinbek - 90 Agentur Leonhardt & Kern, Stuttgart - 92 aus: auf den anderen achten, ethik 7/8, Verlag Moritz Diesterweg, Frankfurt/M. 1996 - 94 aus: Adipositas selecta - 101 Rainer Rühl, Active Media Design - 103 Werbedienst, Witten - 108 Dirk Sternberg, Bielefeld - 107 aus: K. A. Geißler, Zeit leben. Vom Hasten und Rasten, Arbeiten und Lernen, Leben und Sterben, Quadriga Verlag, Weinheim [5]1993 - 112, 113 Wieslaw Smetek, Bad Bederkesa - 116, 117, 164, 182, 185 Ivan Steiger, München - 120, 246 Fred Marcus, Nijmegen - 121 Walter Spatzek/Time/system GmbH, Hamburg - 122 aus: Zeitschrift: Realschule in Deutschland, Heft 2 (1996) - 126, 135, 138 Dieter Groß, Pfarrbrief-Materialdienst »image«, Bergmoser + Höller Verlag GmbH, Aachen - 127 (c) Dritte Welt Haus, Bielefeld - 130 Carussel Communikations, Parsdorf - 131 Cyrill Assiniboine, in: U. van der Heyden, Indianerlexikon, Lamuv Verlag, Berlin 1992 - 132 Umschlagbild zu: Jacques Le Goff, Wucherzins und Höllenqualen, Verlag Klett-Cotta, Stuttgart 1988 - 133 Quelle unbekannt - 137 aus: Kurt Halbritter, Jeder hat das Recht. (c) 1978 Carl Hanser Verlag München/ Wien - 141 Werner Nydegger, Olten - 144 Liebermann/LCS - 146 o. Advent aus »Focus«, Nr. 47 - 146 u. Quelle unbekannt - 148 HAP Grieshaber, Liebespaar 1978. (c) VG Bild-Kunst, Bonn 2000 - 150 Jean-Jacques Sempé, Konsumenten. (c) 1973 Diogenes Verlag AG, Zürich - 167 aus: Kalender: Alle Brüder werden Menschen, zusammengestellt von Thomas Lardon, Brockhaus Verlag Wuppertal 1992 - 176 Tiki Küstenmacher/Wolfgang Baaske Cartoons - 189 Paul Reding, Sinkender Petrus. (c) VG Bild-Kunst, Bonn 2000 - 190 Rosemarie Trockel, Triptychon. (c) VG Bild-Kunst, Bonn 2000 - 193 aus: Rainer E. Kirsten/Joachim Müller-Schwarz, Gruppentraining. rororo Sachbuch 6943, Reinbek 1988 - 194 Norbert Vogel, Eichwalde (Montage) - 204 Mordillo, Auf die Perspektive kommt es an. Bundeszentrale für gesundheitliche Aufklärung, Köln - 205 A. de Saint-Exupéry, Der Kleine Prinz. (c) 1950 u. 1998 Karl Rauch Verlag, Düsseldorf - 206 Quelle unbekannt - 207 Hans Biedermann, Eberbach - 212 Gregor Müller - 228 Rafal Olbinski, Retrospective obsession with reality - 229 Rudolf Knauff -

230 Eberhard Holz, Beaulieu sur Mer - 231 aus dem Internet von http://www.msnbc.com - 232 Mankoff - 236, 245 Harald Sattler - 238, 242 Luis Murschetz/CCC - 241 Quelle unbekannt - 243 aus: ReliPrax Nr. 2/1992 - 249 aus: Der Spiegel, 1988 - 255, 286 Oswald Huber/Wolfgang Baaske Cartoons - 259 Michel Meyer, Weinheim - 260 René Magritte, Le pelerin, (c) VG Bild-Kunst, Bonn 2000 - 263 (c) Sieger Köder, Hungertuch - 266 Max Pechstein, Tröstung. Pechstein/Hamburg-Tökendorf - 268 Burckhard Bütow/Wolfgang Baaske Cartoons - 274 (c) Der Spiegel, Hamburg - 278, 279 aus ReliPrax, Nr. 4: Pro und Contra Organspende - 283 Lothar Ursinus/ Wolfgang Baaske Cartoons - 291 aus: Sibylle Storkebaum, Jetzt ist's ein Stück von mir! Kösel-Verlag, München 1997 - 294 Hogli - 296 Werner Koch/Wolfgang Baaske Cartoons - 298 G. M. Hotop - 300 Rolf: Bunse, Aachen - Peter Gaymann, (c) Cartoon Concept, Hannover

Texte/Lieder

20 Heidegger-Zitat. Zitiert nach: W. Schwoerbel u.a., Ethik 3, Stam Verlag, München, 1994 - 22 aus: A. Gehlen, Die Seele im technischen Zeitalter. Rowohlt Verlag, Reinbeck 1964 - 23 aus: H. Jonas, Technik, Medizin und Ethik. Suhrkamp Verlag, Frankfurt/M. 1987 - 24 aus: Friedrich Dürrenmatt, Die Physiker, Diogenes Verlag, Zürich 1995 - aus: T.W. Adorno, Über Technik und Humanismus, Reclam-Verlag, Stuttgart [2]1993 - 25 aus: ZDK Dokumentation (8. August 1991), Der Technische Fortschritt und unsere Verantwortung - 26 aus: ZDK Dokumentation (8. August 1991), Der Technische Fortschritt und unsere Verantwortung - 27 aus: VDI-Ausschuß Grundlagen der Technikbewertung, Richtlinien VDI 3780 Technikbewertung: Begriffe und Grundlagen, in: Technik und Ethik (hg. v. H. Lenk und G. Ropohl), Reclam-Verlag, Stuttgart [2]1993 -

28 aus: Hans Jonas, Das Prinzip Verantwortung, Suhrkamp Verlag, Frankfurt/M. 1984 - 30 aus: J. Huber, Technikbilder, Westdeutscher Verlag, Opladen 1989 - 31 Guggenberger, in: EB (Erwachsenenbildung) 2/1996 - 32 aus: B. Brecht, Gesammelte Werke Bd.8, Suhrkamp Verlag, Frankfurt/M 1967 - 38 r. aus: Religion betrifft uns, H. 2/1991 - 46 nach: Elisabeth Bremekamp, Faszination Gentechnik und Fortpflanzungsmedizin. Thomas-Morus-Akademie, Bergisch Gladbach 1994 -47 nach: Hans-Georg Koch, Art.: Gentechnik, in: Lexikon der Bioethik Bd. 2, Gütersloher Verlagshaus, Gütersloh 1998 - 48f. Johannes Reiter aus: Reiter/Theile: Genetik und Moral, Matthias Grünewald Verlag, Mainz 1985 - 50 aus: Kästner für Erwachsene, Ausgewählte Schriften. Atrium Verlag, Zürich 1983 - 54 Westfälisches Volksblatt 19.06.1996 - 55 Hannoversche Allgemeine Zeitung, 28.12.1993 - 56 nach: Ralf Baufeld u.a., Gentechnologie. Greenpeace Umweltschutzverlag, Hamburg/Verlag Die Werkstatt, Göttingen, 1992 - 59, 60 aus: Instruktion der Kongregation für die Glaubenslehre über die Achtung vor dem beginnenden menschlichen Leben und die Würde der Fortpflanzung (10. März 1987), Verlautbarungen des Apostolischen Stuhls - 61 nach: Die Zeit Nr. 4 (15.1.1998) - 63 aus: H. Jonas, Technik, Medizin und Ethik. Insel Verlag, Frankfurt am Main 1987 - 68 aus: Der Spiegel 16/1998 - 69 nach: Ralf Baufeld u.a., Gentechnologie. Greenpeace Umweltschutzverlag, Verlag Die Werkstatt, 1992 - 74,75 aus: H. Benthaus/M. Griep/H. Wegener, Vorgeburtliche Diagnose, hg. v. der Arbeitsstelle für Erwachsenenbildung der EKHN, Bayerischer Mütterdienst der Evangelisch-lutherischen Kirche e.V., Evangelische Frauenarbeit in Deutschland e.V. - 76, 77 nach: Jedes Kind ist liebenswert. Leben annehmen statt auswählen (Woche für das Leben 1. bis 7. Juni 1997), hg. vom Sekretariat der DBK und der EKD - 81, 82 aus: J. Reiter, Problematische Eigendynamik, in: Herderkorrespondenz 8/1998 - 83 aus: N. Hoerster, Abtreibung im säkularen Staat. Suhrkamp

Verlag, Frankfurt/M ²1995 - 84 (4) aus: G. Rager, Embryo - Mensch - Person, in: J.P. Beckmann (Hg.), Fragen und Probleme einer medizinischen Ethik, Verlag Walter de Gruyter, Berlin-New York 1996 - 85 (5) aus: J. Fischer, Zur Wahrung der Würde der Person im ärztlichen Handeln, in: Zeitschr. f. medizin. Ethik 44 (1998) - 87 aus: B. Duhn/ H. Pölling, Mensch noch mal! (Reihe: Netzwerk. Religion und Ethik in der Sekundarstufe II), hg. von R. Bergold u.a., Auer Verlag, Donauwörth o.J. - 92 aus: H. J. Höhn, Zerstreuungen, Patmos Verlag, Düsseldorf 1998 - KNA (Nr. 1503) 01.01.1999 - 93 Männertypen: Hamburger Abendblatt, 22.01.1999 - 94 aus: U. Nuber. Schöner werden wir morgen, Scherz Verlag, Bern, ³1998 - 95 aus: R. Gronemeyer, Die neue Lust an der Askese, Rowohlt Verlag, Reinbek 1998 - 96, 97 nach: G. Schulze, Die Erlebnisgesellschaft, Campus Verlag, Frankfurt/M ⁶1996 - 102 Text »Kosmetik« nach: Art.: »Körperkultur«, in: Lexikon der Bioethik. Bd. 2. Gütersloher Verlagshaus, Gütersloh 1998 - Text »Ästhetische Chirurgie« nach Art.: »Plastische/Ästhetische Chirurgie«, in: Lexikon der Bioethik. Bd. 3. Gütersloher Verlagshaus, Gütersloh 1998 - 103 Florian Kolf, Fun 2010: Aus: Handelsblatt Nr. 144, 29.07.1999 - 104 KNA Stuttgart, 23.12.1998 - 109 Lied: T: G. Krombusch/M: L. Edelkötter, aus: Weil du mich so magst, 1989, Impulse-Musikverlag, Drensteinfurth (Schwerter Liederbuch Nr. 231) - Gedicht: »Ein Zen-Mönch« von: Reinmuth, Wilhelm: Braunschweiger Beiträge Nr. 21 v. 9/82. Braunschweig 1982 - 114 l. Helmut Fuchs, Frisch gewagt ist halb gewonnen, Herder Verlag, Freiburg 1988 - 114 r. aus: Antoine de Saint-Exupéry: Der Kleine Prinz. Karl Rauch Verlag, Düsseldorf 1972 - 119 aus: freiräume, Cornelsen Verlag, Berlin 1993 - 126 aus: Die Götzen des Verwirrers, Institut für Theologie und Politik, Münster (Werkmappe RU3 von Hartmut Futterlieb) - 127 Text: Siegfried Macht nach 2. Kor. 6/10, Musik: Siegfried Macht. Strube Verlag GmbH, München-Berlin - 128 aus: W. Krüger, Die Faszination des Geldes, Kösel-Verlag, München 1998 - 130 aus: E. Fromm, Die Kunst des Liebens, Deutsche Verlags-Anstalt, Stuttgart 1980 (gekürzt) - 131 aus: D. Weigert, Wir sind ein Teil der Erde, Walter Verlag, Olten 1982 - 132 aus: B. Schäfer, Der Weg zur finanziellen Freiheit, Campus Verlag, Frankfurt ⁶1999 - 133 aus: P. Singer, Wie sollen wir leben, Verlag Harald Fischer, Erlangen 1996 - 135 aus: Themenhefte Gemeindearbeit 34/98, A. Lohmann: Gemeinde finanzieren, Verlag Bergmoser & Höller, Aachen - 137 aus: U. Gerber (Hg.), Auf andere achten. Ethik 7/8, Verlag Diesterweg, Frankfurt 1997 - 138 aus: B. Schäfer, Der Weg zur finanziellen Freiheit. Frankfurt Campus Verlag, Frankfurt ⁶1999 - 140 aus: Psychologie heute Heft 2 (1999) - 141 M/T: Hans Jürgen Buchner © Edition Antenna Musik, Universal Music Publ. GmbH, Hamburg - 146 aus: E. Drewermann, Dokument und Analyse 5/1991 - 147 Paderborner Bistumszeitung »Der DOM«, 18.10.1998 - 149 Päpstlicher Rat für die Familie, Menschliche Sexualität: Wahrheit und Bedeutung, Nr. 11 - 150 aus: Wege der Freiheit 10, hg. v. Bistum Rottenburg-Stuttgart, Erarb. v. H.G. Böck, Verlag Kath. Bibelwerk, Stuttgart 1996 - 151 aus: Der Spiegel 50/1998 - 152 o. Text Synodenpapier »Sinn und Gestaltung menschlicher Sexualität« Synode 7/1973, Nr. 3.1.2.2. 152 u. Schema nach: W. Bartholomäus: Glut der Begierde - Sprache der Liebe, Kösel-Verlag, München 1987 - 153 T: Ingo Reidl/Hartmut Engler. Arabella Musikverlag GmbH (BMG UFA), München/EMI Kick Musikverlag GmbH, Hamburg - 154 aus: A. Riedl, Neues Lexikon der christlichen Moral, Verlag Tyrolia, Linz 1990 -158 Enzyklika Familiaris consortio, Nr. 84. - Die Bischöfe der Oberrheinischen Kirchenprovinz: Einführung, Hirtenwort und Grundsätze. Freiburg i. Br. 1993 - 159 aus: Geschieden - Wiederverheiratet - Abgewiesen, hg. v. Th. Schneider (QD 157), Verlag Herder, Freiburg 1995 - 160 aus: Koch/Lutzmann (Hg.). Stichwörter zur Sexualerziehung, Verlag Julius Beltz, Weinheim u. Basel, 1985 - 165 aus: R. Guardini, Wahrheit des Denkens und Wahrheit des Tuns. Aus nachgelassenen Aufzeichnungen hg. Von F. Messerschmid, Schöningh Verlag, Paderborn, [4]1985. – Aus: M. Frisch, Gesammelte Werke in zeitlicher Folge, Band 7, Suhrkamp Verlag, Frankfurt/M 1986 – 166 aus: R. Spaemann, Die zehn Gebote heute, Verlag Herder, Freiburg 1982 – aus: A. Deissler, Ich bin dein Gott, der dich befreit hat, Verlag Herder, Freiburg 1975 – 167 aus: Herausforderungen 1, hg. v. d. Gesellschaft für Religionspädagogik, Villigst, W. Crüwell Verlag, Dortmund 1972 – 168 nach: Franz Furger, Art. »Wahrhaftigkeit«, in: Neues Lexikon der christlichen Moral (hg. v. H. Rotter/G. Virt), Tyrolia Verlag, Innsbruck/Wien 1990 – 170 Hilde Domin, Gesammelte Gedichte, S. Fischer Verlag, Frankfurt 1987 – 171 H. Sachsse, Worthandlungen, aus: Technik und Ethik, Reclam Verlag, Stuttgart 1993 – 172 Text: Rolf Krenzer, Musik: Barbara Fietz, Greifenstein. Abakus Musikverlag – 173 aus: Anthony de Mello, Der Dieb im Wahrheitsladen, Verlag Herder, Freiburg, [2]1998 – 174 aus: B. Häring: Wege zum Sinn, Styria Verlag, Graz/Wien/Köln 1997 – 176 aus: H. Leymann, Mobbing, Verlag Rowohlt, Reinbeck bei Hamburg 1993 – 182 aus: V. Frankl, Psychotherapie für Laien, Verlag Herder, Freiburg 1973 – aus: E. Fried, Gegengift, Verlag Wagenbach, Berlin 1974 – 183 T: Christa Peikert-Flaspöhler, Studio Union im Lahn Verlag, Kevelaer. M: Reinhard Horn. Kontakte Musikverlag, Ute Horn, Lippstadt – 184 aus: F. Riemann, Grundformen der Angst. E. Reinhardt-Verlag, Basel 1987 – 185 aus: P. Knauer, Der Glaube kommt vom Hören, Verlag Herder, Freiburg/Basel/Wien 1991 – 188 aus: Anthony de Mello, Lebenskraft Angst, hg. v. R. Walter, Verlag Herder, Freiburg 1987 – 190 aus: T. Brocher. Von der Schwierigkeit zu lieben, Kreuz Verlag, Stuttgart 1975 – 193 aus: R.E. Kirsten/J. Müller-Schwarz, Gruppentraining, Rowohlt Verlag, Reinbek bei Hamburg (rororo Sachbuch 6943), 1988 – 195 aus: J. Dirnbeck/M. Gutl, Ich begann zu beten,

Verlag Styria, Graz 1992 - 202 aus: R. Lenz, Glück und Drogen, in: H.-J. Baden u.a., Das Glück der Tüchtigen - Das Glück der Süchtigen, Jugenddienst-Verlag, Wuppertal 1972 - 203 nach: Fritz Reheis, Die Kreativität der Langsamkeit, Primus Verlag, Darmstadt 1996 - 209 aus: A. Balling, Das Leben lieben lernen, (c) Morus-Verlag, Berlin, s. R. Lay, Gelingendes Leben - 211 aus: Ph. Schmitz, Fortschritt ohne Grenzen? (QD 164), Verlag Herder, Freiburg/Basel/Wien 1997 - 212 aus: Sinn statt Sucht. Woche für das Leben 6. Bis 12. Mai 1995 im Erzbistum Paderborn - 214 Wege der Drogenpolitik, aus: KSA. Informationsdienst Konsum und Sucht 1/1998: Sucht und Ethik, hg. v. der Kath. Sozialethischen Arbeitsstelle e.V. Hamm - 215 aus: K. Allert-Wybranietz, »Wenn's doch nur so einfach wäre - Verschenktexte«, (c) Lucy Körner-Verlag, Fellbach 1996 - 220 aus: K. Henning/R. Steib. Leitfaden Medienarbeit, Don Bosco Verlag, München 1997. – Fernsehkultur: W.-R. Schmidt, Opium des Volkes, Gütersloher Verlagshaus, Gütersloh 1987 - 222-226 nach: Chancen und Risiken der Mediengesellschaft, hg. v. EKD und DBK - 227 aus: N. Postman, Wir amüsieren uns zu Tode, Fischer Taschenbuch-Verlag, Frankfurt/M. 1997 - 228 aus: B. Schäfer, Der Weg zur finanziellen Freiheit, Campus Verlag, Frankfurt/M. [6]1999 - 229 aus: Westfälische Allgemeine Zeitung, 1.10.1998 - 230 (c) 1992 by Monopol Verlag GmbH (Intro), Berlin - 232f. nach W. Maier, Grundkurs Medienpädagogik, Beltz Verlag, Weinheim 1998 - 234 aus: Loriot, Szenen einer Ehe, Diogenes Verlag, Zürich 1983 - 238 U. Hanselmann, in: Das Sonntagsblatt 12/21.3.1997 - 240 aus: R. Bleistein, Freizeit ohne Langeweile, Herder Verlag, Freiburg, 1982 - 241 aus: R. Andresen. Das Phänomen Sport in Kultur und Gesellschaft, in: Handbuch der christlichen Ethik 3, hg. von A. Hertz u.a., Herder Verlag, Freiburg, 1982 - 242 nach: M. Krüger, Art.: »Wettkampf«, in: Lexikon der Ethik im Sport, hg. v. O. Gruppe und D. Mieth, Verlag, Hofmann, Schorndorf 1998 - 243 D. Mieth, Leib und

Leistung, in: Lebendiges Zeugnis, 38. Jg., Heft 1/1983 - 244, 245 aus: Lexikon der Bioethik II, Gütersloher Verlagshaus, Gütersloh 1998 - 246 aus: D. Morris, Das Spiel, Heyne Verlag, München/Zürich 1981 - 247 H. J. Türk, Sport als Liturgie, in: rhs 5/1997 - 248 aus: P. Henrici/P. Wild, Entdeckung der Stille, Kösel-Verlag, München 1991 - 249 aus: Zeitschrift BRU (Magazin f. d. Arbeit mit Berufsschülern) Nr. 28/1998, Seite 25 - 254 T: Diethard Zils, Rechte im tvd-Verlag, Düsseldorf, M: Heinz-Martin Lonquich. Rechte beim Autor - Gedicht Erich Fried, Befreiung von der Flucht, Wagenbach Verlag, Berlin 1980. - 256 aus: N. Hill. Denke nach und werde reich, Ariston Verlag, Kreuzlingen 1998 - 257 nach: G. Hunold, Art. »Palliative Therapie«, in: Lexikon Bioethik. Bd. 2. Gütersloher Verlagshaus, Gütersloh 1998 - 258 aus: B. Maurer, Über den Schmerz - Theologische Anmerkungen, in: Zeitschr. f. med. Ethik 40 (1994) - 261 aus: Evangelische Kommentare, Heft 3 (1989) - 267 aus: EB Erwachsenenbildung 3/1994, S. 137f. - 274 aus: ReliPrax, Nr. 4, arenDTaP Agentur, Bremen - 275 M. Grosser, aus: Greinert/Wuttke (Hg.), Organspende, Lamuv Verlag, Göttingen 1993 - 276 Organhandel: aus: Publik Forum 12/93 - 280 aus: J. Hoff/J. in der Schmitten, Kritik der »Hirntod«-Konzeption, in: dies., Wann ist der Mensch tot? Rowohlt Verlag, Reinbeck b. Hamburg 1994 - 281 aus: Sibylle Storkebaum, Jetzt ists ein Stück von mir! Kösel-Verlag, München 1997 - 282 aus Renate Greinert, Organspende - Nie wieder, in: Greinert, Wuttke (Hg.), Organspende, a.a.O. - 284 Bundesgesetzblatt Jahrgang 1997 Teil I Nr. 74, ausgegeben zu Bonn am 11. November 1997 - 286 Text: Organtransplantationen. Erklärung der DBK, Bonn und des Rates der EKD (Gemeinsame Texte 1) 1990 - 287 nach Artikeln aus J. Hoff/J. in der Schmitten, Wann ist der Mensch? a.a.O. - 289 aus: B. A. Brody. Der vegetabile Patient und die Ethik der Medizin, in: Medizin und Ethik, hrsg. Von Hans-Martin Sass, Reclam Verlag, Stuttgart 1989 - 292 aus dem Antwort-brief von Christine Lang an die Herausgeber, in: J. in der Schmitten/J. Hoff, Wann ist der Mensch tot?, a.a.O. - 296 aus: Walter Jens, Vorwort. In: Ludivic Kennedy, Sterbenshilfe, Verlag Knesebeck, München 1991 - 297 Hartmannbund. Verband der Ärzte Deutschlands. Konvention Europa gegen Euthanasie, Bonn 1997 - 298 aus Frankfurter Rundschau vom 14.6.1995 - 300 aus: J. Rachels, Aktive und passive Sterbehilfe, in: Medizin und Ethik, hg. v. Hans Martin Sass, Reclam Verlag, Stuttgart 1989 - 301 aus: Dickmann-Schuth/W. Neher, Erfahrungen, Stam-Verlag, Köln 1993 - 302 aus: J. Rachels, Aktive und passive Sterbehilfe, in: Medizin und Ethik, hg. von H.-M. Sass, a.a.O. - 306 aus: Erklärung der römischen Kongregation für die Glaubenslehre zur Euthanasie, 1980 - 307 aus: Chr. Lennert, Gesetzliche Regelungen zur Sterbehilfe in verschiedenen Ländern Europas und in den USA - eine Übersicht, in: EB 3/1994 - 308 E. Schockenhoff, Sterbehilfe und Menschenwürde, Verlag Pustet, Regensburg 1991 - Christliche Patientenverfügung. Handreichung und Formular der DBK und des Rates der EKD (Gemeinsame Texte 15) 1999 - 310 aus: Jörg Zink, Wie wir beten können, Kreuz-Verlag, Stuttgart 1991

GRUNDFRAGEN der ETHIK – praktisch

Stephan Ernst · Ägidius Engel

Grundkurs christliche Ethik

Werkbuch
für Schule,
Gemeinde und
Erwachsenen-
bildung

Stephan Ernst/Ägidius Engel
Grundkurs christliche Ethik
Werkbuch für Schule, Gemeinde
und Erwachsenenbildung
196 Seiten. Kartoniert
Zahlreiche Abbildungen
3-466-36487-6

Dieses Werkbuch führt konkret und modellhaft in Grund-
probleme ethischen Handelns ein und aktualisiert christliche
Vorstellungen von einem sinnvollen Leben.

Einige Themen:

✔ Die Antwort der Zehn Gebote

✔ Die Forderungen der Bergpredigt

✔ Das eigene Gewissen

✔ Kriterien für Gut und Böse

✔ Die persönlich gelebte Überzeugung

✔ Der Umgang mit Schule

✔ Das Ziel des guten Lebens

KÖSEL

KONFESSONELLE KOOPERATION

Ursula Heinemann / Joachim
Friedrichsdorf (Hg.)
Wege miteinander
Konfessionelle Kooperation
in der Schule
Modelle und Beispiele
208 Seiten. Kartoniert
Zahlreiche Abbildungen
3-466-36531-7

Wenn Schülerinnen und Schüler den kirchlichen Traditionen zunehmend fremd gegenüberstehen, wenn also im Religionsunterricht ganz elementar für den Glauben sensibilisiert werden muss, dann ist sinnvollerweise konfessionelle Kooperation in der Schule das Gebot der Stunde. Dieses Werkbuch legt erprobte Praxisbausteine für unterrichtliche Projekte und schulbezogene Veranstaltungen vor. Die Modelle für gelungene Kooperation fördern einen engagierten, konfessionell geöffneten und lebensnahen Religionsunterricht unter den Bedingungen der Schule von heute.

Kösel online: www.koesel.de; e-mail: service@koesel.de